Sabine Boebé

Eines Fürsten
IRLAND

Auf Pücklers Spuren

REIHER VERLAG

Alle Pückler-Zitate sind seinem Buch
»Briefe eines Verstorbenen«,
2. Auflage, Band I und II, Stuttgart 1831, entnommen.
Orthographie und Diktion entsprechen der
Originalfassung.

Boebé, Sabine:
Eines Fürsten Irland : auf Pücklers Spuren / Sabine Boebé. –
Berlin : Reiher Verl. GmbH, 1991. –
388 S. : 31 Federzeichn. von S. Boebé.

ISBN 3-910163-22-X

Mit 31 Federzeichnungen der Autorin

© Reiher Verlag GmbH, Berlin 1991
Typographie: Uwe Niekisch
Einband und Schutzumschlag: Peter Schulz
(unter Verwendung einer Zeichnung von
Sabine Boebé)
Printed in Germany
Gesamtherstellung: Offizin Andersen Nexö Leipzig GmbH,
Graphischer Großbetrieb

N

Portrush
Coleraine
Letterkenny
Derry
Donegal
Belfast
Ulster
Armagh
Sligo
Carlingford
Connaught
Dundalk
Drogheda
Navan
Cong
Trim
Tuam
Athlone
Mullingar
Dublin
Galway
Clonmacnoise
Dun Laoghaire
Athenry
Kildare
Bray
Gort
Wicklow
Labinch
Leinster
Bunratty
Limerick Thurles
Adare
Cashel
Kilkenny
Tipperary
Cahir
Clonmel
Wexford
Mitchelstown
Waterford
Tralee
Mallow
Lismore
Dungarvan
Killarney
Munster
Kenmare
Cork
Glengariff
Bantry

– – – PÜCKLER-ROUTE
· · · · · · BOEBÉ-ROUTEN

0   50   100km

Nur wer sich mit Kenntnissen auf die Reise macht,
kehrt mit Erkenntnissen nach Hause zurück.

Dr. Samuel Johnson (1709–1784)

STÜRMISCHE ANNÄHERUNG

»Gottlob, es ist vorüber!« atmete mein Fürst auf, als er nach überaus stürmischer Überfahrt Irlands festen Boden unter seinen Füßen spürte. Er hatte volle zehn Stunden seekrank durchlitten, sich zum Sterben krank gefühlt. Der säuerlich-ekelhafte Geruch, der sich als unappetitliche Folge der Seekrankheit anderer Passagiere ausbreitete, hatte ihm zu schaffen gemacht. Eine »affreuse«* Nacht nannte er diese Erfahrung. Überhaupt, er haßte, wie er sagte, kurze Seereisen, bei denen man sich kaum »aguerriren« kann. (Seltsame Wörter haben diese Adelsleute in Gebrauch.) Selbst als die Schrecken der Überfahrt längst ausgestanden waren, konnte er sie nicht vergessen, sagte er doch, als wir schon lange an Land waren, ganz unvermittelt: »Mir scheint, als schwanke Irland ein

* Anmerkungen und Quellen folgen am Schluß des Buches.

---

wenig.« Ja, es ist schon schlimm, wenn man so wenig see-
fest ist wie mein hochedler Reisegenosse.

Aber wer ist das eigentlich? werden Sie jetzt fragen. Es
wird Zeit, ihn vorzustellen. Erlauben Sie, bitte? Hermann, Fürst Pückler, Eigentümer und Bewohner eines
herrschaftlichen Schlosses bei Muskau. – Nein, nicht Mos-
kau! Muskau, in der Lausitz, an der Grenze zu Polen.
Fürst Pückler besitzt daselbst ausgedehnte Ländereien.
Sein dort nach eigenem Entwurf angelegter Park ist eine
bekannte Attraktion. Aber er hat auch die Parks von Neu-
Hardenberg, Branitz und Babelsberg geschaffen. Ihnen
ist er sicher besser bekannt in Verbindung mit halbgefro-
renem Eis und kalorienträchtiger Torte.

Leider sind seine Einnahmen nicht von der Art, daß sie
seinen aufwendigen Lebensstil und seine Leidenschaft für
reizvolle Parkanlagen decken könnten. So ist er nach und
nach in erhebliche Schulden geraten, hat sein und seiner
Frau Vermögen aufgebraucht und stellt nun alles zum Verkauf, was irgend entbehrlich zu sein scheint: Schmuck,
Pferde, Kutschen, Holz aus seinen Waldungen. Aber es
reicht nicht! Die Gläubiger setzen ihm zu. Schloß Muskau
muß wohl aufgegeben und verkauft werden. Keine
schöne Situation!

Seine Gattin Lucie hat sich einen ziemlich ungewöhnlichen Ausweg ausgedacht. Sie hat ihm nämlich die Scheidung vorgeschlagen; eine merkwürdige Scheidung, muß
man sagen. Eine rein juristische Sache sollte das sein,
denn die beiden wollten durchaus auch danach zusam-
menleben; heimlich. Gartenhaus-Lösungen waren verabredet. Jedenfalls sollte er durch diese Scheidung frei

werden für eine andere Ehe. Eine nunmehr recht reiche Heirat könnte Pücklers Geldkalamitäten beheben. Der schöne Besitz wäre auf diese Weise eventuell zu retten. — Wie gedacht, so wurde die Sache auch auf dem Papiere durchgeführt; mit allerlei Schwierigkeiten und Verzögerungen allerdings. Fürst Hermann bleibt seiner »lieben Schnucke«, wie er sie oft zärtlich nennt, weiterhin von Herzen zugetan und gedenkt auch keineswegs, sich von ihr abzuwenden, falls er eine begüterte »Surrogatfrau« findet und ehelicht.

Zu diesem Zweck ist er nun also unterwegs. Er sucht schon längere Zeit eine recht wohlhabende Erbin und hofft, sich mit deren Vermögen sanieren zu können. Aber noch hat er eine Geldlady nicht gefunden. Er kommt soeben aus England, hat auch dort schon überall Ausschau gehalten — doch vergeblich. Allerorten hat man die Töchter vor ihm versteckt; und sicherheitshalber auch gleich die Mägde. Nun will er endlich in Irland eine Dame finden, die seinem Charme erliegt, mit ihrer Hand auch ihr Vermögen herreicht und so zur Mäzenin seines Parks wird.

Ich begegne dem Fürsten während der Sturmnacht auf der Irischen See an Deck des Fährschiffes. Die Nacht ist lang, die Umstände sind anderweitigen Unterhaltungen durchaus abhold, und so treffen wir fast zwangsläufig aufeinander. Er hat keine Hemmungen, auch mit gänzlich Unbekannten eine Konversation zu führen. Und so plaudert er zu mir Stunde um Stunde, sehr lebhaft, frisch, gebildet natürlich auch, wortgewandt, unaufhörlich; wie gedruckt sozusagen. — Ach Verzeihung, ich habe noch gar nicht gesagt, daß das überhaupt nur in dieser gedruckten

Form möglich ist! Der Fürst ist ja tot seit 1871. Aber er hat ein Buch hinterlassen, durch das er zu mir spricht.

Das Buch ist aus der Zusammenfassung der Tagebuch-Briefe entstanden, die Fürst Pückler seiner Gattin nach Muskau geschickt hatte. Er selbst gab ihm den makaberen Titel »Briefe eines Verstorbenen«. Es kam nach der redaktionellen Arbeit seines Freundes Karl August Varnhagen von Ense im Jahre 1830 heraus; die ersten Teile zumindest. Er hatte in den Briefen sehr freimütig seine Reiseeindrücke von England und Irland zum Ausdruck gebracht. Das mehrbändige Werk, sehr gelobt vom greisen Goethe, von Heine und Alexander von Humboldt, wurde ein Riesenerfolg. Die Einkünfte daraus befriedigten nicht nur ihn, sondern vorläufig auch seine Gläubiger. So war Muskau, sein mütterliches Erbe, vorerst gerettet. In schneller Folge erschienen mehrere Auflagen, auch Übersetzungen in andere Sprachen.

Eine spätere Ausgabe dieser Reisebriefe habe ich jetzt auf dem Fährschiff bei mir; und wie das mit Büchern so geht, sie sagen ja nicht nur das aus, was der Titel nennt. Sie verraten auch viel über den Autor. Beim Lesen lerne ich den Fürsten also immer besser kennen.

Der Band stammt aus dem Bücherschatz, den ich von meinem Großvater geerbt habe. Ich hatte ihn vor vielen Jahren schon einmal gelesen. Überhaupt ist es wohl dieses Buch, das mich verlockt hat, nach Irland zu reisen. Ja, es hat mir Lust gemacht, das von Pückler so fesselnd beschriebene Land anzusehen.

In der Sturmnacht auf der Irischen See lese ich das alte Buch nun ein weiteres Mal und dabei keimt der Vorsatz,

mich von diesem Autor durch das Land leiten zu lassen.
Er soll mich führen, mir Anregung geben, mich sehen leh-
ren, mir Zugang vermitteln. Ob dieser »Verstorbene« das
kann? Seinen Wegen durch Irland werde ich sehr genau
folgen. Auf seinen Spuren will ich bleiben und nachsehen,
was sich erhalten hat von dem, was er so pläsierlich vor
uns ausgebreitet hat.

Kein Zweifel: meine Sicht wird wohl ganz anders sein
als Pücklers. Sie muß einfach anders sein! Schon die Fort-
bewegung selbst ist von ganz anderer Art. Ich reise nicht
wie er mit eigener Kutsche, in die sogar ein bequemes Bett
eingebaut war. Ich reite auch nicht hoch zu Pferde, fahre
nicht mal Auto, sondern benutze Bahn und Bus. Ich werde
auch nicht von Schloßbesitzern, adligen Magnaten und
anderen Reichen eingeladen, generös bewirtet, mit Festen
geehrt. Ich nehme schlicht »bed and breakfast« und nähre
mich ansonsten mehr oder weniger aus der Hand. Auch
vergnüge ich mich bei volkstümlichen Gelegenheiten und
jedenfalls immer auf eigene Kosten. Ich habe auch keinen
Diener um mich, gebe nicht befehlsgewohnt Anweisun-
gen, kann nicht beflissene Ausführung gewärtigen. Mein
Gepäck trage ich selbst, und wenn ich einer kleinen Hilfe
oder Auskunft bedarf, verlege ich mich auf das bewährte
»would you, please, be so kind...«. Anders als Pückler gehöre ich nicht in die Altersklasse der leistungsfreudigen
frühen Vierziger, sondern bin um zwei Jahrzehnte älter.
Ich weiß nun schon lange, daß man auch im Sichbegnü-
gen sein Vergnügen finden kann und daß es wahr ist, was
Pückler einst schrieb, daß nämlich nur frei sein kann, wer
sich selbst beschränkt. Auch bin ich nicht wie er unstet,

etwas leichtsinnig und abenteuerlustig, kurzum ein moussierender Charakter, sondern von allem eher das Gegenteil. Schließlich bleibt ganz entscheidend: ich bin eine Frau, eine ganz bürgerliche noch dazu.

Und Irland? Das Irland, das ich zu sehen bekommen werde, ist ja schon ganz und gar nicht mehr dasjenige, das Hermann von Pückler erlebt hat! Oder doch? – Eher vielleicht ein Irland, wie es Morton oder Böll erfahren haben? Will seh'n.

Die Irische See, die man zu überwinden hat, wenn man nach Irland gelangen will, liegt nun hinter mir. Habe vor lauter gebanntem Lesen kaum darauf geachtet, wie sehr sie wieder getobt hat. Sie tobt seit eh und je. Sie tat's Anfang August 1828, was der Fürst zu Beginn seines Buches so bewegt beklagte, sie tat's oft in der hinter mir liegenden Nacht im August 1986, und sie tat's oft zwischen diesen beiden Daten.

Glücklicherweise hatte mich im Gegensatz zu Pückler kein Unwohlsein befallen, obwohl sich der Sturm bis zu Stärke neun aufgeschwungen hatte. Wie schon bei so mancher Überfahrt hin zu Inseln herrschte wiedermal ein Höllenlärm von den überkommenden Brechern, vom Rasen der entfesselten Winde, vom peitschenden Regen. Das ganze Fährschiff ächzte in allen Fugen, wenn es in die Wellentäler hinabstürzte. Es kann das eine interessante, ja sogar elementare Erfahrung sein; aber nur, wenn man zu den gelassenen Glücklichen gehört, die nicht Aufruhr in ihrem Gekröse verspüren. Normal aufrecht gehen konnte bei solchem Sturm kaum einer an Bord. Menschliche Gestalten, grünlich im Gesicht, krochen auf allen Vieren dort

hin, wo sie ihren Magen auf schickliche Art entleeren zu
können hofften. Rufe nach den Stewards verhallten ungehört, aus allen Winkeln wimmerte Elend. All das anzusehen, war wirklich nicht schön.

Aber es ist nun vorbei. Ich bin angekommen. Muß mich
gegen den frischen, kaltfrischen Morgenwind von See her
stemmen. – Was hatte Pückler nach seiner Landung auf-
geschrieben?

„Die großen Züge der Landschaft aber, die Bay, die fernen Berge von
Wicklow, das Vorgebirge von Howth, die amphitheatralischen Häuser-
massen, die Quais, der Hafen sind schön. So ist wenigstens der erste
Eindruck."

♣

DUBLIN

Auch ich will mich umschauen. Der Sturm flaut ab. Früh-
sonne bricht sich Bahn. Zu Fuß wandere ich vom Car
Ferry Terminal durch öde Lagerschuppenstraßen, in
denen, wie Zeitungen melden, gelegentlich etwas brennt
oder sogar explodiert. Arbeiter gucken mich verwundert
an. Niemand geht wohl sonst zu Fuß mit einem Koffer auf
Dublin zu, verschmäht den Bus. Ich aber liebe langsame
Annäherungen, bei denen die Augen Zeit haben, alles aufzunehmen; Geist und Seele Muße bekommen, das Ge-
sehene zu genießen, einzuordnen, zu werten eventuell.

Gibt es wohl Wege, dem Fluß nahezukommen, der durch Dublin geht und hier in die Bucht einströmt? Gewiß, am Alexandra Basin vorbei. Doch besser wird die Gegend nicht. Die Kais sind Arbeitsstraßen, holperig gepflastert, reparaturbedürftig, graniten, nützlich nur; nichts Schönes. Immerhin, viele der großen Kräne sind nicht nur grau, sondern haben bunten Anstrich. Farbige, rote, seegrüne, knallgelbe Graphik, gegen den Himmel gesehen. Die neue Zollbrücke von 1984: sachlich und funktionell ist diese allerletzte Gürtung des Flusses Liffey vor der Mündung. Hier auf der letzten Meile sieht der Fluß männlich aus, arbeitsam, nüchtern, wichtig. Dennoch, wie etliche Flüsse in Irland, hat er einen weiblichen Namen: Anna Livia Plurabelle, »An Life« in Irisch, Plain of Life, Liffey. Das dunkle Wasser löst sich auf da vorn im millionenfachen Meeresgefunkel, im windkabbeligen Wellengekräusel der weiten Bucht von Dublin.

Immer weiter flußaufwärts wandere ich dort hin, wo in einiger Entfernung Dublins smaragdgrüne Kuppeln locken. Wer war's nur, der das »kuppelbemützt« genannt hatte? Von ferne sieht das alles recht schön und heiter aus, besonders wenn Regen die Luft reingewaschen hat und Sonnenlicht aufscheint. Auf dem Nordufer, rechterhand, liegt nun Custom House; oder besser gesagt, die Rekonstruktion des ehrwürdigen Hafengebäudes. Denn fünf Tage lang wütete darin Feuer, 1921 von Republikanern gelegt. Es ließ nur ein totes Gerippe des Baues übrig, den James Grandon von 1781 bis 1791 errichtet hatte. Gegenüber, am George's Quay, legten zu Pücklers Zeiten Passagierschiffe und Paketboote an. Und dort war wohl auch unser reisender Aristokrat an Land gegangen.

Hinter Custom House erhebt sich am Fluß gleich zweimal Schlimmes, nämlich Dublins einziges Hochhaus und die Eisenbahnbrücke. Das eine ist ein sechzehnstöckiger Klotz aus Stahlbeton und Glas, der seit 1960 brutal die Stadtsilhouette verdirbt und das Auge beleidigt. »Liberty Hall« heißt das gerasterte Ungetüm ausgerechnet; ein Gewerkschaftsgebäude. An dieser Stelle hofft man, daß der Satz nicht stimmen möge, von dessen Richtigkeit man immer überzeugt war: Architektur ist der dauerhafteste und am zuverlässigsten entlarvende Ausdruck gesellschaftlicher Kultur. Man hofft es, weil man Irlands Hauptstadt gern unschuldig sehen möchte, frei von den Sünden, mit denen andere Weltstädte sich beladen haben.

Das andere ist ein gleichermaßen brutales Bauwerk, ein Riegel, der die Stadt vom Meer absperrt. Nichts ist dem hinzuzufügen, was der Ire Oliver St. John Gogarty darüber schrieb: »Entmutigend ist es, ihrem Lauf nach Osten mit den Blicken zu folgen, denn dort kommt die Überführung auf ihren grauen Stahlträgern in Sicht. Sie ist der vollendete Hintergrund für die Warnung: Laß alle Hoffnung fahren. So klar, als ob ihre Seelen offen zutage lägen, zeigt diese scheußliche Konstruktion die Verderbtheit ihrer Anstifter und Erbauer. Sie beweist, daß sie durch und durch untauglich, unbrauchbar und feindlich gegenüber allen guten Geistern eingestellt sind. Sie enthüllt ihre abgrundtiefe Dummheit, denn als sie die Schönheit verleugneten, die ein Beweis für die Existenz Gottes ist, sündigten sie wider den Heiligen Geist. Dazu kam ihre Ver-

---

stocktheit. Als die Pläne für den Bau des Gitters über die Mündung des Flusses, der majestätischer wird, je weiter er nach Osten fließt, bekannt wurden, waren sich viele Bürger der Ungeheuerlichkeit dieses Vorschlages bewußt, und sie verwandten Geld und Zeit darauf, dieses Geschmacksverbrechen an ihrer Stadt zu verhindern. Aber die Planer zeigten sich stur und setzten ihre Absicht durch. Sie wußten, was vulgär ist. Sie wußten, wie tief und empfindlich der Schaden war, den sie möglicherweise für Generationen von Bürgern anrichteten, als sie ihnen den Blick auf die Schönheit des sich weitenden Flusses und auf den Zauber seiner Schiffe und Masten, die ruhig im matten Licht liegen, verwehrten.«

Solche Sätze fanden nicht nur Zustimmung, sondern der Schreiber erfuhr auch Anfeindung. Denn selten nur wird Kritik als Ausdruck von Anteilnahme und Liebe erkannt. – Diesem Mißverständnis sind Kritiker nun mal ausgesetzt.

Man muß das Käfigbauwerk und die Käfigbrücke hinter sich bringen. Erst dann fühlt man sich wirklich angekommen in Dublin.

Viele Reisende beginnen ihr Irland-Erlebnis hier in der Hauptstadt der Republik. Heutige Besucher haben es gut: Sie gehen einfach zum Tourist Information Office in der Upper O'Connell Street, lassen sich eine ihren Wünschen entsprechende Unterkunft vermitteln und werden gleichzeitig mit einem Stadtplan und allerlei Prospekten versorgt. Verheißungsvolles und gleichzeitig Charmantes liest man da: »You will be enriched by Dublin and its people and they will be enriched by you.« Ich bin in bezug auf den ersten Teil des Satzes sehr erwartungsvoll. Und was den zweiten Teil angeht, bin ich ganz sicher, daß der damalige Besuch des Fürsten Pückler in jedem Wortsinn von »enrich« sehr ertragreich war.

So viel war eigentlich immer klar: Käme ich je nach Dublin, mein erster Weg führte zum Trinity College of Dublin, dem TCD. Da ich in der Nordhälfte der Stadt wohne, kann es auf dem Weg dorthin nicht ausbleiben, daß mir das O'Connell-Denkmal ins Auge fällt, denn es steht an sehr prominenter Stelle da, wo die Hauptstraße auf die Liffey trifft. Ich muß denken, daß mein Fürst es nicht gesehen haben kann, denn es ist erst 1882 aufgestellt worden. Daniel O'Connell, der Promotor der Katholiken-Emanzipation und nachmalige Lord Mayor von Dublin, war in Pücklers Tagen ja noch höchst lebendig. Erst Verstorbene werden denkmalwürdig. Sean O'Casey formulierte das sehr treffend: »...verliert seinen Platz im Leben und wird zu einem Marmordenkmal.« Pückler hatte den Mann kennengelernt, dessen durable Großgestalt auf dem Sockel da oben nun jedem Wetter standhält, so wie er im Leben politischen Finten und Ränken standhielt. Pückler widmete in seinen Reisebriefen Daniel O'Connell viele Seiten, denn, wiewohl selber noch Protestant, bewunderte er ihn sehr. Doch davon später noch einiges.

Die Straße, die heute O'Connells Namen trägt, hieß zu Pücklers Zeiten noch Sackville Street, und die O'Connell-Brücke, die mehr Breite als Länge hat, hieß noch fast hundert Jahre lang Carlisle-Bridge. – Wie viele Menschen hier unterwegs sind! Nun ja, es ist Reise-Saison. Das steinerne

Maskenhaupt der Anna Livia Plurabelle schmückt als Schlußstein den Mittelbogen der Brücke. Der Name ist durch Joyce literarisch verewigt.

Südlich der O'Connell-Brücke kommt man der Eingangsfront vom TCD näher. Aber beim Daraufzugehen werden die Blicke von diesen grauen Massen erst mal abgelenkt, weil gegenüber ein ausladender Komplex in sahnigem Weiß die Aufmerksamkeit auf sich zieht. Es ist der imponierende Bau der Bank of Ireland. Er war 1729 als Irisches Parlamentsgebäude nach einem Entwurf von Sir Edward Lovett Pearce errichtet worden. In der Verwendung als Parlament blieb es dann aber nur bis zum Jahre 1800, denn der Parlamentsbeschluß vom Silvestertag jenes Jahres besagte, man solle eine Union mit England bilden. Diese Selbstaufgabe war durch massive Bestechung der Abgeordneten zustande gekommen. Jonah Barrington listete auf, daß nur sieben Parlamentarier nicht mit horrenden Summen (insgesamt 750 000 Pfund Sterling damaliger Wertstellung), einträglichen Ämtern, Posten, Baronien, Bischofs- und Richterstellen, Militärrängen, Peerswürden etc. etc. bestochen worden waren. Nach diesem Beschluß wurde Irland von London aus verwaltet, hatte kein eigenes Parlament mehr. 1802 wurde das Gebäude dann schließlich an die 1783 gegründete Bank verkauft; zu einem Preis übrigens, der weit unter der Hälfte der einstigen Baukosten lag, ganz zu schweigen vom damaligen Wert des Grundstücks.

An meinem ersten Irland-Tag ist strahlend blauer Himmel; nach dem Sturm in der Nacht ist er nun wie blankgeputzt. So werden die Fotos, die ich von diesem Finanzpalast mit dem anspruchsvollen Portikus im ionischen Stile mache, bestimmt geradezu griechisch anmuten.

Mit Parlamenten hatten Fürsten im allgemeinen nicht viel im Sinn, und so erwähnte der Mann aus Muskau die einstige Bestimmung des Hauses nur beiläufig. Als Bankgebäude hingegen war es ihm schon interessanter.

„Sir A., der eine Stelle bei der Bank bekleidet, zeigte mir diese am heutigen Morgen. Das Lokal ist schön und diente ehemals zum Versammlungsort der beiden Häuser des so sehr zurückgewünschten irländischen Parlaments. Am sehenswertesten ist die Druckerei der Banknoten. Eine prächtige Dampfmaschine treibt das Ganze, und eine zweite kleinere daneben füllt auch die Kessel mit Wasser und die Öfen mit Kohlen, so daß hier für Menschen beinahe nichts zu thun übrig bleibt. Im ersten Zimmer wird die Druckerschwärze bereitet, in den nächsten Sälen erhalten die Banknoten mit großer Schnelligkeit ihre verschiedenen Ornamente und Zeichen. Nur ein Mann ist bei jeder Druckmaschine beschäftigt, und während er die leeren Papiere, Eins nach dem Anderen, unter den Stempel bringt, markirt sich in einer verschloßnen Büchse daneben die Quantität der bedruckten Noten. Im nächsten Saal werden sie numerirt. Dies geschieht auf einem kleinen Kasten, und die Maschinerie in diesem Behältniß numerirt von selbst wie durch unsichtbare Hände von 1 – 100 000. Der dabei beschäftigte Arbeiter hat nichts weiter zu thun, als die hervorkommenden Zahlen mit Druckerschwärze zu betupfen und die Noten in gehörige Ordnung zu legen."

Ja, einer, der sich ständig in finanziellen Schwierigkeiten befand, hat da natürlich wach hingeschaut; und weil unser Fürst auch viel Sinn fürs Ungewöhnliche hatte, ist er seinem Führer auch noch in luftige Höhen gefolgt:

„Nachher stiegen wir auch noch auf die eine Welt im Kleinem bildenden Zinkdächer des großen Gebäudes hinauf, wo wir, Trepp auf Trepp ab gleich einem diable boiteur zwar in verschiedne andere Häuser hineinsehen konnten, uns aber zuletzt selbst so verirrten, daß wir kaum ohne Ariadne's Faden wieder hinausgekommen wären."

Hat man ihm bei der Kletterei über die Dächer denn nicht die berühmten Statuen gezeigt, die auf alle Giebelecken gestellt sind? Als Symbolfiguren für Weisheit, Gerechtigkeit und Freiheit bezeugen sie in eindrucksvoller Weise, was den Erbauern wichtig war. Die neuen Besitzer wollten nicht hintan stehen und stellten noch Hibernia (Irland selbst), Treue und Handel dazu. Pückler erwähnt sie jedenfalls nicht.

TCD muß noch ein wenig warten, ich gehe jetzt erst mal in das Bankgebäude hinein. Man wird aus Sicherheitsgründen sehr genau beäugt von Herren, die im Vestibül stehen und mit scharfen Blicken in der Menge der harmlosen Bankkunden etwaige Übeltäter erspähen wollen. – Die Hallen sind groß und schön geschmückt mit reichen Stuckdecken; ein würdiger Rahmen für hoffentlich immer würdige Geldgeschäfte. – Wo Banknoten heutzutage gedruckt werden, erfahre ich bereitwillig auf Anfrage: schon lange nicht mehr hier, sondern in der Central Bank in der Sandyford Road. Einige Werte ihrer Münzen lassen die Iren in Großbritannien prägen.

Doch nun endlich zum Trinity College! Der Fürst hat diese Hochschule selbstverständlich auch besucht, etwas später nur. Von einem Studenten ließ er sich unter anderem den Prüfungssaal zeigen. Der war von 1779 bis 1791 nach William Chambers' Entwurf gebaut worden. Heutigentags werden darin auch Konzerte dargeboten. Es erweist sich als ein wenig schwierig, vormittags in den Saal hineinzukommen, denn hier ist man sehr auf Sicherheit bedacht und hält alles verschlossen, was im Augenblick nicht in Nutzung ist. Aber nachdem ich von einer netten Lady an eine andere nette weiterempfohlen worden bin und diese mich zu einer weiteren netten schickt, klappt es doch noch: für mich wird aufgeschlossen. Ich bin überrascht, diesen schönen Raum seladon-grün dekoriert zu sehen; und ich bin überrascht darüber, daß Pückler ihn gar nicht gelobt hat. Ich denke mir, daß er, der Sproß aus altem schlesischem Adel, sich sein Leben lang immer in prächtig dekorierten Räumen bewegt hat; so wird ihm dieser hier eben nicht als etwas gar so Besonderes erschienen sein. Eine so feine Stuckdecke im Adam-Stil, das ist ihm halt ganz alltäglich gewesen.

Er delektierte sich im TCD hingegen an allerlei Merkwürdigkeiten in den Sammlungen. Da erregte zum Beispiel ein dem Archimedes zugeschriebener, angeblich als Abwehrwaffe gebrauchter Brennspiegel sein Interesse, auch indianische Waffen und Basaltstücke von Giant's Causeway usw. Derlei fand im frühen neunzehnten Jahrhundert überhaupt viel Beachtung. Viele Museen waren zu jener Zeit eigentlich Raritäten- und Kuriositätenkabinette, gelegentlich sogar nichts besseres als Monstrositätensammlungen.

Durch die weltberühmte Bibliothek des TCD strömen heutzutage wahre Massen von Touristen und Interessenten. Unserem Fürsten hat sie aber offenbar nicht so viel Eindruck gemacht. Kein Wort schrieb er über die imposanten Ausmaße des Raumes, über die schier erdrückende Menge alter Folianten, nichts vom eindringlichen Staub-

und Ledergeruch. Die ganze eigentümliche Atmosphäre des Geistigen hat ihn anscheinend nicht berührt.

Zu Zeiten meines verehrten Reiseführers war der Raum freilich noch nicht zweigeschossig, sondern bot sich niedriger dar. Anfänglich hatte er eine flache Stuckdecke; aber da sich im Laufe der Zeit so überaus viele Bücher hier angesammelt hatten, mußte man auch die kleine Galerie mit Bücherregalen bestücken. Aus diesem Grunde wurde das Dach 1859 höhergelegt, und es wurde ein Tonnengewölbe eingezogen. Früher standen die berühmten Marmorbüsten von Dichtern und Denkern auf der Galerie, jetzt aber sind sie sozusagen herabgestiegen und schmücken nun die Stirnseiten der Regale im Hauptgeschoß. Die Geistesgrößen früherer Jahrhunderte sind von Scheemakers, Banks und anderen skulptiert worden. Die Büste Jonathan Swifts aber hat Roubiliac gearbeitet. Dieses Bildhauerwerk zu sehen war eine der mir selbst gestellten Weisungen. Jetzt kann ich in der Wirklichkeit sehen, was ich so oft schon auf Fotos bewundert hatte; und ich werde nicht enttäuscht.

Auch Pückler hat sich für die Büsten interessiert, allerdings weniger für die künstlerische Qualität der Ausführung als mehr für den physiognomischen Ausdruck der Dargestellten. So schrieb er über die Büsten Burkes und Swifts:

„Beide Physiognomien entsprechen den bekannten Eigenschaften dieser Männer. Der eine zeigt einen eben so feinen und schalkhaften, als gebiegnen Ausbruck, der andere geistreiche und gewaltige, fast grobe, aber doch wohlwollende und ehrliche Züge, den donnernden Redner verkündend, der aufrichtig und ohne Schonung Andrer für seine Meinung focht, aber

nimmer blos das eigne Interesse mit künstlichem Enthusiasmus über-
tünchte."

Damit war dann auch gleich vieles über diese beiden
großen gebürtigen Dubliner ausgesagt. Swift ist ja jedem
Kind als der Erfinder von Gulliver bekannt. Allerdings
lesen Kinder eine gereinigte, entschärfte Fassung; denn
»Gullivers Reisen« war gar nicht als Kinderbuch gedacht,
sondern als beißende Satire auf damals gängige philoso-
phische Meinungen.

Ganz im Gegensatz zu meinem adligen Cicerone habe
ich hier in Dublin keinerlei gesellschaftliche Verpflichtun-
gen. So kann ich es mir leisten, ein wenig länger zu verweilen und in Muße alles weitere anzusehen. Er eilte fort, um
den Justizpalast und das Hafenzollamt zu besichtigen,
anschließend noch ein paar ausgestellte Schlachten-
Dioramen zu sehen sowie ins Theater zu gehen. Ich
bleibe.

Da ist die Jahrhunderte alte Harfe, die auch schon 1828
ausgestellt war. Pückler folgte den Vermutungen, die damals im Schwange waren und verstieg sich zu der Meinung, sie sei einst dem keltischen Barden Ossian zuge-
hörig gewesen und vom vermeintlichen Entdecker und
Übersetzer der ossianischen Gesänge, James Macpherson,
dem Museum übergeben worden. Es hatte ja nach dem Erscheinen dieser Versgesänge eine wahre Ossian-Euphorie
um sich gegriffen. Alles sprach von diesen angeblich alt-
keltischen Sagenliedern, bis dann die Ernüchterung kam:
Macpherson hatte die Strophen selbst gedichtet! Nichts
da mit Mythenklage, Bardensang, irischer Botschaft. Jedoch, wo selbst Goethe irrte, da durfte auch Pückler

mitirren. Und was tut's überhaupt? Was Macpherson ge-schaffen hatte, war einfach schön und anrührend.

Vor einem Vitrinentisch mit Panzerglasscheiben, in dem das Buch von Kells aufgeschlagen liegt, warten viele Besucher andächtig in einer langen Schlange. Auch ich reihe mich geduldig ein. Nur sehr langsam rückt man vor. Endlich aber kann der Blick auf das Original getan wer-den. Das Auge erfaßt die fein abgestimmten Farben der illu-minierten Seite, folgt den unendlich verschlungenen und einfallsreich verknoteten Liniengeflechten, genießt den schönen Duktus der irischen Schrift. Man müßte jeden Tag einmal herkommen, denn es werden an jedem Morgen zwei andere der 680 Seiten aufgeblättert. – Man kann sich keineswegs beliebig lange vertiefen, denn andere Besu-cher drängen beharrlich nach. Es wäre nicht fair, das eigene Interesse durchzusetzen und andere länger als nötig warten zu lassen. Bekanntlich haben Urlauber keine Zeit; da muß man sich also sputen. Man kauft eben bei näch-ster Gelegenheit, je nach Finanzkraft, ein Heftchen, ein Büchlein, einen Farbbildband oder eine Faksimile-Pracht-ausgabe und kann dann in Ruhe nachsehen, was es mit diesem kunstvollen Werk auf sich hat. Druckwerke über Bereiche frühirischer Kultur und Buchmalerei gibt es viele, aber sie können die Reisekasse recht fühlbar schmä-lern.

Da ich noch frisch mich fühle, frisch trotz eingehender Besichtigung der weniger überlaufenen TCD-Areale, er-kunde ich auch noch die hinteren Gefilde dieser stadtteil-großen Bildungsstätte. Ich schaue mich dort um, wo die Studenten in altehrwürdigen Gebäuden wohnen. Die

Treppen sind da sehr steil, oh ja, aber den Zimmern wird viel Licht durch hohe, gutproportionierte Fenster gegeben. Eine riesige dining-hall, eine Art Mensa, gibt es selbstverständlich auch und, ebenso selbstverständlich, eine geräumige Kapelle mit schöner, braun und altgold bemalter Orgel.

1828 gab es nur einige hundert Studenten, von denen nur Protestanten einen akademischen Grad erlangen konnten. Heutigentags sind es über siebentausend. Sie laufen nun nicht mehr in schwarzen Talaren und mit quastenbehangenen Hüten umher. Die Tracht hatte den Fürsten noch zu einigen Spottzeilen gereizt. Nur zu Examensterminen sieht man noch die feierliche Gewandung. Man leiht sie von einschlägigen Unternehmen. Pückler hatte ausschließlich studierende Männer gesehen; seit 1903 sind auch Frauen zugelassen. Dennoch, es will mir scheinen, als merke man dem ganzen Campus an, daß er zuvor durch eine Priorei besetzt gewesen war, ehe Elizabeth I. das College 1591 als Pendant zu Oxford und Cambridge begründete; als protestantisches Pendant, versteht sich. Es liegt im Kontrast zu aller Großartigkeit doch auch etwas Strenges, Klösterliches über dem Ganzen.

Hinter dem Trinity-College-Gelände, weiter südwärts, liegt Leinster House in einem Komplex mit sehr unterschiedlichen Institutionen. Beim Näherkommen registriert man gleich, daß zahlreiche Polizisten aufmerksam umherblicken, denn hier hat nämlich das neue Irische Parlament seinen Sitz. Wie bescheiden ist doch das Gebäude, wie edel in den Proportionen, wie schön durchfenstert! Es ist gut, daß Polizisten wachen, denn auf diese

Weise, so hofft man, sind die unmittelbar benachbarten Institutionen gleich mitbeschützt: das Nationalmuseum, die Nationalbibliothek, die Nationalgalerie. Sind, wie die Gräfin Ida Hahn-Hahn meinte, in solchen Einrichtungen wirklich nur die »Brosamen der Geschichte« versammelt? Ich kann ihre diesbezügliche Einschätzung gar nicht teilen, denn alle drei bergen Schätze, deren Sicherheit man gern gewährleistet weiß. Hier wird doch die Gefahr abgewendet, daß Vergangenheit ins Vergessen sinkt. Da ist Menschheitsgeschichte dokumentiert; unwiederbringliche Zeugnisse menschlichen Geistes und menschlichen Könnens sind zusammengetragen, alles Dinge, die einen mit einem gewissen Stolz darauf erfüllen, der Spezies Mensch zuzugehören. Es gibt ja vieles in der Welt, das einen an der Qualität der Gattung Mensch zweifeln, wenn nicht gar verzweifeln lassen könnte. Da hat man schon nötig, hin und wieder aufgerichtet zu werden. Dazu sind Vergangenheitszeugnisse, Bücher, Kunstwerke sehr tauglich. Mit großem Gewinn kann man ein paar wirklich sehr gute Stunden, Tage, Wochen sogar, hier im Viertel zwischen Merrion Square und Stephen's Green verbringen.

Weiter westlich, innerhalb der einstigen Altstadt, die von einer festen Stadtmauer umgeben war, liegt Mansion House. Es ist der Amtssitz des Bürgermeisters von Dublin. Das Haus ist 1710 gebaut worden. Im Stadtprospekt von Dublin steht zu lesen, es sei »Queen-Anne-Style«, aber glücklicherweise in einer leichten und erfreulichen Variante. Später ist im Eingangsbereich noch allerlei victorianischer Schnickschnack angebracht worden, aber das ganze hellblaue, mit Weiß abgesetzte Gebäude sieht ange-

DUBLIN

nehm und gar nicht protzig aus. 1919 wurde hier Irlands Unabhängigkeit erklärt.

Hinten angebaut ist ein riesiger runder Versammlungsraum. Es heißt, er sei eigens für den Besuch des englischen Königs George IV. errichtet worden. Aber das schien zunächst ein ganz vergeblicher Aufwand zu sein, denn der König segelte 1821 am Tage seiner Ankunft voller Mißmut auch gleich wieder ab. Er kam bei anderer Gelegenheit wieder und blieb dann einige Tage. Besagter Rundsaal war also noch ziemlich neu, als Hermann von Pückler weiland die Stadt besuchte.

Nicht weit von Mansion House entfernt liegen ganz nahe beieinander ein sehr lebhafter und ein ganz stiller Ort. Der eine ist Powerscourt House, ein Stadtpalais im Renaissancestil, das zu einem Einkaufsparadies ausgebaut worden ist. Der Innenhof bekam ein Glasdach, in allen Ebenen des Hauses gibt es anspruchsvolle Fachgeschäfte, Galerien und natürlich gemütliche Oasen, in denen gegen Hunger und Durst oder auch einfach nur gegen Langeweile angegangen wird. – Der ganz stille Ort ist das Stadtmuseum von Dublin. Während Powerscourt House von Leben nur so brodelt, finden sich hier nur selten Besucher ein. Man bleibt allein mit den Exponaten. Leider. Und leider sind die Ausstellungsstücke auch nicht besonders gut präsentiert. Dublins reiche Geschichte – tragische Geschichte zumeist – hätte Besseres zu ihrer Darstellung verdient. Aber es ist nun mal so, daß das Geld fehlt. Alles auf einmal kann nicht geschafft werden. Zu viel ist aufzuarbeiten nach den dürren Zeiten entsetzlicher Armut. Und in Ansehung der bedrückenden Ausgangslage hat Irland schon Vieles und Erstaunliches geleistet. Auch das Stadtmuseum wird dereinst in sehenswerterer Verfassung sein.

Auf dem Wege in weiter westlich gelegene Stadtgebiete, hin zu den beiden Kathedralen, passiert man Dublin Castle. Das ist der Ort, den mein Fürst als allerersten aufgesucht hatte. Dort residierte seinerzeit der Lord Lieutenant, der englische Vizekönig also. Ihm, als dem Repräsentanten der britischen Staatsmacht, aufzuwarten gehörte sich ganz einfach für Leute von Stande. Für dreizehn Monate war das hohe Amt gerade William Henry Paget, Marquess of Anglesey, zugefallen. So hatte er das Sagen im Lande; wobei anerkannt werden muß, daß er nicht nur den Willen seines Souveräns im fernen London so einigermaßen in praktische Regierungsarbeit umsetzte, sondern auch ansatzhaft versuchte, irische Belange mit zu berücksichtigen.

Unserm Fürsten ist über den Amtssitz des Lord Lieutenant ein einziger Satz genug:

„Zuerst das Schloß, wo der Vizekönig, wenn er hier ist, residirt und dessen ärmliche Staatszimmer mit groben Bretterdielen nicht viel Anziehendes darbieten."

Diese Aussage macht mich neugierig. Bretterdielen in den Repräsentationsräumen eines Königs-Statthalters, das ist etwas so schier Unglaubliches, daß ich es sehen will. Es ist kurz vor siebzehn Uhr. Ich haste also zum Eingang, vorbei an Sperrzäunen um Baustellen, denn man weiß ja, daß alles, was des Besichtigens wert ist, um diese Zeit geschlossen wird. Gerade wutsche ich noch hinein und kann mich der letzten Führung des Tages anschließen. Und nun die Überraschung: jedweder Raum ist prächtiger als der vorige, denn hier werden seit 1938 die Präsidenten Irlands inauguriert. Überall gucke ich verstohlen auf die Fußböden, doch Dielenbretter sind nicht zu entdecken. Es liegen neuerdings Teppiche von Wand zu Wand, weich und dicht wie Golf-Rasen. Sie sind nach Maß für die saalartigen Räume angefertigt worden und nehmen in ihrer Musterung sinnigerweise Motive des Plafondstucks auf. Das ist eine ganz originelle Idee, nur die Farben sind durchweg nicht so sehr gut ausgefallen. Sie sind immer gerade um eine winzige Nuance anders, als zu Wänden und Möbeln passen würde. Wie hätte das unsern geschmäcklerischen Fürsten zu spitzen Malicen verleitet.

Bei der sehr kundigen Führung erfährt man, daß vieles in diesen Räumen erst in den letzten fünfundzwanzig Jahren ins Schloß gebracht worden ist. Manche Säle waren in den Bürgerkriegsunruhen nach dem Abzug der Briten ausgebrannt. Sie konnten erst zwei Jahrzehnte nach dem Zweiten Weltkrieg im alten Stile wieder hergerichtet werden.

Derlei wird bei der Führung emotionslos erwähnt, aber indem gewisse Dinge erwähnt werden, spürt man doch, daß die Narben noch immer schmerzen. Hinweise, wie den auf den heraldischen Britenlöwen, der bezeichnenderweise einen Schild mit der so friedlich wirkenden irischen Harfe mit der Pranke hält, könnte man ja auch unterlassen, »prankt« in der Irischen Republik doch nun schon lange nichts Britisches mehr. Man sollte meinen, es ist vorbei. Aber all diese Empfindlichkeiten sagen: es ist noch keineswegs ausgestanden und vorbei. Die Ulster-Wunde schwärt.

Merkwürdig, daß im gleichen Raum das abgebrochene Horn eines anderen britischen Wappentieres, des Einhorns, nicht Anlaß gibt, den manchmal zu Spott neigenden Humor der Iren bei dieser günstigen Gelegenheit einzusetzen.

Errötet ein rothaariges Mädchen, kann das sehr hübsch aussehen. Diese Feststellung drängt sich auf, als ich die junge Studentin, die unsere Gruppe so engagiert geführt hat, ein wenig loben will und sage, die bemerkenswerteste Attraktion in diesen Räumen sei zweifellos sie selbst. Ich sage es, weil ich über ihre Kenntnisse hinaus auch ihren Charme und ihren guten Geschmack anerkennen will. Denn diese schlanke Lady hat nämlich die Sünden verschmäht, die so viele Irinnen tagtäglich begehen, indem sie dem Feuer ihrer Haare beispielsweise fuchsienfarbige oder schrillrosa Kleidungsstücke attachieren. Unter dem Befehl der Mode finden da entsetzliche Farbschlachten statt. So gesehen ist es gut, daß es gar nicht so sehr viele Rothaarige gibt, wie der Kontinental-Europäer meint. Unsere Führerin hat hingegen Kleidung in fein abgestuften Naturtönen gewählt, wodurch ihr Teint und ihre Haare zur Sensation werden.

Wenn man aus dem Innern des Castle entlassen ist, kann man noch die anderen um zwei Höfe liegenden Gebäude in Augenschein nehmen, zum Beispiel das Museum des Heroldsamtes. Baulichkeiten fast aller Stilarten vom Mittelalter bis zur Gegenwart sind vertreten. Grausig zu denken, daß es üblich war, die Häupter von »Rebellen« hier, aufgespießt, auf den Schloßzinnen zur Schau, zur Abschreckungsschau, auszustellen oder sie an die Eingangstore zu nageln. – Ganz hinten, in schon abgesperrten Regionen, entdeckt man noch einen letzten Rest der mächtigen mittelalterlichen Stadtmauer, die einst an dieser Stelle die Burg des Königs Johann mit einschloß.

Die so überaus gotisch aussehende Kapelle täuscht, verleitet zu Falschdatierung. Erst beim zweiten Blick sieht man: nicht Gotik ist das, sondern Pseudo-Gotik, 1807 bis 1814 gebaut. Pückler hatte sie noch hellgraugelb gesehen, nicht so verschmutzt, fast schwarz, wie wir heute. Er lobte sie. Seit 1943 ist diese Kapelle katholisch. Zur Zeit wird an ihrer Restaurierung gearbeitet. Erfreut stelle ich fest, daß die noble Steinfarbe offenbar doch wieder zum Vorschein gebracht werden kann.

Sehen wir doch mal nach, was inzwischen unser Herr

von Pückler unternahm. Nicht nur im Castle, auch in den Stadthäusern der Mächtigen und Reichen, aber auch auf der Straße traf er allerlei Leute, die er keineswegs ohne Tadel wegkommen ließ:

„In der Stadt begegnete ich einem Londner Dandy, der mich anrief, denn ich erkannte ihn nicht, herzlich darüber lachte, uns in such a horrid place mit einander zu sehen, eine Weile über die Dubliner Gesellschaft fortsatyrisirte und am Ende damit schloß, mir zu eröffnen, daß er durch den Credit seiner Familie eben eine Directorstelle hier bekommen, die ihm zwar über 2000 £ Sterling einbringe, auch nichts zu tun gebe, aber doch zwinge, pro forma eine Zeit lang des Jahres diesen chokanten Aufenthalt zu wählen. So und noch viel reichlicher wird mit Sinecuren ohne Zahl überall in England für die jüngeren Söhne der Aristokratie gesorgt — ich glaube aber, der Krug wird auch hier nicht ewig zu Wasser gehen, ohne zu brechen, obgleich man gestehen muß, daß diese Fehler in der englischen Constitution, gegen die Willkühr anderer Staaten gehalten, immer nur Flecken am reinen Himmel bleiben, versteht sich, Irland ganz ausgenommen, das fast in jeder Hinsicht stiefmütterlich behandelt zu werden scheint und doch fast den stärksten Beitrag zur Größe und Macht des englischen Adels geben muß, ohne dafür einen einzigen Vortheil, wie England deren so viele, zurück zu erhalten."

Um solche Zusammenhänge ungeniert brandmarken zu können, war es wohl ratsam, die eigene Autorschaft zu verschleiern und die Reisebriefe als die eines bereits Verstorbenen herauszugeben.

Wenige Schritte vom Burggelände entfernt liegt Christchurch Cathedral, ebenfalls noch innerhalb des ehemaligen Stadtmauerrings. — Es hat unseren fürstlichen Reisenden immer sehr gereizt, sich weitläufig über die religiösen Verhältnisse in Irland auszulassen. Er war zwar, wie schon gesagt, protestantisch erzogen, aber in Irland stand er auf der Seite der um ihre Emanzipation ringenden Katholiken. Bei diesen Themen nahm er nie ein Blatt vor den Mund und scheute sich auch nicht, Unsinn zu nennen, was er als Unsinn ansah. Er, der klare Vernunft so wortgewandt pries, hätte nicht vernünftig und nicht gerecht gefunden, daß die rund 95 Prozent Katholiken im Lande in der Hauptstadt keine Kathedrale besitzen, die Protestanten hingegen gleich zwei. Das hat mit der von Henry VIII. durchgeführten Reformation zu tun und damit, daß ihr zufolge Irland so lange der Staatskirche unterstand, wie die Briten ihre Herrschaft im Lande ausübten. Sie dauerte bekanntlich bis 1920. Erst danach gelang es den Iren, die Zugehörigkeit zu Großbritannien schrittweise abzubauen. Späterhin ist es offenbar vergessen worden, die Kirchen zurückzugeben. Bis heute haben die Katholiken in Dublin nur eine Pro-Cathedral, eine Art Ersatzkathedrale. Es ist St. Mary's in der Marlborough Street. Pückler war da:

„Es ist dies ein schönes Gebäude. Das Innere, ein großer ovaler Saal mit einer ringsum laufenden Colonnade jonischer Säulen, einer schönen Kuppel und einem vortrefflichen Hautrelief in der halben Wölbung der Decke, die sich über dem am Ende des Saales stehenden Altar befindet. Es stellt des Erlösers Himmelfahrt dar."

Doch was hat unser Reisefürst über die beiden alten Kathedralen im Südteil der Stadt gesagt? Nichts! Nun war Gotik ja etwas, das seinerzeit gerade erst anfing, Anerkennung zu finden. Bis dahin war die Bezeichnung »gotisch« eigentlich abfällig gemeint und drückte aus, daß man etwas als roh und mißlungen verachtete. Zu Pücklers Zeiten wandelte sich die Einstellung gerade. Wie weit Pückler selbst diesen Meinungsumschwung mitmachte, verschwieg er seinen Lesern. Überhaupt finden sich in seinen Reisebriefen keine Äußerungen über Stilfragen. Er machte es sich einfacher. Ihm ging es weitgehend nur um »schön«, oder andernfalls »nicht schön«, »geschmackvoll«, oder in seinem Sinne geschmacklich nicht genügend; das sind bei ihm allemal höchst subjektive Betrachtungsweisen. Andererseits machte er sich zuweilen in unterschiedlichen Bereichen durchaus unabhängig vom Zeitgeschmack, verspottete ihn sogar ganz witzig. Wenn er aber etwas ablehnte, reichte die Skala seines Mißbilligens weit: von nicht zur Kenntnis nehmen, über milden Tadel bis hin zu räsonierender Polemik oder beißendem Spott.

Die Kathedralen, beide, sind in Pücklers Briefen nicht erwähnt. Ob nur verschwiegen oder gar nicht zur Kenntnis genommen, ob er einfach keine Zeit hatte, sie zu besichtigen, oder ob seine Vorhaben nicht in die alten Stadtviertel führten, man weiß es nicht. Diese Erwägungen sollen mich aber nicht davon abhalten, selbst nachzusehen. Ganz gerne gehe ich mal eigene Wege und sehe mich auch da um, wo mein Fürst nichts beschrieb.

Christchurch Cathedral zuerst. Die Kathedrale steht im ältesten Stadtteil von Dublin, im Siedlungskern der Wikinger. Entsetzt sieht man: es ist da alles ganz niedergewalzt! In Stadtverwaltungen weiß man ja, daß man sich um Verschwundenes nicht mehr zu kümmern braucht; also läßt man eben verschwinden! Holzzaun drum herum; Alibi-Ausgrabungen. Massiv-Neubauten als

Rechtfertigung für weitere gleich erst mal hingeklotzt. Das ist der übliche Ablauf; in Paris, in Köln, in Dublin, überall! Auf diese ungute Weise wird versucht, Geschichte rasch zu entsorgen. Das ist nun keineswegs nur eine schwarzgemalte Vermutung, nein, das Trauerspiel ist hier in Dublin durch alle Akte so aufgeführt worden. – Ungern würde ich jetzt dahingehend mißverstanden werden, daß ich generell alles Neue ablehne, sentimental am Alten hänge. Ich weiß sehr wohl, daß Erneuerung sein muß, daß nur so ein Gemeinwesen lebendig bleibt und nicht zum Museum wird. Wogegen ich mich wende, ist die Art des Vorgehens, die doch reichlich menschenverachtend und geschichtsverleugnend ist; und ich wende mich auch gegen die Art der Neubebauung, die jede Sensibilität gegenüber dem Umfeld vermissen läßt. Beton im Bunkerstil mit ein paar Sehschlitzen aus Glas, das steht nun da für die nächsten hundert Jahre zwischen Liffey und Christchurch Cathedral. Scheußlich. Deprimierend.

Lange bin ich zuerst um das Kathedralviertel herumgestrichen, habe alles von allen Seiten angeschaut. Aber merkwürdig: die Kathedrale hat mich nicht ergriffen! Grau, glatt, einfach, in der Massenverteilung etwas schwerfällig, so bietet sie sich mir dar. Ist dieses Ausbleiben von Faszination nun die Folge des Neuaufbaus im späten neunzehnten Jahrhundert? Oder stören die viel zu eigengewichtigen Anbauten, die sogar eine Hauptstraße brückenartig überspannen, und die einen massigen, konkurrierenden Turm erhalten haben? Nur eine einzige Stelle erregt mein Interesse: es ist das romanische Südportal, das einstmals die Verbindung zwischen der Kathedrale und dem Kapitelhaus von 1230 herstellte. Es stammt noch vom ursprünglichen Bau her. Das Kapitelhaus aber liegt in Trümmern; kaum mehr als Fundamente sind noch zu sehen. Ohne alle Sentimentalität: dieser originale Bogen ist in seiner Schlichtheit am schönsten! Da kann die allerbemühteste Vorbildanpassung, wie sie die Baumeister des neunzehnten Jahrhunderts in bester Absicht zu praktizieren pflegten, nicht mithalten.

Über die Geschichte der Kathedrale mag man in den vielen vortrefflichen Reisehandbüchern nachlesen. Dieses Büchlein hier will kein weiteres liefern. Hingegen kommen mehr persönliche Eindrücke und Meinungen zur Sprache, so wie auch unser fürstlicher Irlandbesucher solche stets in bemerkenswerter Unabhängigkeit und Freimütigkeit zu Papier gebracht hat.

Im allgemeinen ist es nicht üblich, an berühmten Stätten herumzumäkeln. Und es macht auch überhaupt keinen Spaß! Aber als eine gewissenhafte Berichterstatterin muß ich es hier doch tun. Es wäre mir viel lieber, wenn ich nur Lobenswertes, nichts Tadelnswertes gefunden hätte. Meine Kritik betrifft auch nicht so sehr den Baukörper der Kathedrale an sich, wenngleich es auch da für Kunsthistoriker einiges zu sagen gäbe. Vielmehr will ich einmal gewisse Gewohnheiten im Umgang mit Besuchern, wie sie befremdlicherweise immer ungenierter in Erscheinung treten, zur Sprache bringen. Die Übel treten auch keineswegs nur in Dublin auf, da brauchen wir vom Kontinent uns gar nicht etwa pharisäerhaft aufzuspielen.

Gleich am Eingang von Christchurch Cathedral überwachen zwei sehr wohlgenährte Helfer, daß man seinen Obulus zur Erhaltung des Bauwerks entrichtet: Eintrittsgeld wird erhoben, auch wenn das nicht so unverblümt als solches deklariert wird. Als Quittung erhalten die Besucher Informationsblättchen. Deutsche Besucher sogar in deutscher Sprache. So weit, so gut. Aber muß denn gleich auf der Vorderseite penetrant Reklame für den Domladen gemacht werden?

Der Laden ist im Nord-Querschiff angesiedelt, nimmt es sogar gänzlich ein. Er ist in einer Weise umbaut, daß man die Architektur der Kathedrale an dieser Stelle nun schon gar nicht mehr wahrnehmen kann. Wenn die Geschäftstüchtigkeit so weit geht, daß ein Laden wesentliche Teile der Sakralarchitektur überwuchern darf, dann hört jedes Wohlwollen auf. Man ist verstimmt, vermißt den Einklang von Rede und Tun. Denn, siehe da, es gibt hübsch weltliche Sachen zu kaufen: Kleeblattschmuck in Talmi-Ausführung, keltisch Ornamentiertes mit durchaus heidnischem Einschlag, Geschirrtücher mit Whiskey-Parolen und, und, und… Alles zu gepfefferten Preisen, versteht sich. Wie das genannte Blättchen verrät, gibt es sogar noch einen Domladen Nummer zwei, im brückenartigen Neuteil nämlich. Den Weg dahin will ich mir ersparen.

Gemessen an dem, was der nicht abreißende Besucherstrom da hochrechnungsweise an Eintrittsgeldern in die Kasse schafft, ist die Ausleuchtung der Kathedrale ziemlich unbefriedigend, man kann auch sagen trübe. Und das weckt Assoziationen zu »im Trüben fischen«, was diejenigen, die sich das alles ausgedacht haben, gewiß entrüstet zurückweisen werden. Sei's drum. Sie müssen derlei Klagen aber auch gewöhnt sein, denn sie sind nicht neu. John

Dunton hatte sich sogar schon 1685 beklagt, daß während des Gottesdienstes Geschäftsleute ungeniert in den Seitenschiffen umherwanderten und ihre Handelsangelegenheiten besprachen.

Von Vierung und Querung wäre aber auch ohne Domladen nicht viel zu sehen, denn ungewöhnlicherweise sind dort Chorgestühl und Orgel eingestellt. Klar gegliedert zeigt sich jedoch der im 14. Jahrhundert nach Osten erweiterte Chorumgang mit seinen rechteckigen Kapellen. In der südlichen hängt an schwerer Kette eine große herzförmige Kapsel. Sie umschließt wirklich ein Menschenherz. Der als heilig angesehene Erzbischof von Dublin, Lorcan O'Toole, war 1280 fern seiner Diözese in Eu in der Bretagne gestorben. Dort wurde er auch bestattet, doch »sein Herz kehrte zurück zu seiner Gemeinde«.

Ganz in der Nähe ist der Platz, an dem man eine ganz abgewetzte Grabplatte findet. Es ist dort eine Frau bestattet, die etwas schier Unmögliches schaffen sollte, nämlich die fremde, anglo-normannische Besatzungsmacht und den einheimischen Königsadel miteinander auszusöhnen. Wir wissen, daß es nicht ging, nicht gehen konnte. Ihr Name klingt uns fremd: Prinzessin Aoife (Eva). Sie war die Tochter des Königs von Leinster, Dermot McMurrogh Kavanagh, der die Anglo-Normannen herbeigerufen hatte, damit sie ihm in seinen Eifersuchtskämpfen mit anderen Gebietskönigen helfen sollten. Aber die Mächtigen, die er gerufen hatte, waren nicht wieder loszuwerden; sie blieben über 700 Jahre, bis 1920! Aoife wurde verheiratet mit dem ehrgeizigen Grafen von Pembroke, Richard de Clare, der die Invasoren repräsentierte und bezeichnenderweise den Beinamen »Strongbow«, »Starker Bogen«, bekommen hatte. Die Invasion hatte 1169 begonnen. König Henry II. fühlte sich dazu durchaus berechtigt, denn Papst Hadrian IV., der übrigens ein geborener Engländer war und mit bürgerlichem Namen Nicolaus Breakspear hieß, hatte zuvor in einer Bulle die beabsichtigte Landnahme und den Herrschaftsanspruch gebilligt und bestätigt.

Die Szene von Aoifes Hochzeit hatte ich bereits in der National-Galerie auf einem sehr eindrucksvollen, drei zu fünf Meter großen Gemälde von Daniel Maclise gesehen. Er hat es kurz nach 1850 gemalt. Gewiß, es ist in seiner ganzen Auffassung victorianisch, aber es bietet viel zum Anschauen und zum Denken.

Richard de Clare ist nicht an Aoifes Seite bestattet, sondern, von Historikern nicht ganz unangezweifelt, im Westteil der Kathedrale. Er hatte 1180 die erste steinerne Kirche am Platze hölzerner Vorgängerbauten errichten lassen. So liegt er hier durchaus befugterweise. Die Beine von Strongbows Effigie sind schon oberhalb der Knie überkreuzt, und manche rätseln, ob das im Einzelfall Teilnahme an einem Kreuzzug oder Wahrnehmung oberer Gerichtsbarkeit bedeutet. Gleich neben seiner Grabstelle ist ein zwei Jahrhunderte jüngeres Kindergrab. Diese Alterszuschreibung verweist die grause Geschichte ins Reich der Sage, nach der dort Strongbows junger Sohn liege, den er als Elfjährigen wegen Feigheit vor dem Feinde mit dem Schwerte eigenhändig mittendurch gehauen habe. – Aber woher kommen solche Geschichten? Wie ging man um mit Kindern in jenen rauhen Zeiten? Man hofft, derlei

Vorkommnisse waren eine Ausnahme, eine Einmaligkeit. Einmaligkeiten wurden weitererzählt und weitererzählt bis hinein in unsere Tage. So gelangten sie sogar bis in deutschsprachige Reisebücher über Irland. Auch die Tatsache, daß das Kindergrab hier Strongbows Sohn gar nicht bergen kann, hält keineswegs vom Weitertragen ab. Dunkel spürt man, eine solche Geschichte könnte sich zugetragen haben, wo und wann auch immer. Auf diese Weise wird das Grab hier für mich zu einer Stätte der Erinnerung an gemordete Kinder. Die ganz Nüchternen werden sogar sagen, daß da wahrscheinlich ein Kind bestattet liegt, das im Arm seiner Mutter gestorben ist. Aber auch das wäre ja schrecklich genug und verdiente unser Gedenken an alle unglücklichen Kinder und Mütter.

Nirgendwo in Irland gibt es eine Krypta wie hier in Christchurch Cathedral, eine, die ein Gotteshaus in ganzer Länge unterfängt. Gedrungene Pfeiler und schlichte Bogen erfüllen mit großer Würde ihre Tragepflicht. Unbegreiflich ist nur, daß die jetzigen Hüter so wenig Sinn für die ernste Erhabenheit dieses Raumes zu haben scheinen. Sie dulden nämlich lieblose Beleuchtung, können mit ansehen, wie nackte Glühbirnen an unordentlichen Kabeln herabhängen. Und sie mißnutzen den Raum als Rumpelkammer. Neuzeitlicher Plunder, ausrangierte Stühle und abgenutzte Papptafeln gehören dort ganz einfach nicht hin.

Am gleichen Straßenzug, weiter südlich, liegt die zweite protestantische Kathedrale, die größte Irlands: St. Patrick's. Das Gebiet lag einst außerhalb der Stadtmauer. Ein weihevoller Platz war das von alters her, hatte doch der heilige Patrick höchstselbst hier, frommer Legende nach, gepredigt, getauft, und am als heilkräftig angesehenen Brunnen eine Kirche begründet. Ein idealer Baugrund war das freilich nicht, denn der Boden war durch River Poddle, der hier eine kleine Insel umfloß, stark durchfeuchtet, sumpfig fast. Eine Krypta anzulegen erwies sich als unmöglich. Bis das Flüßchen in eine Röhre gesperrt und auf diese Weise sein Wasser an der Durchschwemmung des Untergrundes gehindert wurde, sikkerte bei jeder Grablegung Grundwasser in die vorbereitete Grube. Man mußte sich beeilen, die Gruft so bald wie irgend möglich wieder zu schließen, damit nicht zu offensichtlich wurde, daß die betrauerten Toten nicht eigentlich der Erde – von der sie nach Mose 1 genommen sind, und zu der sie zurückkehren sollen – überantwortet werden, sondern vielmehr dem geduldigen Sickerwasserstrom. Von solcher Art sind die Begräbnisplätze innerhalb der Kathedrale. Viele namhafte Personen haben hier ihre letzte Ruhestätte gefunden.

Am meisten Aufmerksamkeit findet bei den vielen Besuchern wohl die blanke Messingplatte, die die Stelle im Boden markiert, da Jonathan Swift, der einst so streitbare Dean dieser Kathedrale, bestattet worden ist. Neben ihm ruht Esther Johnson, seine mysteriöse Freundin »Stella«. Am Wandepitaph gehen viele achtlos vorbei. Die Inschrift hat Swift selbst in lateinischer Sprache verfaßt. Noch über den Tod hinaus läßt sich hier sein rebellischer Geist vernehmen: »Hier ist bestattet der Leib des Doktors der Theologie Jonathan Swift, des Dekans dieser Kathedrale, wo wilde Empörung nicht weiterhin das Herz zerreißt.

Geh', Wanderer, und tu', wenn du vermagst, dem mannhaften Streiter für die Freiheit nach Kräften gleich. Er starb am 19. Tag des Monats Oktober im Jahre des Herrn 1745 im Alter von 78 Jahren.«

Wie so sehr recht hatte doch Heinrich Böll, der das dritte Kapitel seines Büchleins »Irisches Tagebuch« mit den Worten einleitete: »An Swifts Grab hatte ich mir das Herz erkältet«, und wie fein und zutreffend sind die Fakten beobachtet, die dieses Kältegefühl auslösten. Auch mir wird kalt, und keineswegs nur von außen. Der kühle Marmor der ansprucherhebenden Grabmäler Dubliner Persönlichkeiten verstärkt das Frösteln. Sie sind sehr kalt, sehr schwer lastend, sehr aufwendig. Auch Dr. Johnson, dem der Geleitspruch dieses Buches zu verdanken ist, hatte derlei mit den Worten attackiert: »Bei Lobeshymnen in Marmor steht niemand unter Eid.« Und noch mit einem anderen Gewährsmann fühlt man sich verbunden, mit Oliver Goldsmith, der einst schrieb, manch einem, der da ein Marmor-Grabmal hat, komme weniger Ehre zu als dem Bildhauer, der es schuf. Gleichwohl ist die Lektüre der eingemeißelten Inschriften sehr interessant, erfährt man doch so manches über längst vergangene Lebensschicksale und Zeitumstände.

Ärgerlich ist hier in St. Patrick's auch wieder der Andenkenladen. Mehr noch als seine aufdringliche Gegenwart innerhalb der Kathedrale verdrießt sein Sortiment. Ärgerlich wird mir nun aber auch die Anwesenheit so vieler Kriegsreminiszenzen. Regimenter haben Kapellen, messingglänzende Gedenktafeln, aufgehängte Fahnen, Erinnerung an und Verherrlichung von Schlachten, peinliche Hochlobung von Feldherren allenthalben! Was hat das alles mit der Friedensbotschaft des Evangeliums zu tun? Angesichts dieser unguten Verquickung von Religion mit Martialischem fühlen sich Zweifler in ihren Zweifeln bestärkt. – Daß auch Zweifeln zum Denken gehört, beschwichtigt nicht genug.

Beide Dubliner Kathedralen waren im Laufe der Zeiten baulich sehr heruntergekommen. Mit dem Geld zweier reicher Unternehmer sind sie im neunzehnten Jahrhundert wieder erneuert und vor dem endgültigen Ruin bewahrt worden. Christchurch Cathedral mit den großzügigen Zuwendungen des Whiskey-Fabrikanten Henry Roe, St. Patrick's mit denen des Bierbrauers Benjamin Lee Guinness. – Nein, ein boshaftes Aperçu über diese Allianz zwischen Kirche und Alkohol kommt jetzt hier nicht!

Alle Punkte, die mein edler Seigneur in Dublin besucht und in seinen Briefen erwähnt hat, vermag ich nicht aufzusuchen. Das liegt nicht an mir; ich bin durchaus willens, an jeden denkbaren Ort zu gehen, den er genannt hat. Darin bin ich hartnäckig und auf deutsche Art auch pingelig; »much too fussy«, wie die viel mehr vegetativ lebenden Iren diese Art Gründlichkeit auf liebenswürdige Art tadeln würden.

Aber Pückler ließ Ortsangaben gelegentlich ganz weg oder machte so spärliche Angaben, daß man im Ungewissen bleibt, was er wohl meinte. Zudem gibt es manches Denkmal oder Gebäude gar nicht mehr. So geht es einem zum Beispiel mit dem Reiterstandbild des englischen Königs Wilhelm III.

„Sobald ich mich ein wenig erfrischt hatte, machte ich eine Promenade durch die Stadt, während der ich bei zwei ziemlich geschmacklosen Monumenten vorbei kam. Das eine stellt Wilhelm von Oranien im römischen Costume zu Pferde vor; mißgestaltet ist Roß und Reiter. Das Pferd hat ein Gebiß im Mund und Hauptgestell am Kopf, aber keine An= deutung von Zügel daran, obgleich die Hand des Königs grade so aus= gestreckt ist, als ob sie sie bahnenmäßig hielte. Soll dies bedeuten, daß Wilhelm keine Zügel brauchte, um John Bull zu reiten? Das andere Monument ist eine Colossale Statue Nelsons, auf einer hohen Säule stehend und in moderne Uniform gekleidet. Hinter ihm hängt ein Tau, das einem Schweife ähnlicher sieht; dabei ist die Stellung ohne Adel und die Figur zu hoch, um deutlich zu seyn."

Das sind herbe Urteile. Gern würde man nachsehen, was davon berechtigt ist, wie die Denkmäler überhaupt aussehen, aber das geht nicht mehr. Beide wurden als Symbole der verhaßten Britenmacht von IRA-Mitgliedern nächtens gesprengt. Für die Nelson-Säule wählte man dazu den fünfzigsten Jahrestag des blutigen Ostertags von 1916.

Nicht alles, das jetzt verschwunden ist, ist willentlich demoliert worden. Auch Zeit an sich ist ja ein geduldiger Zerstörer, und 160 Jahre seit Pücklers Reise bewirkten viel. Besonders viel im Lande eines leidenschaftlich kämpfenden Volkes, wie es die Iren waren. Und noch sind.

Ganz gewiß war Pückler aber mehrmals in einem Gelände, das heute Phoenix-Park heißt. Alles Grübeln, was der Vogel Phoenix, der bekanntlich ein Erneuerungssymbol ist, wohl mit dem Parkareal zu tun haben könnte, geht zumeist in falsche Richtungen. Die irische Bezeichnung für klares Wasser, »Fhionn Uisce«, gesprochen »Fon

Ischke«, ist nur ganz einfach sprachlich verschliffen. Das kommt bei der so schwierigen Aussprache irischer Wörter ja öfter vor. – Die gemeinte Quelle sprudelt noch heute.

Dieser 712 Hektar große Park, der drittgrößte Stadtpark der Welt, war ehedem ein königseigener Wildpark. Im 18. und 19. Jahrhundert residierte dort sommertags der jeweilige Lord Lieutenant. Jetzt hat der Präsident der Republik Irland da seinen Amtssitz. Die apostolische Nuntiatur und die US-Botschaft sind ebenfalls hier angesiedelt. Unbefugtes Publikum hat also keinen Zutritt. Schade, ich hätte das Gebäude gern gesehen. Pückler sagte allerlei über die Gesellschaft, die er beim Lord Lieutenant antraf, aber leider nichts über das von 1751 bis 1754 von Nathaniel Clements erbaute Gebäude. 1815 war es beträchtlich erweitert worden, und ein Portikus im ionischen Stil hatte die Vorderfront aufgewertet. Diese Hinzufügungen strahlten also noch recht neu bei Pücklers Besuch. Er unterschlug uns das angenehm schlichte Haus, lobte jedoch die Umgebung:

„...brachte mich in den Phönix Park, der Prater Dublins, welcher dem Wiener nicht nachsteht, weder an Umfang noch schönen Rasenflächen zum Reiten, langen Alleen zum Fahren und schattigen Spaziergängen."

Aus den Alleen sind nun inzwischen hochfrequentierte Autostraßen geworden, die Rasenflächen sind beliebte Picknickplätze, statt Schatten wird heutzutage Sonne gesucht. Der Phoenix-Park ist ein sanftes Mini-Gebirge westlich der Stadt Dublin. Dort oben haben die Motorradfahrer einen ihrer Treffpunkte. Sie prunken mit ihren starken Maschinen, lassen sie auch hochröhren bis zur Hörschmerzgrenze. In den Augen dieser jungen Burschen liegt unbegreifliche Verzückung. Abends, wenn sie abgeprescht sind, hin zu anderen Schauplätzen für ihre Heldentaten, wenn die Picknickveranstalter das Feld geräumt haben und wenn Spaziergänger seltener werden, sieht das ganze Gelände ziemlich übel aus. Massen von Flaschen, Dosen, Pappbehältern, Plastiktüten und sonstigem Zivilisationsmüll – oder soll man Trägheitsmüll sagen? – bleiben zurück.

Wie auf alten Stahlstichen zu sehen ist, hatte man einst von hier oben einen schönen Blick auf die Insel im Liffey-Lauf und auf die Stadt Dublin. Man hat ihn nicht mehr; zu hoch aufgewachsen sind die Bäume. Durch den schmalen Einschnitt der Straßenschneise überblickt man nur Industrielles, zum Beispiel die stadtteilgroße Guiness-Brauerei. Die Eigentümer bewiesen viel Vertrauen in den Erfolg ihres Erzeugnisses: sie pachteten den Grund für tausend Jahre! Der Erfolg gibt ihnen recht: täglich werden zwei Millionen Liter dunkles Bier gebraut. 30 000 Liter davon trinken allein die Dubliner Tag für Tag.

Der große Herr, dessen Buch mich hergeleitet hat, äußerte sich verdrossen über den großen Obelisken, der eine auffallende Landmarke für die ganze Dubliner Senke ist. Er befand, er sei schlecht proportioniert. Ich kann das nach kritischem Hinsehen nicht bestätigen, habe schon schlechtere gesehen. Auch steht fest, daß das 60 Meter hohe Riesending 1828 noch gar nicht fertig war. Pückler hat es noch unvollendet und daher in falschen Proportionen gesehen. Entsprechend aufklärende Kommentare werden bei ihm möglicherweise ins Leere gegangen sein, denn er verstand nur mangelhaft Englisch. Es gibt ja diesbezüglich die köstlich komische Stelle in Dickens »Pickwick Papers«, bei der Pückler als »Count Smorltork« persifliert wird, der nichts so richtig versteht, das falsch Aufgeschnappte aber mit Eifer in sein Notizbuch einträgt. Gar mancher machte sich über »Prince Pickle« lustig.

Daran, daß so ein Obelisk zu Ehren des Herzogs von Wellington, Arthur Wellesley, überhaupt und an so prominenter Stelle errichtet wurde, nahm unser Adelssproß keinerlei Anstoß. Dabei trafen gerade beim Zustandekommen dieses Monuments Umstände zusammen, die bedenklich stimmen können. Wir Heutigen sind in derlei Dingen empfindlicher geworden.

Der Initiator dieses gewaltigen Ehrenmals war der Earl of Roden, der 1813 den Vorschlag machte, den Duke of Wellington in seinen Eigenschaften als Kriegsheld, als britischer Premierminister und als »Freund und Wohltäter« der Iren mit einem Monument zu ehren. Der Herzog war zu jener Zeit nicht nur in England, sondern auch in seinem Geburtsland Irland äußerst populär. Schon sein Vater war als Lehrstuhlinhaber am TCD eine stadtbekannte Persönlichkeit gewesen. Es erwies sich als gar nicht schwierig, für ein solches Monument Geld zusammenzubringen. Jeder, der als »Sheriff« oder als »Grand Jury« in Irland tätig war, und jeder Engländer, der auf der Insel Land besaß, war aufgerufen, Geld zu spenden. 20 000 Pfund kamen gleich in der ersten Zeichnungsperiode zusammen.

Jetzt wurde ein Wettbewerb ausgeschrieben. Nach langem Hin und Her wurde Robert Smirkes Entwurf angenommen. Nebenher lief das Gerangel um den besten Standort. Schließlich einigte man sich auf das Gelände der ehemaligen »Salute Battery« auf dem Ost-Plateau vom Phoenix-Park.

Aus den Wicklow-Bergen wurden Granitblöcke herbeigeschafft, man legte das mächtige Stufenpostament. Darauf wurde der getreppte Sockel für den Obelisken aufgemauert. Auch waren die Basen für ein Reiterstandbild und zwei flankierende Löwen entstanden. Während der Obelisk höher und höher emporwuchs, erwies es sich, daß das

WELLINGTON-MONUMENT

gesammelte Geld aufgebraucht war; aber es fehlten 1820 noch rund fünf Meter an der projektierten Höhe. Die Arbeiten wurden zunächst mal eingestellt.

Selbstverständlich hatte sich auch die Familie des Herzogs für die Sache eingesetzt, zum Beispiel sein älterer Bruder Richard, Marquess Wellesley, der, bevor Pückler anreiste, Lord Lieutenant in Irland gewesen war. Hier hat also der eine Wellesley dem anderen ein Monument mit verschafft. Der Bruder machte auch Druck für eine neuerliche Geldsammlung, diesmal nicht bloß bei den Reichen des Landes, nein auch bei den Kleinsoldempfängern, den Soldaten-Kameraden, den niederen Pächtern, bei denen, die ohnehin Arme, Beine, Gesundheit, Blut, Gut und Zeit für Wellingtons Kriege und Wellingtons Siege geopfert hatten. Sie waren nach den Feldzügen gegen Napoleon in ihre Dörfer zurückgekehrt, hatten aber Feldbestellung und Ernte versäumt, ihre eigenen Interessen hintan stellen müssen; und das alles für einen Krieg auf dem fernen Kontinent, der sie gar nichts anging. Die kleinen Leute geht ein Krieg nie etwas an. Und nun sollten sie, Ehrensache, auch noch Geld geben. Sie gaben. In diesem Zusammenhang ist es vielleicht interessant zu erfahren, wie hoch die Besoldung eines Lord Lieutenant seinerzeit war? Neben freigehaltenem Hofstaat empfing er jährlich 50 000 Pfund Sterling, wie uns Pückler selbst berichtete. Warum also hat der Bruder dem Ehrenbau nicht aus eigenen Mitteln das Fehlende zugeschossen?

Immerhin, die Sache mußte ja irgendwie weitergehen. Nun ging es um die Basreliefs, die den Sockel rundum schmücken und den Herzog verherrlichen sollten. Erbeutete Kanonen wurden eingeschmolzen. Dabei waren wieder kleine Leute gefragt: die Fuhrleute, die Formmacher, die Bronzegießer, die Gerüstbauer etc. etc. Am Ende kam an jede Seite eine neun Meter lange Tafel; zwei mit Kriegsszenen, eine mit zivilen Denkbezügen und eine mit der fanfarenhaften Lob-Inschrift. Ein Wunder, daß darin summarisch »The Irish Craftsmen« neben den illustren Wichtigpersonen überhaupt erwähnt wurden.

Der Geldmangel zwang dazu, auf die geplante Reiterfigur und die Löwen zu verzichten. Die fertigen Piedestale wurden wieder abgerissen. Endlich, 1861, vierundvierzig Jahre nach der Grundsteinlegung von 1817 war das Ganze endlich fertig. Der da geehrt werden sollte, war inzwischen längst tot.

Mein uomo nobile war nicht ganz glücklich, daß er ausgerechnet im August in Dublin weilte,

„denn alle notablen Bewohner der Stadt sind auf dem Lande",

klagte er brieflich. Nach wenigen Tagen hatte er alles angesehen, was ihm des Interesses wert erschienen war. Wie hat er das nur so schnell geschafft? Ich brauche viel, viel mehr Zeit. Er jedenfalls wollte noch Ausritte in die Umgebung unternehmen. Natürlich wandte er sich zuerst nach Süden. Die Berge, die man von der Stadt aus sieht, hatten ihn verlockt. Dorthin lenkte er sein Roß. Und ich will ihm folgen.

Als Nichtautofahrer kann man für Ausflüge in Dublins Umfeld Bahnen oder Busse benutzen. Vier Bahnhöfe gibt es jetzt in Dublin. Der älteste ist Pearse Station, von wo seit 1834 die erste irische Bahn zum Seehafen Kingstown, der jetzt wieder Dun Loaghaire heißt, abging. Man braucht sich mit der Aussprache dieses Ortsnamens nicht herumzuquälen. Wenn man etwas sagt, das englisch wie »Dunleary«, deutsch wie »Danléri« klingt, dann stimmt es ungefähr.

Der zentrumsnächste Bahnhof ist Tara Street Station, gleich am Südende des zu Recht so vielgetadelten Eisenbahnviadukts über die Liffey. Beide Bahnhöfe bedienen die Süd-Route. Nördlich des Flusses, ein ganzes Stück hinter Custom House, ist Connolly Station für die Strecke nach Norden. Diese Bahnhöfe wirken merkwürdig unirisch, denn sie haben Türme im Stil lombardischer Campaniles. Ein Hauch von Italien in Irland! Und dazu die gleiche lichte Himmelsbläue, die hier gar nicht so sehr selten ist, wie man befürchtet. Für die nach Westen abgehenden Strecken ist seit Mitte des vorigen Jahrhunderts Heuston Station der Bahnhof.

Will man einen Bus benutzen, begibt man sich zu Busarus, dem zentralen Halteort. Das Auskunftswesen erweist sich dort als etwas überfordert, in der Touristensaison zumal, ist aber zuverlässig und umfassend. Ich buche eine Tour nach Powerscourt Estate, denn das war auch Pücklers erstes Auswärtsziel.

Im Bus kommt irische Volksmusik aus den Lautsprechern; der Fahrer führt sich als »Paddy« ein und beweist sich als launischer Erklärer alles dessen, was an der Strecke liegt. – Unterwegs gibt es ein paar Stellen, bei Killakee zum Beispiel oder »Three Rocks«, von denen aus fabelhafte Ausblicke auf die Bucht, den Hafen und die Stadt Dublin zu genießen sind. Ausflugsbusse halten an; es kann fotografiert werden. Von all den amerikanischen, australischen, englischen Teilnehmerinnen hört man Worte wie »breathtaking«, »absolutely fabulous«, »tremendous«, »marvellous«, mindestens aber »beautiful«. Was sollte dem hinzuzufügen sein? Es ist so, wie sie sagen! Die schöngeschwungene Bucht von Dublin wird umarmt von der Halbinsel Howth im Norden und der kleinen Vorwölbung, der das Inselchen Dalkey Island vorgelagert ist, im Süden. Dublins viele grünpatinierte Kuppeln leuchten aus dem grauen Häusergeschachtel hervor. Nur das eine einzige Hochhaus stört die Linie, gehört da einfach gar nicht hin. Immerhin, von hier oben sieht es so aus, als sei das der einzige Mißgriff bisher. Kann man hoffen, daß diese leichtfertige Bausünde eine solche Schockwirkung hat, daß die verantwortlichen Stadtväter nun klüger geworden sind und sich scheuen, diesem architektonischen Willkürakt weitere folgen zu lassen? Wie lange noch wird Dublin dem Druck wirtschaftlicher Interessen standhalten? Gegenüber England und auch gegenüber einigen Ländern auf dem Kontinent hat Irland bis jetzt eine gewisse Verzögerungsspanne gehabt, mit der wohltätigen Wirkung, daß die Fehler so vieler, als Fehler einmal erkannt, in Irland nicht gemacht wurden. Aber unsere Zeit ist eine Zeit hastigen Veränderungsdranges. Wird es dennoch in Dublin gelingen, die Stadtgestalt vor kultureller Barbarei zu bewahren? Hier oben, an der schönen Aussicht, hofft man es inständig! Was alles im »Kistenstil« bereits fertig gebaut worden ist, sieht man glücklicherweise von hier aus nicht so genau. Nicht aufzuhalten ist wohl das Wuchern der Stadt ins Umland. Der Flächenfraß – die Küste entlang, die Liffey aufwärts, die Hügellenden hinauf –, das Einschlucken von Dörfern und Weilern, das Vernichten von Grünland, all das schreitet schnell voran. Schließlich lebt ein Drittel der Republikbevölkerung in Dublin, rund eine Million; und zehntausend Menschen kommen jährlich hinzu!

Dort drüben, das große Grün des Phoenix-Parks, die helle Nadel des Wellington-Obelisken, alles leicht wiedererkennbar, wenn man die Stadt schon durchwandert hat und nun ein wenig kennt.

Wieviel besser hat man es heute, als unser fürstlicher Tourist vor rund 160 Jahren! Er war von der Aussichtsstelle Three Rocks noch ein wenig weiter hinangestiegen und hatte von der Kuppe auf Dublin hinabgeschaut. Aber er hat von dort oben her überhaupt nichts sehen können.

„Da lag die ersehnte Aussicht endlich vor mir. Irland wie eine Landkarte, Dublin darin wie ein rauchender Kalkofen in der grünenden Ebne (denn der Steinkohlendampf ließ auch nicht e i n Gebäude erkennen), die Bay aber mit ihren Leuchtthürmen, dem kühn sich zeichnenden Vorgebürge Howth, und auf der andern Seite die bis an den Horizont ausgedehnten Berge von Wicklow glänzten alle im Sonnenschein, so daß ich mich für die kleine Fatigue mehr als belohnt fand."

Luftverschmutzung erweist sich durch dieses Textstück als ein schon recht betagtes Problem. Damals nahm der Schmutz die Sicht, heute nimmt er, unsichtbar geworden, aber gefährlicher, zuweilen den Atem; auf dem Kontinent, nicht etwa hier in Irland. Hier gibt es viel weniger Industrie; häufiger Regen wäscht die Atemluft rein, und es bläst unermüdlicher Westwind.

Weiter nun nach Powerscourt! Unser agiler Reitersmann war zweimal dort. Das erste Mal mußte er die Enttäuschung hinnehmen, daß das Tor für ihn verschlossen blieb. Es war Sonntag, und der frömmelnde Schloßherr war der Meinung, jedweder Sonntag müsse von jedermann dadurch geheiligt werden, daß er sein Haus überhaupt nicht verlasse, es sei denn zum gottesdienstlichen Besuch einer Kirche. Fürst Pückler brach darüber in ein bewegtes Lamento aus:

„O Herr von P.! Du wirst diese Zeilen nicht lesen, aber es wäre gut, wenn du es thätest und sie beherzigtest. Gar mancher arme Mann, der die Woche lang schwitzt, um dir sein Pachtgeld abzuzahlen, würde am Sonntag froh in deinem schönen Parke seyn und des Herrn Güte segnen, der ihm doch nicht Alles, selbst den Anblick seiner Herrlichkeit, entzieht, dies würde am Ende auch dich erfreuen, aber – du selbst bist wohl gar nicht zugegen und sendest deine frommen Befehle blos von weitem? Du bist vielleicht, wie so viele deiner Collegen, auch einer jener Absentées, der durch heißhungrige und erbarmungslose Beamten das Volk von dem letzten Lumpen entblößen, die letzte Kartoffel ihm rauben läßt, um in London, Paris oder Italien Maitressen und Charlatans zu bereichern? Dann freilich kann deine Religion nicht weiter gehn, als den Sonntag und die Ceremonieen deiner Priester heiligzuhalten."

Obwohl Pückler sich erkältet hatte, ritt er einige Tage danach noch einmal hinaus:

„Ohngeachtet meine Brust mich fortwährend schmerzt und der Doctor zuweilen bedenkliche Gesichter macht, fahre ich doch in meinen Ausflügen fort, die mir allein wahres Vergnügen gewähren. In der ungeschminkten Natur wird mir wohler als unter den maskirten Menschen."

Die Zeiten haben sich geändert. Powerscourt zu besuchen bereitet heutzutage keine Schwierigkeiten; im Gegenteil, es ist geradezu ein Muß! So hält man von Ostern bis Oktober tagtäglich geöffnet, im Winterhalbjahr mit

Einschränkungen. Busladungen von Menschen verschiedener Nationalität und wahre Karawanen von Autos nähern sich durch die dämmrig grüne Buchenallee von Enniskerry her. Ausgedehnte Parkplatzareale, eine Privatflugpiste sogar, zeigen an, welchen Besucherauftrieb man hier gewohnt ist. Zwei Souvenir-Shops, Café, Restaurant, alles ist da! Informationsblättchen sind verfügbar; extra zu bezahlen, zusätzlich zum fühlbaren Eintrittsgeld.

Dann aber: der terrassenartig an eine Berglehne geschmiegte Garten, der Ausblick auf Great und Little Sugarloaf, die 250 verschiedenen Baum- und Strauchvarietäten in Prachtexemplaren – ach, so überaus mannigfach grün! –, die ernste Araukarienallee, die mehr über die Mildheit des Klimas aussagt als alle Reisebuchbeteuerungen.

Originale und Repliken antiker Figuren schmücken grünsamtene Rasenflächen. Üppig berankte Treillagen

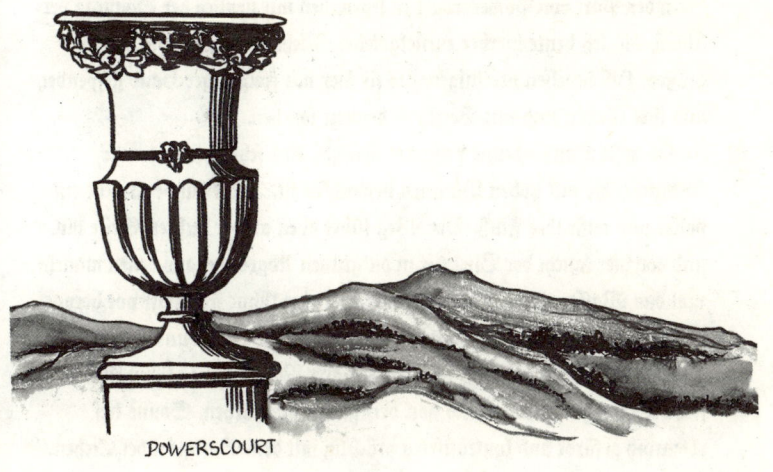

POWERSCOURT

trennen Gartenteile und bieten Hintergrund für Skulpturen. Kunstvolle Schmiedegitter gliedern die Partien. Bachkiesel, grau und weiß, sind ornamentartig zu Weg- und Terrassenbelag verlegt. Dolphin's Pond erinnert an »Auf steigt der Strahl und fallend gießt er voll der Marmorschale Rund...«. Ein japanischer Garten ist verspielt kunstvoll angelegt. Verschlungene Pfade führen zum efeuüberwucherten Pepper Pot Tower. Rosen prangen, Rabatten bunter Sommerblumen feiern den Tag. Eine Pracht! »Eines Poeten lieblicher Traum«, wie Pückler derlei ausdrückte.

All das ist jetzt gewiß viel schöner entwickelt als zu Pücklers Zeiten. Viele der Bäume waren damals gerade erst frisch gepflanzt und gaben noch kein geschlossenes Bild. – Bei seinem zweiten Besuch wurde Pückler eingelassen. So können wir ihn selbst die entfernteren Naturparkteile beschreiben lassen:

„Um den Park von Powerscourt zu sehen, den mir neulich der Sonntag verschloß, bin ich heute hierher zurückgekehrt. Nicht leicht wird die Natur größere Hilfsquellen vereinigen, als sie hier mit freigebiger Hand gespendet, und ihre Gaben sind mit Verstand benutzt worden.

Die erste Hauptparthie heißt der Dargle, eine sehr tiefe und enge Schlucht, die mit hohen Bäumen bewachsen ist. Im Grunde rauscht ein voller und reißender Fluß. Der Weg führt oben an der rechten Seite hin, und von hier taucht der Blick tief in die grünen Abgründe, aus denen manchmal das Wasser plötzlich hervorglänzt oder eine kühne Felsengruppe hervortritt. Drei größere Berge ragen über die Schlucht empor und scheinen, obgleich ziemlich weit entfernt, in unmittelbarer Nähe, da man ihren Fuß nicht sieht. Sie waren heute abend von der, ganz italiänischen, Sonne tief rosenroth gefärbt und kontrastirten prächtig mit dem Saftgrün der Eichen."

Über das Schloß sagte unser fleißiger Briefeschreiber nichts. Er war halt nicht eingeladen, und so hat er es von innen nicht gesehen. Und so, ohne freundliche Gastgeber, lebhafte Gesellschaften, charmante Damen, beflissene Dienerschaft, sagte ihm das pure Gebäude nicht viel. An Steinen, und seien sie noch so kunstvoll zu Architektur gefügt, war er nicht besonders interessiert. Das Haus war fast hundert Jahre alt, als er es vor Augen hatte.

Ich sah das einst so überaus prächtige Haus als schokkierende Ruine. Es ist im November 1984 mit allen seinen unermeßlichen Kunstschätzen und kostbaren Möbeln durch Feuer verheert worden. Kurzschluß, so wird gesagt. Die kruden Reste gehören jetzt einem Amerikaner, der zeitweise irgendwo in einem bewohnbar gemachten Wirtschaftsflügel lebt.

Morgen will ich weiterreisen in den Norden der Insel; später erst noch mal wiederkommen nach Dublin. Was werde ich tun bis zu meiner Abreise? Ich durchstreife noch die Stadtteile nördlich der Liffey: St. Michan's Church, mit dem günstigen Trockenklima in der Krypta, in der Bestattete sich durch Jahrhunderte als bräunliche Mumien erhalten. »Dried fish«, höre ich hinter mir jemanden seinen Mangel an Pietät beweisen.

Ich bummle durch die Straßen, schaue hier und da. Hauptpostamt; wichtiger Ort, Feuerort in den Oster-Befreiungskämpfen von 1916. – Wo kann man Karten kaufen für die Horseshow? Dieser Veranstaltung wegen habe ich kaum Unterkunft in Dublin bekommen können. In dieser Woche, dieser irischsten aller Wochen in Dublin, ist jedes Bett belegt. Weiter draußen, am Royal Canal, bin ich zu guter Letzt doch noch untergekommen. Als Ausgleich für unbequeme Anmarschwege wäre es doch nun ganz nett, wenn ich wenigstens eine der Veranstaltungen besuchen könnte. Iren und Pferde, das wäre doch des Beobachtens wert! Ich werde versuchen, eins der irischen Raufballspiele, gaelic football oder hurling zu erleben. Oder mal wieder ein greyhound racing? Jedoch nichts geht mehr. Alle Karten sind längst ausverkauft.

Soll ich nun also mal zum Glasnevin-Friedhof pilgern, wo einst so unversöhnliche Gegner aus Freiheits- und aus Bürgerkriegen unter ein paar Fuß Erde ihren Frieden gefunden haben? Die Endlichkeit allen Zwists wäre vor Augen geführt, gäbe Hoffnung. Andererseits lockt das Liffey-Ufer, flußaufwärts. – Zu einem pub crawl, eine Wanderung von Kneipe zu Kneipe, bin ich nicht die richtige Person, da muß ich mir schon etwas anderes einfallen lassen. Man denke, über 700 pubs gibt es in Dublin! Also lieber zur Liffey. Aber ich werde aufgehalten: die victorianische Markthalle liegt am Wege; viel Unrat in den Straßen ringsumher. Frauen und Kinder durchwühlen hastig die Berge von fortgeworfenen Obstresten, prüfen zerfledderte Kohlköpfe auf ihre Nochverwendbarkeit hin. – Bei Markthallen hat man sich mit der Architektur im vorigen Jahrhundert offenbar durchaus immer Mühe gegeben. Hier ist es ein Backsteingebäude, dessen Straßenseiten mit flachen grauen Pfeilerpilastern und Gesimsen betont sind. Einer der Haupteingänge ist übergiebelt, und der Schlußstein über dem Torbogen ist mit einer Kopfplastik geschmückt, die aussieht wie die Anna Livia an der O'Connell-Brücke. Unbewegten Blickes schaut sie auf das Unrat-Gewühle hinab. Die Türlünette trägt Dublins Wappen, die Tore selbst sind aus kunstvoll gestaltetem Gußeisen.

Hinein jetzt und nachgeschaut, wie das Marktleben abläuft. Am besten, man vertraut sich dem Menschensog an und läßt sich mit in das Marktgewimmel hineinziehen, das täglich dort vor sich geht. Wie erwartet sind viele Marktstände da, deren Sortiment nicht viel anders ist als auch bei uns. In einer Ecke gibt es Obst, Gemüse, Südfrüchte, woanders Käsewaren und Butter, wieder woanders Fleisch und Würste. Bei den Backwaren duftet es ganz besonders appetitanregend. Irgendwo gibt es natürlich auch immer Stände mit Haushaltwaren oder mit Textilien.

Der interessanteste Bereich ist aber da, wo Farmleute ihre Erzeugnisse feilbieten. Hier gibt es keine Markthäuschen mehr, sondern es sind einfache Holzbänke, auf denen die Waren ausgelegt sind. Da gibt es Eier noch in flachen Körben, Milch in blankgescheuerten Kannen, erdige Kartoffeln in Drahtschwenken, Kohlköpfe in Kiepen. Zu Zöpfen verflochten sind die Grünsprosse von kleinen Zwiebeln, kinderkopfgroße Bollen hängen in Netzen, Möhren, ungewaschen und ungeputzt, haben noch ihr fiedriges Blattwerk und werden im Bund verkauft. Zwischen alledem stehen immer wieder dickbauchige Tonkannen voller Asternsträuße, Gladiolen, Wicken und Montbretien. Salatköpfe, Radieschen und Gurken liegen auf klatschnassem Zeitungspapier, der Frische wegen. Es kommt auch von Zeit zu Zeit ein Gießschwall Wasser darüber. Überraschenderweise gibt es aber auch Gurkenstücke zu kaufen. Etwa zehn Zentimeter lange Abschnitte stehen wie Soldaten in Kolonnen. – Bloß, was mögen die irischen Hausfrauen nur mit den kleinen, unreif grünen Tomaten anfangen? Auch Blumenkohlköpfe sind klein, grünlich und ziemlich hutzelig; das läßt die Vermutung aufkommen, daß sie möglicherweise mehr nach Blumenkohl schmecken als unsere großen, weißen Züchtungen. Schade, daß man als Tourist keine Verwendung für die frischen Kräutersträußchen hat, man würde so gern eins davon kaufen.

Obst ist vielseitig vertreten, aber eigentlich nichts für den mäkeligen deutschen Geschmack. Pflaumen sind da in zahlreichen, bei uns nicht bekannten Varianten. Äpfel gibt es in kleinen knackig-rotbackigen Bauernapfelsorten; sogar Fallobst ist im Angebot. Importware hat hier nichts zu suchen: für Apfelsinen, Melonen, Bananen und spanische Trauben ist eine andere Ecke der Markthalle reserviert. Hier aber findet man eine Rarität wie reife Brombeeren. Sie werden in Joghurtbechern zum Verkauf geboten; ebenso selbstgemachte Rahmbutter, oben säuberlich mit Zellophan zugebunden. Beutel voll Hafermehl und selbstgebackene Haferkekse warten auf Käufer. Am meisten gestaunt habe ich über die Vielfalt der zum Verkauf bereitstehenden Marmeladesorten. Sie sind ausnahmslos in schon mal gebrauchten Schraubgläsern eingemacht. Handgeschriebene Klebeschildchen nennen Sorte und Datum. Gleich daneben stehen flache Obsthorden, in denen leere Gläser abgestellt werden können. Irische Hausfrauen werfen ihr Leergut offenbar nicht in Glassammelcontainer oder Mülltonnen, sondern bringen sie »ihrer« Bauersfrau, damit diese etwas habe, in das sie ihre hausgemachte Köstlichkeit einfüllen kann. Ein Direkt-Recycling! So geht es auch mit den Behältern für Honig und Quark. Hier und da liegen natürlich auch ein paar Hühner, Tauben, eine Ente und sogar ein Fasan, alles noch im Federkleid. Und alles findet seine Liebhaber.

Markt ist täglich, und es werden nicht nur Waren umgeschlagen, die man zum gleichen Preis auch in jedem Laden oder Supermarkt kaufen kann. Hier ist Markt noch Markt, nicht bloß Einzelhandel. Erzeuger und Verbraucher begegnen sich noch unmittelbar.

Durch die Menge der Käufer und vor allem Käuferinnen bahnen sich Zeitungsmänner ihren Weg. Sie schreien etwas, das man nun wirklich nicht verstehen kann. Ich jedenfalls kann's nicht. Ganz kurze Wörter, wie Alarmrufe. Eins davon könnte »news« heißen, aber wer weiß...? Und das marktschreierische »Ballyhoo« mancher Händler ist eine Ausdrucksgattung für sich.

Wenn ich mir nicht vorgenommen hätte, morgen schon weiterzureisen, würde ich mich gern mal im Vorort Donnybrook umsehen. Gibt's dort eigentlich noch den Jahrmarkt, über den 1840 John Keegan so Sarkastisches geschrieben hatte, als ein großartiges Beispiel von dem, was man »verbal sabotage« nennt. Ich kann's mir nicht gut vorstellen, denn Donnybrook gilt heute als »feiner« Vorort; Botschaften sind dort angesiedelt.

Pückler hat es sich nicht nehmen lassen, gleich anderen vornehmen Herrschaften, das Volkstreiben dort anzuschauen:

„Ich ritt heute zum erstenmal wieder aus, um mir die Messe in Donnybrook, nahe bei Dublin, zu besehen, welche als eine Art Volksfest betrachtet wird.

Nichts in der That kann nationaler seyn! Die Armseligkeit, der Schmutz und der tobende Lärm waren überall eben so groß als die Freude und Lustigkeit, mit der die wohlfeilsten Vergnügungen genossen wurden. Ich sah Speisen und Getränke unter Jubel verschlingen, die mich zwangen, schnell hinweg zu blicken, um meines Ekels Herr zu werden. Hitze und Staub, Gedränge und Gestank, il faut le bire, machten den Aufenthalt für längere Zeit fast unerträglich. Dies focht aber die Eingebornen nicht an. Viele hundert Zelte waren aufgeschlagen, alle zerlumpt wie der größte Teil der Menschen, und statt Fahnen nur mit bunten Lappen behangen. Manche begnügten sich mit einem bloßen Kreuz oder Reifen; einer hatte sogar, als Wahrzeichen, eine tote, halb verfaulte Katze oben darauf gestellt! Die niedrigste Sorte von Possenreißern trieben dazwischen, auf Brettertheatern und in abgetragner Flitterkleidung, ihr saures Handwerk, bis zur Erschöpfung in der furchtbaren Hitze tanzend und grimassirend. Ein Drittheil des Publikums lag oder taumelte betrunken umher, die andern aßen, schrieen oder kämpften. Die Weiber ritten häufig, zu zwei bis drei auf einem Esel sitzend, umher, bahnten sich mit Mühe ihren Weg durch die Foule, rauchten dabei behaglich Zigarren und agacirten ihre Liebhaber. Am lächerlichsten nahmen sich zwei Bettler zu Pferde aus, deren Gleichen ich bloß am Rio della Plata einheimisch glaubte. Das Pferd, auf dem sie ohne Sattel saßen und das sie mit einem Bindfaden regierten, schien durch seine elende Gestalt für sie mit betteln zu wollen.

Als ich den Markt verließ, nahm ein stark betrunkenes Liebespaar denselben Weg. Es ergötzte mich, ihr Benehmen zu beobachten. Beide waren grundhäßlich, behandelten sich jedoch mit großer Zärtlichkeit und vielen Égards, der Liebhaber deployirte sogar etwas Chevalereskes. Nichts konnte galanter und zugleich verdienstlicher sein als seine wiederholten Bemühungen, die Schöne vor dem Falle zu bewahren, obgleich er seine eigne Balance zu behaupten nicht wenig Schwierigkeit fand. Aus seinen grazieusen Demonstrationen und ihrem frohen Gelächter konnte ich entnehmen, daß er sich zugleich nach Kräften bemühte, sie gut zu unterhalten, und was ihre Antworten betraf, so wurden diese, ohngeachtet der exaltirten Stimmung, mit einer Coquetterie und innigen Vertraulichkeit gegeben, die einer Hübscheren gewiß allerliebst angestanden haben würden. Der Wahrheit zu Ehren muß ich zugleich bezeugen, daß von englischer Brutalität keine Spur in ihrem Benehmen zu entdecken war – eher glichen sie Franzosen, zeigten aber bei ebensoviel Lustigkeit mehr Humor und Gutmüthigkeit, welche beide wahre Nationalzüge der Irländer sind, die durch Potheen (der beste, aber auf illicite Weise gefertigte Branntwein) stets verdoppelt werden.

Tadle mich nicht über die gemeinen Bilder, die ich Dir vorführe. Sie sind der Natur näher verwandt als die übertünchten Wachspuppen unsrer Salons.«

Da ist sie dann wieder, die Wortattacke gegen seinesgleichen, Menschen seines Standes. »Der verknorpelte Weltmann«, der war's, gegen den Pückler sich abzuheben wünschte.

♣

DURCH ULSTER

Meinen wohlgeborenen Fürsten überlasse ich nun für einige Tage seinen gesellschaftlichen Ambitionen. Er reitet und jagt, diniert ausgiebig, flirtet mit den Damen, philosophiert mit den Herren, räsoniert über Politik und Glaubensfragen, lobt und tadelt unbefangen – ein wenig leichtfertig fast —, genießt lebensfroh; kurzum, er ist allzeit sehr beschäftigt. Er gibt sich ein wenig eitel, sowohl als Mann wie auch als Vernunftwesen. Seine Horizonte hält er für die weitesten. Sympathischerweise macht er sich über seine eigene Eitelkeit lustig.

Da ich ihn gut unterhalten weiß, mache ich mich auf, für einige Tage eigene Wege zu gehen. Ich will weit nach Norden, in Landesteile, die Pückler nicht gesehen hat. Die alten Kernlandschaften Meath, Louth und Down durchquere ich für diesmal nur. Irgendwo unterwegs ist Flaggenwechsel. Über Newry weht der Union Jack, mit der Kombination aus englischem Georgskreuz, schottischem Andreaskreuz und irischem Patrickskreuz. Letzteres war erst 1801 hinzugefügt worden, nachdem Irland durch »Act of Union« an das Vereinigte Königreich von Großbritannien und Nordirland angeschlossen worden war.

Unbegreiflich große Zugverspätung. Lange Halts mitten auf der Strecke. Haben wieder Terroristen die Gleise blockiert, wie gelegentlich zu lesen war? Dadurch bleibt beim Umsteigen in Belfast leider keine Zeit, die Stadt ein wenig anzusehen. Aber auch hier: keinerlei Belästigung durch Polizei oder Einreisebehörden. Diese überraschende Erfahrung hatte ich schon unterwegs gemacht. Beim Passieren der Grenze zwischen der Republik Irland und Britisch Nordirland hat es an diesem Tage keine Kontrollen oder Eingriffe gegeben. Man bemerkt gar nicht, daß da eine Grenze verläuft. Beim Einsteigen in den Zug in Dublin war zwar von einem gemütlichen Sicherheitsbeamten jedermanns Gepäck mit einem Detektor geprüft worden: »Everybody looks like a bomb-layer.« Das war aber auch schon alles. Sekundensache. Wie oft hatte ich mir beim Einreisen in den östlichen Teil unseres Landes gewünscht, daß das so einfach gehen möge. Ich sehe die anderen Reisenden an. Nichts verrät, ob sie unter einer Spannung stehen. Ein geteiltes Land, das macht doch Beschwerden, denn das ist ja kein geschichtlicher, und schon gar nicht ein natürlicher Zustand. Wie lebt der Durchschnitts-Ire damit? Wie dünn oder dick ist denn eigentlich der Lack scheinbarer Normalität?

Die Grafschaft Antrim breitet lachend ihre sommerfroh grünen Fluren aus, einzelne gellend-gelbe Rapsfelder dazwischen. Wieso blüht der denn jetzt überhaupt noch? Viel Flachs liegt schon gerupft zum Trocknen auf den Anbauflächen. Anderswo flecken Schafe die Auen. Da, die alte Stadt Antrim! Vorbei, vorbei. – Halt und Zugwechsel erst in Coleraine, Universitätsstadt am lachsreichen River Bann, »St. Patrick's eigene Stadt«. Wie sieht alles so friedlich aus; aber für die, die Tag für Tag hier leben müssen, leben wollen, sind Tod und Tragödie immer präsent. Und diffuser Haß. – Da berichtete Pückler doch von einem Gespräch mit einem Geistlichen, das auch heute noch gut auf nordirische Verhältnisse paßt:

„Glauben Sie mir, dieses Land ist dem Unglück geweiht. Hier gibt es fast keine Christen mehr, Katholiken und Protestanten haben nur eine und dieselbe Religion – die des Hasses!"

♣
PORTRUSH

Dann kommt Portrush. Der Ort liegt auf einer schmalen
Halbinsel, Ramore Head. Meer auf beiden Seiten. Aah,
dieses Lungenelixier: Meeresluft, so herb. Ein Platz zum
Ganz-tief-Durchatmen. Ein Tag wie von Kristall.

Mein erster Gang ist auf die Landspitze. Man hat da
weite Ausblicke, fernhin, westwärts nach Donegal mit Ma-
lin Head, dem allernördlichsten Landsporn Irlands, wo
Felsen wilde siebzig Meter abgetreppt in den Atlantik stürzen. Näher heran dann das Foyle-Ästuar und die Bann-
Mündung. Nach Nordnordost, viel näher, als man gedacht
hatte, liegt im Dunst Islay Island. Von hier sind es nicht
mal 30 Meilen bis Schottland, Scotia Minor. Irland selbst
wurde Scotia Major genannt. Ostwärts liegt zuvorderst
der sandige Strand für die vielen britischen Badegäste.
Aber sie schwimmen gar nicht im Meer; nein, sie sitzen
auf mitgebrachten Klappstühlen am Strand und picknik-
ken. Iren selbst sitzen, wie Böll beobachtet hatte, nur einfach da, »warten auf nichts Bestimmbares«, warten auf
nichts. Viele bleiben wegen des scharfen Windes lieber
gleich in ihren Autos und befragen mit den Augen unbe-
weglich und unbewegt die ferne Kimmlinie. Da, wo der
Strand leerer wird, weiter hinten, steigen weiße Kalkklip-
pen schroff aus den dunklen Fluten. Noch ein Blicksprung
weiter: die Steilküste mit den Ruinen des unheimlich aus-
sehenden Dunluce Castle. Und ganz im Weiten, aber gut

erkennbar, liegen Giant's Causeway und Hamilton's Seat. Dort will ich hin! Morgen.

Heute schaue ich nach, ob in Portrush irgendetwas anders ist, als in anderen englischen Badeorten, etwa in Ramsgate oder Southport. Ach nein, nichts ist anders, überhaupt nichts! Anderssein wäre für Portrush als Fe-

BEI PORTRUSH

rienort ja auch geradezu tödlich. Schließlich sind es fast ausschließlich Briten, die hier im britischen Teil Irlands ihre Urlaubszeit verbringen. Und für sie ist Urlaub ja nur dann richtiger Urlaub, wenn alles so ist, wie sie es von anderen Dutzend-Ferienorten her gewöhnt sind. All dieser entnervende Rummel muß eben unbedingt sein! Morton hatte schon gesagt: »Hierher kommen die Menschen, um all die Mühseligkeiten eines Sommerurlaubs zu ertragen.«

Déjà-vu-Erlebnisse stellen sich ein: hat man das alles nicht schon gesehen, in Brighton, Blackpool, Scarborough? Die Einzelelemente sind ja beliebig austauschbar. Man nehme schockbunt beleuchtete Spielhallen mit ihren pennyschluckenden Rasselautomaten; straßenzugweise die mehr oder weniger eleganten, mehr oder weniger schäbigen Hotels oder Pensionen; Boutiquen und Tinnef-Läden, Fotografen, Kinderattraktionen, das ganze Rummelplatzangebot, das obligate Kriegerdenkmal und das Standbild der fülligen Queen Victoria, Springbrunnen voller Abfälle, farbenfrohe Blumenrabatten, den Golfplatz und das bowling-green, Tanzpalast und Kino, ungepflegte Tennisplätze, mietbare Liegestühle, in den Boden eingelassene Trampolins, einen Yachthafen, sogenannte Clubs, einige anstrichbedürftige Sitzbänke, eine Promenade und möglichst auch einen Pier (aber hier braucht man den nicht, man hat ja die Landzunge). Und dann sind da, ganz ganz unwichtig zwar, Strand und Meer! Andenkenjäger können reichliche Beute machen. In den Geschäften ist wirklich alles zwischen Kunst und Kitsch zu haben; viel Nippes, viel Plunder. Zum Glück aber auch gute Handwerkerwaren.

Vor allem aber gibt es alle paar Schritte Unternehmen, die Eßbares anbieten: Restaurants aller Preisklassen, Bars, Cafés, Teestuben, Fast-Food-Schalter, Hamburger-Grills, Pubs, Pizzerias, Bäckereien mit überaus süßen Törtchen, Eisdielen, Zuckerwattemacher, Bonbonkocher, Pastetenstände. Die vielen Leute, die einem auf der Hauptstraße begegnen, haben alle irgendwelche Tüten, Plastikbecher, Schälchen, Spießchen, Waffeln, Packungen in den Händen und essen, essen, essen mit Behagen. Im Gehen. Nur zweimal in vierundzwanzig Stunden hört das auf. Von achtzehn bis neunzehn Uhr zelebrieren die einen, die dienstbaren Geister nämlich, ihren Tee — besser gesagt, Milch mit ein bißchen Tee darin —, und die anderen, die Gäste, genießen bereits ihr Dinner. Zu dieser Zeit ist der Ort, wie jeder andere Ort auf der benachbarten britischen Hauptinsel, vollkommen ruhig, geradezu ausgestorben wie eine Geisterstadt.

Nach dieser kurzen Verschnaufpause werden alle Geschäfte und Etablissements eilfertig wieder geöffnet, sogar die Kaufhäuser, und mit allem, was tüchtig Krach macht, geht es jetzt erst richtig los! Portrush explodiert: Zuckende Reklame erleuchtet dann grellbunt alle Straßen und Plätze. Las Vegas wird in Kleinformat erlebt. Aus allen Richtungen kreischt Musik, wummern Bässe. Erwachsene und Kinder bewegen sich dazu in schlenderndem Leichengängerschritt, kauen auch schon wieder irgendetwas mit hingebungsvoll mahlenden Kiefern. Ob sie sich wohl je in ihren Ferien fragen, mit welchem Gewicht sie eines Tages ihre Gelenke belasten fühlen werden? Alle wandeln in einer geisterhaft anmutenden Flanier-Prozession, schweigend zumal, denn bei dem Krach, der aus den Amüsier-Fabriken dröhnt, könnte niemand das Wort seines Nächsten verstehen. – Des langen Tages Verpackungsmaterial liegt nun zuhauf auf dem Boden, Flaschen und Dosen auch dazwischen; aber anscheinend stört das niemanden.

Nach Mitternacht ebbt alles ein wenig ab, aber Hochbetrieb ist noch in den Bingohallen. Dort wird das Sozialprodukt in kleiner Münze umverteilt; eine Sache, die viel persönlichen Einsatz erfordert. Doch irgendwann ist auch der unermüdlichste seaside-resort-Genießer müde, will ins Bett. Portrush bekommt dann seine zweite Ruhepause. Sie dauert mindestens bis neun Uhr morgens. Vor dieser Zeit kommen nur wenige Leute zum Vorschein, zum Beispiel diejenigen, die zum Zug müssen, oder die ihren Tourenbus erreichen wollen. Die kleine Stadt ist zu diesem Zeitpunkt übrigens wieder sauber – für kurze Zeit jedenfalls und abgesehen von Zehntausenden von festgetretenen Kaugummis. All der Müll des Vortages wartet, in bunten Plastiksäcken verpackt, am Straßenrand auf Abholung. Heinzelmännchen, nette »leprechauns«, waren fleißig am Werk; vergeblich jedoch, denn sehr bald schon werden all die Erzeugnisse der unverdrossen auf Wachstum bedachten Verpackungsmittel-Industrie den Boden wieder vielfarbig bedecken.

Ich gehöre zu denen, die den Früh-Bus nach Giant's Causeway nicht verpassen wollen. Wir sind nur wenige, die den Ort in sauberem Zustande zu sehen bekommen. Alle anderen Feriengäste sind noch gemächlich mit den Herrlichkeiten eines angelsächsischen Frühstücks be-

schäftigt, mit cereals, eggs, bacon, toast, butter, marmalade und tea. Manchmal gibt's auch Sodabrot. Keine
Sorge, es schmeckt ganz neutral.

♣

GIANT'S CAUSEWAY

Die Bustour ist kurz; es sind nur neun Meilen bis zum Ziel.
Ein neu gebautes »Causeway Visitor's Centre« harrt der
Besucher. Wanderkarten, Postkarten, Informationsblät-
ter, Eßbares, Souvenirs, alles ist reichlich da, wartet auf
Käufer.

Die Wanderwege sind anfangs gut ausgebaut. Fast
möchte man das bedauern, denn man ahnt: wenn der Tag
richtig hochkommt, wälzen sich hier Massen von Touristen an diesem Küstenstück entlang. Keine schöne Re-
gung, dieses Bedauern; all die anderen wollen ja nichts
anderes, als was auch ich will. Was mir recht ist, muß
selbstverständlich anderen auch zugebilligt sein. – Es gibt
zwei Wanderpfade. Der eine führt unten am Fuß der Fels-
wände direkt zum Damm des Riesen; der andere folgt
dem Klippenrand oben. Jeder der beiden Wege bietet seine
speziellen Schönheiten. Der untere gewährt Direktsicht
auf die Steilstürze mit den interessanten Geo-Struk-
turen, der obere läßt Überschau und atemberaubende
Fernsichten zu und erkennen, wie sich die seltsamen

Formationen im klaren Turmalingrün des Wassers fortsetzen.

Gut, daß ich gleich den ersten Morgenbus genommen und auch in jenem Visitor's Centre nicht lange getrödelt habe. So sind vorerst nur wenige Menschen unterwegs, und ich kann die bizarren Basaltbildungen noch in ungestörter Ruhe erkunden.

Da liegt er nun, der Damm, der, wie von Riesenhänden gefügt, ins Meer hinausführt und in drei verschieden lange Äste sich aufzwieselt. Natürlich will man ihn nicht nur sehen, man will auch hinauf! Man muß zuerst ein wenig klettern, sehr steil hinan sogar. Das Gehen auf den Sechskant-Stempeln kommt mir anfangs ziemlich anstrengend vor. Es verlangt die ganze Aufmerksamkeit. Tritt für Tritt geht es auf unterschiedlichen Höhen weiter. Die Augen wählen den nächstmöglichen Schritt, die Füße bemühen sich um exaktes Aufkommen auf den abgebrochenen Steinsäulen. Wie macht man's nur, dabei auch noch zu fotografieren?

Einige Basalt-Stempel stehen so, daß man sich bequem darauf niedersetzen kann. Nun, in Muße, überlege ich, wie man diese ungewöhnlichen Steinbildungen wohl beschreiben könnte. Aber es fällt mir nichts besseres ein, als was Thomas Garnett schon im Jahre 1800 über derlei gesagt hat: »Nähme man eine Honigwabe und füllte die Zellen mit Gipsmörtel, das mit Bleyerzt gefärbt wäre, ließe man dieses Gefüllsel gehörige Festigkeit gewinnen, und schmölze dann die wächsernen Scheidewände durch Hitze heraus, so würden die zurückbleibenden Stifte diesen Damm sehr treffend darstellen.« Fürwahr, trefflich gesagt; auch liefert Garnett dazu noch Größenangaben in Zoll. Uns heute hilft es wohl mehr, wenn ich berichte, die meisten der aufrechtstehenden Polygonalsäulen haben genug Durchmesser, daß beide Füße nebeneinander darauf stehen können. Einige sind dicker, laden zum Sitzen ein, weil andere daneben und dahinter höher hinaufreichen und eine Art Lehne bilden. Manche sind leicht aufgebuckelt und also trocken. Andere wieder sind eingedellt, so daß kleine Wasserlachen darin blinken.

GIANT'S CAUSEWAY

Zur Landseite steigt der Damm beträchtlich an. Hier hat sich zwischen den Stempeln Verwitterungsmaterial gesammelt; einiges an Pflanzen konnte sich darin einwurzeln. Unter des unentwegten Windes Schärfe vegetieren harte Gräser, allerlei Moose, ganz verkümmerte Kräuter. Algen und Flechten dominieren, bilden gelbe, braune, silbriggrüne Flecke.

Weiter vorn, an der Wasserfront, wirft der Atlantik in beharrlichem Rhythmus klare, im Sonnenlicht smaragdfarbene Wogen der steinernen Naturbastion entgegen, läßt sie an den Vorsprüngen aus schwarzglänzenden, kantigen Säulenwänden mit Tosen weißschaumig zerrinnen; nimmt sie strudelnd, gurgelnd, saugend zurück aus unzähligen Klüften und Spalten; läßt sie im nächsten Augenblick mit geduldiger Unerbittlichkeit erneut anrennen. In dieser Zone leben Unmengen von Muscheln, Seepocken, Meereswürmern, Krebschen. Mit gierigem Diskant umkreischen große Möwen die Besucher. Ach Columbcille, das war dein Heimwehton!

Selbstverständlich möchte man ein paar Aufnahmen machen. Die Morgensonne leistet freundliche Hilfe. Wie mag das hier aber alles sein, wenn Sturm die Brandung hochpeitscht? Wie schlüpfrig werden die Basalte wohl bei Regen? Wie sehen die Säulenverbände bei Dunst und Nebel aus? Und bei Mondschein? – Bei einem kurzen Besuch kann man nicht alles haben. So will ich also zufrieden sein mit dem, was der sommerliche Morgen mir bietet: die tiefen Edelsteinfarben der See, die absolut makellose Horizontlinie, den prickelnden Westwind, die blaue Himmelsseide und die wechselnden Farben, die die frühe

Augustsonne den Basaltfügungen so überraschend aufstrahlt.

Weite Wege liegen heute noch vor mir. Ich suche eine windgeschützte Stelle und studiere das Faltblättchen, das ich im Centre rasch erstanden hatte. Zu meiner Freude finde ich da eine der Sagen, auf die ich so neugierig war, die Geschichte vom Riesen Fionn mac Cumaill. Ihm ist die Erbauung des Dammes einst zugeschrieben worden. Uralte Sagen, weitergetragen von »seanchais«, erzählen, Fionn habe trockenen Fußes nach Schottland hinübergelangen wollen. Wozu wohl? Na, zum Raufen natürlich. Es wohnte dort ein anderer Riese, Fionns Rivale Brennandonner. Friedliche Nachbarschaftsbesuche gehörten sich nicht für altirische Recken. Kampf war angesagt. Es heißt, das entscheidende Ringen habe aber, als der Damm endlich vollendet war, gar nicht stattgefunden, denn Fionn habe doch lieber eine List versucht. Er ließ sich von seiner Frau Oonagh eine Haube aufsetzen und wie ein Baby einwickeln und gebot ihr, sie solle zu Brennandonner hinüberrufen: »Sieh her, das ist das Kind des Riesen, der mit Dir kämpfen wird!« Als Brennandonner dieses riesengroße Kind sah, verging ihm die Lust, sich mit dessen Vater einzulassen; denn wenn schon das Kind so furchterregend groß war, wie groß und stark mußte dann erst der Vater sein? Seine aufgestaute Kampfeslust kehrte sich nun in Wut, in eine Riesenwut! Wütend zerstörte Brennandonner den Damm. Und so kommt es, daß heutigentags nur noch der landfeste Anfangsteil zu sehen ist.

Fionn seinerseits hatte ebenfalls angestaute Potentiale. Er brach eine Erdscholle aus Ulsters Mitte und schleuderte sie dem fliehenden Brennandonner hinterher. Der Brocken traf aber nicht, sondern fiel ins Meer. So sei die Insel Man in der Irischen See entstanden, berichtet die Sage. Und da, wo Fionn die Erdplatte ausgerissen hatte, füllte sich die Mulde allmählich mit Wasser; das seichte Lough Neagh war entstanden. – Diese Geschichten kommen mir viel erbaulicher vor als all die nüchterne Berichterei über die gewaltigen Vulkan-Ausbrüche, die in Vorzeiten Irlands und Schottlands Küste geformt und hüben wie drüben diese interessanten magmatischen Formationen geschaffen haben.

Viele Besucher kehren zurück zu Tee und Andenken, wenn sie Fionns Dammbau besichtigt haben. Wenige nur gehen weiter, machen den dreieinhalb Kilometer langen Rundweg, der noch andere schöne Anblicke bietet. Fast niemand jedoch versucht den Vierkilometermarsch bis hin zu Hamilton's Seat auf dem weitest vorgeschobenen Kap »Benbane Head«. Schließlich muß man ja die gleiche Strecke auch noch mal zurückgehen. Vom Kap dort oben kann man Rathlin Island überblicken, und Schottland erscheint noch näher. Die Wege weiter entfernt vom Visitor's Centre sind schmaler, naturbelassener, erfordern hier und da gewisse Gewandtheit, Trittsicherheit und sogar ein bißchen Kletterkondition. Ich lerne bald einsehen, daß ich im Laufe der Jahre nicht gerade Fortschritte in all dem gemacht habe. Aber nun hatte ich mich einmal auf den Weg eingelassen. Hilfe gäbe es im Ernstfall wohl nicht so bald; kein Mensch weit und breit! Aber man wird für die Anstrengungen überreichlich durch großartige Augenerlebnisse entschädigt. Eigentlich dürfte man sich überhaupt nur halbschrittweise vorwärtsbewegen, denn bei jedem bißchen Voran und Weiter verschieben sich die Perspektiven, verändern sich die Winkel, tritt Neues, Überraschendes in Erscheinung, hebt das Licht immer andere Partien des Reliefs, andere Steinfärbungen, andere Meeresreflexe hervor. Niedersetzen sollte man sich hier und da, für eine Weile wenigstens, und beobachten, wie wandernde Sonnenstrahlen als Gegenpart tiefe Schattenklüfte schaffen, wie sie Unvermutetes anderswo sichtbar machen. Wie sich doch das Morgenlicht als aufdeckend und konturenschärfend erweist! Vorher Beschattetes hebt es nun plastisch heraus.

Hatte ich das nicht überhaupt falsch gemacht, gerade diese Küste so bald schon nach Beginn meiner Reise aufzusuchen? Höhepunkte soll man nicht an den Anfang legen, sie lieber aufsparen für den Abschluß. War das hier überhaupt noch zu überbieten? Mir wird ganz unbegreiflich, wie ein geistreicher Autor wie Thackeray in seinem »Irish Sketchbook« äußern konnte: »Mon Dieu! And I have travelled a hundred and fifty miles to see that?«, und auch der hochgebildete Lexikograph Dr. Samuel Johnson nörgelte: »Worth seeing? Yes, but not worth going to see!« Sollte der heutige Durchschnittsreisende etwa empfänglicher für Naturschönheit sein als diese Größen der Literatur? Verlassen wir williger, für Augenblicke wenigstens, unsere Welt des routinierten Machens?

Hunger, Durst, Müdigkeit kommen nicht so schnell, werden verdrängt durchs Schauen. Jedoch, auch die schwierigsten acht Kilometer an einer der schönsten

Küsten der Welt sind irgendwann abgewandert. Jetzt ist vor Abfahrt des Retourbusses noch reichlich Zeit, sich im Centre um die Ausstellungen zu kümmern.

♣

BUSHMILLS

Die Rückfahrt nach Portrush unterbreche ich in Bushmills, habe ich doch gelesen, da sei die älteste Whiskey-Distillery der Welt. Hoffentlich kann man hinein und sich ein Bild davon machen, wie die Flüssigkeit entsteht, der kundige Ärzte und Forscher anlasten, sie sei schuld daran, daß Iren und Schotten mit der welthöchsten Rate an Krebserkrankungen der Verdauungswege belastet sind. – Aber ja, wie sollte auch etwas, das weltältest ist, etwa nicht verkaufsstrategisch und werbewirksam touristisch genutzt werden?

Whiskey, bernsteinfarbener Whiskey, heißt »Wasser des Lebens«, gälisch »uisce bheatha«, auszusprechen »ischke baha«. Das erfahre ich gleich in dem Warteraum, in dem die Prospekte verteilt werden. Ich glaube, »uisce na héasláinte« (Wasser des Verderbens) wäre wohl angesichts der sozialen und der gesundheitlichen Folgen des Whiskey-Trinkens angemessener.

Wenn genug Neugierige, wie ich eine bin, zusammen sind, geht die Führung los. Da wird gemahlen, geschrotet und gemaischt. Es brodelt heiß im riesigen Rund des Sudkessels. Es rumort in Mischbottichen, sickert durch Siebböden, wälzt sich durch Tanks, gärt und tröpfelt, verdampft in kupfernen Haubenkesseln, durchrinnt Rohrleitungssysteme, schlummert dann jahrelang in Eichenfässern, wird schließlich – mit Wasser auf Trinkstärke herabverdünnt – in Flaschen gesperrt und zuletzt containerweise in über hundert Länder der Erde verkauft. Wer ein Freund ganz neuer Riecherlebnisse ist, wird hier zufriedengestellt. All die kornigen, malzigen, süßlichen, gärigen, hefigen, alkoholischen, holzigen, rauchigen, torfigen Düfte an den jeweiligen Stationen sind bisher nie gehabte Sinnes-Wahrnehmungen.

Es gehört zum Ritual einer solchen Führung, daß zum Abschluß Anschauung und Theorie durch zeremoniellen Genuß vertieft werden. Für mich ist auch die kredenzte Kostprobe, eine ganz winzige nur, eine neue Erfahrung: mein allererster Whiskey! Es wird auch mein letzter sein, entscheide ich. Für mich ist dieses Elixier nicht nur flüssig, sondern, Banausin, die ich auf diesem Gebiet wohl bin, auch überflüssig. Guter Stimmung bin ich allemale auch ohne derlei Nachhilfe. Die sales promoters von Whisky- und Whiskey-Küchen mögen mir verzeihen: Ich bleibe teetotaller.

♣

DUNLUCE CASTLE

Nächste Fahrtunterbrechung, ganz spontan, am Dunluce Castle. Es ist keine Bushaltestelle da. Man muß den Busfahrer bitten anzuhalten. Er warnt: »Last bus today.« Ich weiß das. Werde nachher eben zu Fuß zurück nach Portrush pilgern.

Nun, in der Spätnachmittagssonne sieht die Burg nicht mehr so unheimlich aus, wie sie mir heute morgen im Vorbeifahren vorgekommen war. Zuletzt war das die herrische Bastion des stolzen und mächtigen MacDonnell-Clans. Aber sie wurde aufgegeben, nachdem die Küchenanlage mitsamt dem Küchenpersonal ins Meer abgestürzt war. Gewiß aber hätte ein solches Ereignis, so schlimm es war, die großen Herren wohl kaum dazu veranlaßt, so eingreifende Beschlüsse zu fassen. Vielmehr war es vermutlich so, daß 1639, als das Unglück geschah, die Zeit der Burgen eben vorbei war.

Am Meeressaum gehe ich zurück nach Portrush: drei lange Meilen. Mit der Marschleistung des Tages bin ich sehr zufrieden; ein kulinarisches Abendessen, so scheint mir, ist wohlverdient.

Ich bin hier im britischen Teil von Irland, trotzdem mache ich etwas ganz Unbritisches: Ich spreche jemanden an, der mir nicht nach Feriengast, sondern einheimisch aussieht. Ich frage ganz einfach, ob er mir eine Empfehlung geben kann, wo man ein gut zubereitetes Lachsgericht serviert bekommt. Schließlich ist der nahe River Bann berühmt für seine Lachse. Es wird lange und laut überlegt, was das eine und das andere Restaurant für Vorzüge bietet; schließlich wird eine wohlfundierte Meinung geäußert.

Da habe ich nun allerlei Hemmungen. Kann ich denn allein abends essen gehen? Wird das in Irland nicht etwa als unpassend angesehen? Wenn ja, dann muß ich das wohl in Kauf nehmen. Ich habe mir nun mal vorgenommen, den hochgelobten Fisch zu kosten und Bericht zu geben. Entschlossen rücke ich ein. Acht Uhr abends. Gedämpftes Licht, gepolsterte Stühle, ich werde an ein winziges Tischchen geleitet. Ich setze 5 Pfund und 25 Pence ein und hoffe, dafür ein Stückchen Lachs auf dem Teller vorzufinden, das man nicht mit der Lupe suchen muß. Überraschung: Zwei gegrillte Scheiben, zusammen gewiß 400 Gramm Frischgewicht, glänzen mir entgegen. Sie sind umringt von den unvermeidlichen grünen Erbsen, den unvermeidlichen Prinzeßböhnchen, der unvermeidlichen Brunnenkresse, Blumenkohl in tatsächlich gewürz-

DUNLUCE CASTLE

ter Soße, allerlei Salatblättern, einem Stückchen Tomate und einer Zitronenscheibe. Ein Gießerchen mit heißer Butter wird herangeschoben, der bestellte Weißwein wird gebracht, man wünscht guten Appetit. Dann bin ich allein mit der feingeschuppten Delikatesse.

Vorsichtig lasse ich die Gabel die Muskelanatomie erkunden. Sie erweist sich als einfach. Der Fisch hat nur wenige starke Gräten im willig sich teilenden Fleische. Es ist sehr saftig, jedoch angenehm fest. Das zarte Rosa ist eine schöne Farbe für ein Lebensmittel. Der Geschmack, ja, wie ist der denn nun eigentlich? Dezent fischig, kann man sagen, ein ganz klein wenig erdig. Delikat. Aber sensationell, nein, das ist er nicht. Hatte ich mir aber immer als sensationell vorgestellt. Das war mein Fehler. Auf einen so zurückhaltenden Geschmack war ich gar nicht eingestellt. Wird von Lachs ganz einfach immer viel zu viel dahergemacht? Gehört einschlägiges Schwelgen zum snobistischen Lebensgefühl dazu? Oder sitze ich hier nicht zur richtigen Jahreszeit? Angeblich schmeckt Lachs von Vierteljahr zu Vierteljahr und von Fluß zu Fluß unterschiedlich. Um diese Feinheiten noch zu lernen, werde ich wohl nicht feinsinnig genug sein.

✤

DERRY / LONDONDERRY

Wenn man die Namen Derry, oder Londonderry, nur ausspricht, blickt der Kontinental-Europäer bereits bedenklich; und äußert man gar die Absicht, dorthin fahren zu
wollen, kommt Besorgnis auf. »Ist das nicht gefährlich?«
wird gefragt. Auch ich, als ein vorsichtiger Mensch, bin
nicht ohne Sorge. Nun stehe ich in Portrush vor der Frage:
Hinfahren oder nicht hinfahren? Was soll ich tun? – Tatsache ist, daß ich als nächstes nach Sligo will. Der Weg zurück über Belfast und Dublin sieht auf der Karte dreimal
länger aus, als der über Londonderry. Wäre es nicht viel
einfacher, mit dem Zug nach Derry zu fahren und dort
einen Direktbus nach Sligo zu suchen? Ob das überhaupt
möglich ist, so über die Grenze hinweg? Der Mann am
Fahrkartenschalter lacht und bejaht die Frage, als ob das
die selbstverständlichste Sache der Welt sei. Es ist ja auch
eine in der Jetztzeit selbstverständliche Sache; bloß: Einwohner geteilter Länder, wie es zum Beispiel auch die
Deutschen jahrzehntelang waren, hatten sich an das Un-
natürliche einer scharfbewachten Grenze, leider, bereits
gewöhnt.

Auf dem Bahnsteig gucke ich mir die Leute an, die da
auf den Zug nach Londonderry warten. Es fällt mir auf,
daß auch lauter Frauen mit Kindern darunter sind. Offensichtlich haben sie gar keine Bedenken, in die »gefährliche« Stadt zum Einkaufen zu fahren. So verdränge ich

alle je gehörten Warnungen und steige auch in den Zug mit ein.

Londonderry, Derry, da gibt's doch schon Probleme! Britisch fühlende Menschen sagen »Londonderry«, irisch fühlende, also die Mehrheit der Inselbewohner, sagen »Derry«. Derry ist der alte Name; er meint Eiche, »daire«. Die einen sagen, die Zufügung des Namens London zum angestammten irischen Namen erinnere schmerzlich daran, daß König James I. im Jahre 1613 Derry zwölf Londoner Zünften übertrug, was wiederum bedeutete, daß Derry der Stadt London steuerpflichtig wurde und eigener Rechte verlustig ging. Andere sagen, Derry heiße deswegen Londonderry, weil diese Londoner Gilden in großzügiger Weise Geld und Handwerker geschickt haben, damit die mittelalterliche Stadt saniert werde, nachdem sie einhundertundfünf lange Tage einer Belagerung durch die katholischen Kräfte unter James II. standgehalten hatte (1688/89). Siebentausend Einwohner waren inzwischen verhungert. Viele Häuser waren durch Kanonenkugeleinschläge zerstört oder auch verbrannt. Derry war fürderhin nicht mehr die »unberührte Stadt«, »maiden city«.

Ich sitze im Zug und wäge die Argumente. Wer hat recht? Wer hat mehr recht als der andere? Diese Frage wird sich hier im Norden Irlands noch oft stellen, und eine Antwort wird man nicht finden können bei einem kurzen Aufenthalt. Ob man bei einem langen eine Antwort fände? Ob es überhaupt eine Antwort gibt? Was für Antworten kann es geben, wenn man überlegt, ob die Nordirland-Frage in den unterschiedlichen Konfessionen, in der leidvollen Geschichte, im Politischen, Wirtschaftlichen oder Sozialen ihre Wurzeln hat? – Es ist wahr, leider, man sitzt ein wenig verkrampft, angespannt im Zug nach Derry.

Doch was man durchs Abteilfenster draußen sieht, ist schön. Bald nach Coleraine schon wird der Atlantik berührt, links tauchen die Binevenagh-Hügel auf. Da, wo der kleine Fluß Roe ins Lough Foyle mündet, kann man hinüberschauen auf die Berge der Halbinsel Inishowen, die schon zum County Donegal, Republik Irland, gehören. Viele Gleismeilen liegen jetzt unmittelbar am Ufer des Loughs, das hier so weit sich dehnt, daß man gar nicht weiß: ist das nun mehr eine sackartige Flußmündung, oder ist es mehr eine Meeresbucht? Immerhin, das Gewässer scheint den Verantwortlichen als Liegeplatz für die britische Nordirland-Flotte geeignet zu sein. Schiffe liegen grau im grauen Dunst, auf grauen Wassern. Man muß wissen, daß sie da sind, sonst sieht man sie heute gar nicht. Hat man nicht auch etwas von NATO-Stützpunkt gelesen?

Bei meiner Ankunft in Derry schaue ich verstohlen nach Anzeichen von Bürgerkrieg aus. Aber alles ist friedlich und bleibt auch friedlich an diesem Tag. Kein Detektormann kümmert sich um mein Gepäck. Niemand fragt nach meinem Ausweis. Alle gehen ihren Bewerbchen nach, als ob hier nicht der Ort sei, wo Ulsters Organismus beständig eitert. Unbehelligt überquere ich die doppelstöckige Craigavon-Brücke, die River Foyle überspannt. Im Tourist Information Centre erkundige ich mich, ob ich wohl mit einem Bus nach Sligo gelangen kann. Überhaupt kein Problem! Ganz einfach: Expreßbus, Abfahrt in rund fünf Stunden. Ich hinterlasse meinen Koffer und mache mich auf, die älteste Stadt dieser tragischen Provinz in Augenschein zu nehmen.

Der Fluß teilt die Stadt in zwei ganz verschieden aussehende Gebiete. Auf der Ostseite, der Bahnhofsseite, ist der ödere Teil. Langweilige, düster gleichförmige Straßenzeilen ziehen, eine an der anderen, hügelan. Diese schwärzlichen Wohnzeilen sind alles andere als schön. Sie erinnern an die schlimmen Vorstädte von Liverpool oder Glasgow. Das Leben dort hat ganz gewiß nichts Poetisches. Eine so herausfordernde Häßlichkeit muß die Einwohner versehren. Aber ich finde es unfair gegenüber dieser unglücklichen Stadt, so zu tun, als sei das schon die ganze Stadt. Leider gibt es Autoren, die in ihren Büchern und Artikeln nur dieses Unschöne, Benachteiligende, Ungerechte, sozial Gefährliche und mit vollem Recht Anzuprangernde schildern, es in den Vordergrund ihrer Betrachtungen rücken.

Es ist da doch aber auch die schöne alte Stadt am westlichen Ufer des gemächlich dahinströmenden Flusses. Derry ist die einzige Stadt auf der ganzen irischen Insel, die noch fast vollständig von einer Stadtmauer umgeben ist. Man hat schon gelesen, ist also vorbereitet: innerhalb dieses Zingels ist »security area«, Sicherheitszone, und so wird man beim Eintritt durch eins der Stadttore achtsam gemustert. Die Taschen von jüngeren Leuten werden geprüft. Das Bischofstor nahe der Kathedrale hat Bogen-Schlußsteine mit gemeißelten Häuptern. Der Künstler Edward Smythe hat ihnen einen seherischen, zugleich nach außen und innen gewandten Blick gegeben, als ob

AM BISCHOFSTOR / DERRY

sie Unheil schauen und Trauer deswegen leiden. Eine an dieser Stelle sehr passende Bekundung voll starken Ausdrucks.

Ich wandere ein Stück auf der Stadtmauer entlang, schaue hinab in den armen Stadtteil Bogside, der von Katholiken bewohnt wird. Stacheldraht, verrammelte Türen, zugenagelte Fenster hier oben im protestantischen Teil und dort unten auch. Die »Brüllende Grete«, »Roaring Meg«, eine von 1688 übriggebliebene Kanone, droht noch immer! Ich hatte meine Furcht schon ein wenig vergessen, aber bei diesem Anblick kommt sie wieder.

Ich gehe zur St. Columb's-Kathedrale, erwarte dort geringere Beunruhigung. Ich trete ein; da gesellt sich zu mir ein älterer Herr und beginnt unaufgefordert das Bauwerk zu erklären und auf Besonderheiten aufmerksam zu machen. Wie nett, wie freundlich und aufmerksam! Aber was da so freundlich und aufmerksam wirkt, ist in Wirklichkeit kaschiertes Sicherheitsinteresse. Wie ich auf Anfrage erfahre, ist der Herr keineswegs zufällig anwesend, sondern nach Dienstplan. Wenn Fremde in das Gotteshaus kommen, hat man ein Auge auf ihr Gepäck, und man begleitet sie unauffällig. Was ist da geeigneter als ein kleines Gespräch über die Sehenswürdigkeiten? Von dem Herrn erfahre ich auch, daß die Religionsausübung hier in Derry völlig frei sei; meistens auch ungestört. Protestanten und Katholiken gehen jeweils in ihre eigenen Kirchen und nur auf Rowdys müsse man gelegentlich achtgeben. Hier innerhalb der Stadtmauer, das ist die protestantische Kathedrale; unten in Bogside ist die katholische St. Eugene's Cathedral. – Die Sache mit den Rowdys, ist das untertrieben, oder stimmt das wirklich? Pfeffern die Medien nur alles immerzu mächtig auf, oder wird vor mir, der Fremden, etwas versteckt, nicht zugegeben?

Zurück in die Stadt. Der zentrale Platz heißt »The Diamond«. Hier treffen sich die Hauptstraßen, die zu den Stadttoren führen. Polizisten patrouillieren stets zu zweien. Einmal kommt ein gepanzertes Fahrzeug die Straße herauf. Ich flüchte in ein Kaufhaus, aber niemand außer mir kommt in Eile, das Leben geht ganz normal weiter. Kein Mensch gerät in Panik angesichts eines Panzerfahrzeugs. Im Kaufhaus ist viel Betrieb. Ebenso im ganz neu erbauten Einkaufszentrum. Es bietet auf drei Ebenen ein vielfältiges Warensortiment. Viel junges Volk ist auf den Straßen. Zwei Galerien mit sehenswerten Bildern einheimischer Künstler sind sogar über Mittag geöffnet. Die Straßen sind nicht schmutziger als anderswo auch. Die vielen Parolen auf den Wänden sind allerdings aggressiv. Hakenkreuze sind auch dabei.

Das Rathaus, das außerhalb der Altstadt-Sicherheitszone liegt, ist ringsum hoch und dickdrahtig eingezäunt. Man muß durch eine Sicherheitsschleuse, wenn man sich eine Besichtigung in den Kopf gesetzt hat. Man darf auch nicht etwa allein gehen, man wird geführt. Da niemand sonst sich heute für das 1890 erbaute Backsteingebäude interessiert, bekomme ich einen eigenen Führer, einen britischen, versteht sich. Der erzählt dann beim Erklären der interessanten Farbfenster beiläufig viel über die speziellen Probleme der Stadt. Es ist die Rede von Familien- und Straßenfehden, uralten, durch Generationen schon vererbten, die mit religiösen oder politischen Mäntelchen verhüllt werden. Vorgeschobene Motive, so nennt er das. Auf solche Konten kommen seit zwanzig Jahren die meisten der sogenannten Samstagskrawalle. Meint er. Ich bekomme ein bißchen Unterricht, und es wird mir erklärt, daß keineswegs immerzu und jederzeit Kampf angesagt sei. Gefährlich wird's, so versichert mein Cicerone, eigentlich nur aus speziellen Anlässen: vor Wahlen, nach Gerichtsurteilen, bei Beerdigungen, wenn jemand aus dem fernen London kommt und eine Rede hält, und am Orange-Day. Es kann bei Wahlen ja kandidieren, wer immer nur will, oder es kann ein Gerichtsurteil pro oder contra ausfallen, auch die Rede kann gutwillig und hervorragend sein, einer der beiden Hauptgruppierungen (rund zwei Drittel Protestanten, rund ein Drittel Katholiken von 1,5 Millionen Einwohnern) mißfällt das alles immer! Und es mißfällt so sehr, daß in Derry, in Belfast, in Newry und anderswo in Ulster Blut fließt. Stets ist Gefahr, daß ein kleiner Krawall zum Bürgerkrieg eskaliert. Seit 1968 gab es in diesem Zusammenhang rund 2700 Tote, 17 000 Verletzte, 8000 Inhaftierte. Rund 100 000 britische Soldaten sind in Nord-Irland stationiert. – Es mag Zufall sein, daß ich allüberall immer sehr maßvolle Gesprächspartner hatte; alle Menschen, die ich in der Republik Irland und hier in Ulster sprach, alle brandmarkten die Bluttaten als blanken Terrorismus, lehnten ihn ab, sagten, daß sie endlich Frieden wollen. Sie hatten geschafft, den irrationalen Konflikt in sich selbst zu bewältigen, hatten sich vom Bluthaß der Väter, dem Haß der Vergangenheit befreit. Aber noch gibt es Nachwuchs an denen, die diese Reife bisher nicht erlangt haben.

In der einträglichen Touristensaison hielten sich die Scharfmacher beider Seiten zumeist still. Aber seit 1988 operiert die IRA auch sommertags, sogar in Deutschland und in den Niederlanden. In 15 Monaten gab es bei den Attacken zwölf Tote und etwa fünfzig Verletzte unter den Angehörigen der britischen Streitkräfte. – In dieser Weise werden meine Fragen beantwortet. Ist auch das nun wieder nur ein begütigendes Herunterspielen? Der Beamte schimpft viel auf die Medien. Alles sei maßlos aufgebauscht, sagt er. Soll man das glauben? Kann man es? Bin ich nicht schon selbst ein Opfer der diesbezüglichen Darstellungen in Deutschland? So viel aber muß mein Führer zugeben: Unrecht, viel Unrecht geschah und geschieht hier auf beiden Seiten; viel Leid erwächst aus diesem Unrecht.

Gerade als Deutsche verspüre ich Neigung, mich in die Probleme dieses geteilten Landes zu vertiefen. Als hätten wir nicht jahrzehntelang gerade genug mit der Geteiltheit unseres eigenen Landes zu tun gehabt! Letztlich fühlt man lähmende Resignation, Hilflosigkeit, aufsteigen. Mit Mißbehagen gewahrt man die eigenen Verdrängungen.

Mein Expreßbus nach Sligo ist rechtzeitig gefunden.

Der Weg soll durch weite Strecken Donegals führen. Aber erst ist der Grenzübergang zu bestehen. Diesmal, ganz bestimmt diesmal wird man doch kontrolliert werden!? Aber nein, auch jetzt bleiben die erwarteten Grenzschikanen aus. Der Busfahrer fährt ein wenig langsamer an den Grenzpunkt da vorne, niemand kommt aus dem Häuschen heraus, und so wird einfach weitergefahren. Ob die Iren wohl wissen, daß sie mit dieser, wie ich sehe, ganz offenen Grenze relativ zufrieden sein können? Wie hätte ich mich immer dann, wenn ich in Berlin am Bahnhof Friedrichstraße in der schweigenden Warteschlange stand und meinen Grimm herunterwürgte, nach so einem einfachen Grenzbüdchen gesehnt.

♣

NACH SLIGO

Man weiß ja: Donegal ist schön! Auf welch spröde Weise schön, das erfährt man erst unterwegs. Streckenweise fühle ich mich an schottische Landschaftsbilder erinnert, besonders auf dem langen Stück zwischen Letterkenny und der Stadt Donegal. Im Tal des Flusses Finn liegen die Zwillingsstädte Ballybofey und Stranorlar; dann aber, je höher man ins Gebirge hinaufkommt, verlieren sich die Spuren menschlicher Ansiedlungen. Sogar Einzelanwesen hören auf. Drohende, wolkenverhangene Bergeshäupter, düstere steinige Öden begleiten das Straßenband. Kleine Rinnsale zertalen die steilen Schrofen. Zerklüftetes Gestein; grandiose Einsamkeit und dürftigste Kargheit würden schrecken, wenn nicht immer wieder großartige Fernsichten, paßartige Aufbrüche, im Gegenlicht blinkende Loughs eine Verheißung böten. Auf Dutzenden von Kilometern findet man keinen Baum, keinen Strauch, nur naßbraune Moore und hier und da armselige Krautnarbe. Donegal hat strenge Größe. Ist das das Land der Trolle? der »springgans«? – Pro Quadratkilometer wohnen hier nur 40 Menschen.

Ist man durch das enge Barnesmore Gap hindurch, geht die Fahrt wieder talwärts. Einige windgeschliffene, schiefe Katen, die mit den festgezurrten Binsendächern, tauchen im Blickfeld auf, hocken am Wegesrand. Schwarzgesichtige Schafe machen überall weiße Wollsprenkel im nun wieder grüner werdenden Land. Ginster blüht. Da vorn, da unten, da weitet sich grün, so verheißungsvoll grün, das flachwellige Land. Die Stadt Donegal mitten darin!

In der Stadt ist für mich jetzt kein Aufenthalt möglich. Wie sollte auch, ich bin ja im Linienbus. Die Burg würde interessieren, auch das Franziskaner-Kloster, der Stadtmittelpunkt, der auch hier »The Diamond« heißt und mit einem Obelisken geschmückt ist. – Nächster Halt in Ballyshannon, dessen Häuserzeilen sich eng an den Hochufern des Flusses Erne hinwinden. Die Straße nähert sich nun der Küste von Donegal Bay, folgt ihr streckenweise ganz nah. Schon richtet man sich ein, daß das so bleiben wird bis Sligo, da gibt es noch Überraschendes: der eindrucksvolle Tafelberg Ben Bulben stellt sich im spätnachmittaglichen Streiflicht so plastisch dar, als trage er ein Plisseevolant. Eine so neckische Bezeichnung will zu dem ernsten Berg nicht recht passen, aber der Seheindruck zwingt zu diesem Vergleich. — Tragisches und Mythisches ist mit Ben Bulben verbunden. Ein unheimlicher See ist da, Stätte der Geister, an die viele hier noch mit Scheu denken. Die Liebesgeschichte von Grainne und Diarmuid endete hier, als der Held im Kampf mit dem Eber von Ben Bulben sein Leben ausblutete. Entfernter von Sage, näher schon an Geschichte ist der Bericht über die Schlacht um das Buch, die sich hier 561 zugetragen haben soll. Der heilige Columbcille, ein kunstreicher Schreiber, hatte heimlich ein Evangelienbuch kopiert, aber der Abt, dem das kostbare Original gehörte, verklagte ihn beim König. Das Urteil war gegen Columbcille und er, der die »Taube der Kirche« genannt wurde, erwies sich als nicht taubenfried-

BEN BULBEN/SLIGO

lich. Er stachelte seinen Clan auf, ihn im Ungehorsam zu helfen. So kam es zur Schlacht auf den Gefilden am Fuße von Ben Bulben. Dreitausend Kämpfer sollen ihr Leben verloren haben. Zur Sühne nahm Columbcille das »grüne Martyrium« auf sich, er verließ das Land; gründete das Kloster auf der Insel Iona.

Am Fuße des majestätisch aus der Ebene sich erhebenden Berges hat auch ein Dichter sein gewolltes Grab: William Butler Yeats. Jeder, der die Stelle passiert, ist aufgefordert, nur einen kühlen Blick für Leben und Tod zu haben. Kann man das?

Sligo, da blüht der Yeats-Kult. Es ist des Dichters erwähltes Land. Allenthalben wird man an ihn erinnert, nicht nur im Museum. In der kleinen städtischen Kunstgalerie, die freundlicherweise extra für mich aufgeschlossen wird, finde ich Arbeiten von Mitgliedern der mit Talenten so reich begabten Yeats-Familie. Vater, Schwester und Bruder des Dichters malten. Gut sogar.

Auf einem etwas höher gelegenen Areal steht eine große Kirche. Wie jeder Bau bisher ist auch dieser grau, saubergrau, und etwas schwerfälliger als kontinentale Großkirchen. Diese hier, die Kathedrale der Unbefleckten Empfängnis, ist in besonders gutem Zustand. Die Dekorationsformen haben im besten Sinne etwas kindlich Unbeirrtes. Auch innen herrscht Einfachheit. Die erneuerte Farbfassung ist recht delikat abgestimmt in Warmgrau, Hellocker und Eierschalenweiß. Aber ganz gewiß hat diese moderne Farbwahl keine Anklänge an die einstige mittelalterliche Fassung. Da war Bunteres üblich. Die Renovierung ist noch ganz frisch. Zu frisch fast.

Von einem einst dominikanischen Kloster sind ganz erhebliche Ruinenreste erhalten. Sie träumen in einem stillen Gräberfeld so vor sich hin. Gräser und Wildpflanzen sprießen aus vielen Fugen. Weiß, rosa und rotblühend prangt üppig Baldrian, die keltische Narde. Am schönsten finde ich den Kreuzgang, von dem drei Seiten ziemlich unbeschadet überdauert haben. Wie haben die Steinmetze es früher nur vermocht, mit ihren einfachen Handwerkszeugen dem rohen Stein so kunstvoll gedrehte Zwillingssäulen abzuringen? Sorgfalt war's; Sorgfalt, ohne die in der Kunst nichts gelingt, wie Pückler einst schrieb.

♣

GALWAY

Meinen honorablen Fürsten treffe ich erst viel weiter südwestlich wieder, in Galway auf der Rennbahn. Die Nordhälfte der irischen Insel hatte er nicht besucht. Von Dublin her war er vierundzwanzig Stunden unterwegs gewesen, wie er schrieb. Dabei ist das nur eine Entfernung von hundert Meilen. Die Poststationen, der schleppende Pferdewechsel, nun ja... Ich hatte von Sligo her rund siebzig Meilen zurückzulegen. Der Bus machte das in weniger als drei Stunden. Das Reisen ist halt viel leichter geworden.

Doch jetzt die berühmte Rennbahn von Galway, Ballybrit. Anfang August sind da immer drei Renntage; noch heute innerhalb der gleichen Woche, in der schon die alten Kelten zu Ehren ihrer Pferdegöttin Epona Festtage mit Wettrennen veranstalteten. Auch der Gott Lú hatte Bezug zu Pferden, und er ist es, nach dem der Monat August im Irischen Lúnasa heißt. Das Fest Lúgnasadh markierte den Erntebeginn und war das Hauptfest des Jahres. So alt sind schon die Pferderennen. Sie wurden 1828 gehalten, und so finden sie auch noch heute statt. Pückler beschrieb, daß von den edlen Pferden ein Drei-Meilen-Kurs zu nehmen war und daß sie dabei auch noch dreimal Steinmauern überspringen mußten. Das ist nicht so sinnlos, wie es sich hier ausnimmt. Es läuft nämlich eine stilisierte Fuchsjagd dabei ab, und zwar unter Bedingungen, wie ein Reiter sie überall im Gelände vorfindet. Unser fürstlicher Pferdefreund schrieb:

„Obgleich die meisten Felder von Mauern umschlossen werden, die drei bis sechs Fuß hoch und abwechselnd entweder nur von Feldsteinen lose aufgeschichtet oder ordentlich mit Kalk gemauert sind, ... so darf dies alles den Reitern doch kein Hinderniß seyn."

Auf der Bahn von Galway gehörte damals der Sieg dem gentleman, der mit seinem Pferde zweimal als erster durchs Ziel gegangen war. Bis endlich zwei Siege errungen waren, mußten er und sein Pferd die Strecke aber unter Umständen vier- oder fünfmal durchmessen. Unsern wackeren Pferdeliebhaber veranlaßte die Härte dieser Bedingung zu der Äußerung, daß

„man Mitleid und Menschlichkeit dabei zu Hause lassen"

mußte. Welch modernes Vokabular! Zwar bietet die Rennbahn noch immer den gleichen Drei-Meilen-Kurs mit drei jetzt leichteren Hindernissen, aber einmaliger Sieg ist heutzutage wirklich Sieg. – 1979 feierte hier an diesem für eine christliche Feier sehr ungewöhnlichen Ort der gegenwärtige Papst Johannes Paul II. eine Messe.

Über die Stadt Galway vermochte Pückler nicht viel Gutes zu berichten:

„Charakteristisch schien es mir, daß in dieser Stadt von 40 000 Einwohnern auch nicht ein einziger Buchladen noch Leihbibliothek zu finden war. Die Vorstädte, wie alle Dörfer, durch die unser Weg führte, waren von einer Beschaffenheit, der ich nichts bisher Gesehenes gleichstellen kann. Schweineställe sind Palläste dagegen, und oft sah ich zahlreiche Gruppen von Kindern (denn die Fruchtbarkeit des irländischen Volkes scheint seinem Elend gleich zu sein) nackt, wie Gott sie geschaffen hat, sich mit den Enten im Straßenkoht glückselig herumwühlen."

Glücklicherweise ist das alles Vergangenheit. Buchhandlungen gibt es nun genug. Die öffentliche Bibliothek ist eindrucksvoll und wird lebhaft genutzt. Rund um die Stadt dehnen sich weite Neubaugebiete mit schmucken Einfamilienhäusern, und die Kinder haben alle das poppbunte Zeug an, das gerade in Mode ist. Der Kinderreichtum ist nach wie vor auffallend groß. – Fahrer von Tourenbussen erzählen viel. Einer von ihnen berichtete stolz, Irlands Bevölkerung habe weltweit das niedrigste Durchschnittsalter und mehr als 50 Prozent der Einwohner seien jünger als 25 Jahre. Ich vermag das, falls es stimmen sollte, nicht so zu bejubeln, wie er das tat; denn schließlich haben die ernstesten Probleme unserer Welt ihre Ursache darin, daß es zu viele Menschen gibt. Eben diese Tatsache schafft Hunger, Arbeitslosigkeit, Ausplünderung von Bodenschätzen, Müll, Luft- und Gewässerverschmutzung, Verkehrsdichte, Aggression sogar und vieles Üble mehr. Als ob das alles bis Irland hin noch nicht zu vernehmen war, sieht man – wie zu Pücklers Zeiten – Kinder und junge Leute geradezu en masse. Empfängsnisverhütung und Abtreibung sind in Irland gesetzlich verboten. Weil Irland für all den Nachwuchs aber keine Arbeitsplätze hat, wandern jährlich rund 50 000 junge Leute aus.

Durchaus wird noch verstohlen gebettelt. In den Touristikbüros bekommt man Blättchen mit Ratschlägen eingehändigt. Einer dieser Ratschläge lautet ganz unverblümt, Bettler keinesfalls dadurch zu ermutigen, daß man ihnen etwa etwas gibt. Unser großer Herr warf noch freigiebig händeweise kleine Münzen den bettelnden Kinderscharen zu, schon, um sie sich vom Leibe zu halten:

„Ich beglückte sie mit einigen Pence, von denen ich immer eine Ladung in einer meiner Rocktaschen führe, um sie, wie Körner unter die Hühner, zu vertheilen, denn hier bettelt Alles."

Hundert Jahre vor unserem Mann aus Muskau hatte bereits Jonathan Swift das Betteln beklagt und einen »bescheidenen Vorschlag« zur Abhilfe gemacht; eine ganz bitterböse Satire.

Elende Hütten, wie unser reisender Adelsmann sie gesehen und mehrfach beschrieben hat, sind jetzt nur noch selten zu sehen. Und wenn doch, wohnt darin natürlich niemand mehr, sondern sie rotten still vor sich hin, werden allenfalls als Gerümpelschuppen genutzt. Sie sind zumeist von Sträuchern überwuchert und liegen versteckt hinter schönen neuen Häusern. Zu denken, daß je dort drinnen Menschen hausten! Wohnen konnte man das nicht nennen. Menschen, viele Menschen, und Tiere, die Ziege, das Schaf, ein paar Hühner, alle unter einem Dach,

oft genug in einem einzigen Raum. Da war bei den aller-
ärmsten nur eine Feuerstelle, aber nicht mal ein Fenster.
Wer sich eine Rauchesse und Fenster leisten konnte, gehörte schon nicht mehr zu den Bedauernswerten der aller-
untersten Sozialschicht. Wenn besagter Schornstein aus
einer Giebelwand aufstieg, zeigte das an, daß in dieser
Kate nur ein einziger Raum war. Stand er aber ein Stück
zur Dachmitte hin, dann wußte jeder: eine Trennwand ist
da zwischen zwei geduckten Räumen. Das galt bereits als
gehobener Standard. Als geradezu wohlhabend wurde angesehen, wer sogar zwei Schornsteine und mehr als zwei
Fenster hatte, denn dann waren da offensichtlich drei
oder sogar vier Räume. Geheizt und gekocht wurde mit
Torf. So kann man bis heute den hinfälligen Ruinen, die
da so erfolgreich von der Natur zurückerobert werden,
überrankt, durchwuchert vom unermüdlichen Grün, den
Sozialstatus der einstigen Bewohner leicht ansehen. Er-
barmungswürdig war er allemal. Heimlich gebrauter
Whiskey, poteen, mangels Glas aus Eierschalen ge-
schlürft, ließ das Elend für eine Weile vergessen, ver-
stärkte es aber auch. – Pückler beschrieb die Bauart der
Häuschen:

„Die Wohlhabendsten wohnen in Gebäuden, die unsern Bauern als
Stall zu schlecht dünken würden. Ich besuchte ein solches und fand es auf-
geführt aus Mauern von ungesprengten Feldsteinen, mit Moos ausge-
stopft, und einem Dach von Stangen, das halb mit Stroh, halb mit
Rasen belegt war. Der Boden bestand aus der blanken Erde, und eine
Stubenecke unter dem erwähnten halb durchsichtigen Dach gab es nicht.
Schornsteine schienen hier auch unnütze Luxusartikel. Der Rauch ging
vom freistehenden Heerde gleich zu den Fensterlöchern heraus, woran ihn

keine Glasscheiben verhinderten. Ein niedriger Verschlag theilte rechts die Schlafstelle der Familie ab, die alle zusammen ruhen – ein andrer links begränzte Schwein und Kuh. So stand das Häuschen mitten im Felde, ohne Garten noch irgendeine Bequemlichkeit – und dies nannten Alle eine vortreffliche Wohnung."

Der neuzeitliche Haustyp ist auf dem Lande bis heute eigentlich der gleiche geblieben wie er früher war, wenngleich jetzt alles höher, breiter, luftiger, komfortabler ist. Aber die Grundform ist ziemlich unverändert. Meistens sind es nun breitgelagerte Bungalows, links und rechts von einer fensterlosen Giebelwand abgeschlossen. Ebenerdig sind die Häuser, der Straße zugekehrt sind Eingang und Fenster. Nicht mehr Binsen oder Stroh decken das Satteldach, sondern Ziegel oder Eternitplatten.

Warum war Pückler eigentlich nach Connaught gekommen? Er hatte so viel Abschreckendes gehört:

„Dieser wilde Theil Irlands, welchen Fremde nie, Einheimische selten besuchen, steht in so üblem Renommée, daß ein Sprichwort sagt: Go to hell and Connaught (Geh zur Hölle und Connaught). Der Entschluß wäre also der Überlegung werth gewesen. Was aber Andere abschreckt, reizt mich oft an, und grade da finde ich oft die beste Ausbeute, und Alles verspricht sie mir diesmal reichlich, wenigstens was das Ungewöhnliche betrifft."

Was ihn herzog, war eine ganz besonders herzliche Einladung auf ein Landgut in der Nähe von Galway. Er ritt aber öfter zur Stadt und erzählte seiner Frau brieflich auch von den Begebenheiten, die für die Stadt Bedeutung hatten. Sehr ausführlich kolportierte er die Geschichte des reichen Bürgermeisters Lynch, der auch das Amt des Richters innehatte. Als sein eigener Sohn einen Mord aus Eifersucht begangen hatte, verurteilte er ihn zum Tode.

Niemand in der Stadt wollte dieses Urteil vollstrecken. So wurde aus dem Strafrichter auch noch der Exekutor. Er rang sein Vatersein nieder und verhalf dem nach seiner Meinung wichtigeren Recht zur Geltung, indem er seinen Sohn eigenhändig henkte. Voller Gram gab er daraufhin alle Ämter und Geschäfte auf und lebte nur noch im Hause. Die Wörter »lynchen« und »Lynchjustiz« sollen, mit einiger Bedeutungsverschiebung, von dieser Begebenheit ausgehen. Pückler gab die Geschichte in aller Breite wieder, über mehrere Seiten hinweg, und erwies sich damit fast als ein »seanchai«, ein begabter Geschichtenerzähler.

Ob es in Galway wohl einiges gibt, das an die Lynch-Familie erinnert? Ich pilgere zu Lynch's Castle, einem sehr alten festen Haus in der Altstadt. Im Erdgeschoß ist eine Bankfiliale. Auf antiquarischen Stichen sieht das Gebäude – ohne die flachen Glasscheiben der Bank – schöner aus: unregelmäßig durchfenstert, steinwappengeschmückt, wohlhabend, aber etwas abweisend. Die Bank da, sie prostituiert das Haus.

Etwas schwieriger zu finden ist das Lynch Memorial. Über einem wiederaufgebauten Torbogen findet man eine Erinnerungstafel und auch einen Stein mit melancholischer Vanitas-Inschrift. Da sieht man dann auch den eingelassenen Block mit dem gemeißelten Totenschädel und den gekreuzten Knochen, den schon unser fürstlicher Galwaybesucher mit Schaudern erwähnte.

TUAM

Mit Ortsangaben blieb mein Grandseigneur bedauerlicherweise oft recht ungenau. Gelegentlich erschienen nur Anfangsbuchstaben, gefolgt von einigen Pünktchen. Die Freimütigkeit, mit der Pückler seine Ansichten äußerte und das Ausplaudern von allerlei Gesellschaftsklatsch ließen solche Vorsicht geboten erscheinen. Für mich, die ich in Irland seinen Spuren folgen will, ist deswegen eine Art kriminalistischen Spürsinns vonnöten. So hatte ich in der Nähe von Galway, bei Tuam, ein Anwesen zu suchen, auf das ein maskierendes »B...m im Westen Irlands« paßte. Nachschlagwerke und Reisehandbücher gaben nichts her, auch die örtliche Touristikstelle wußte nichts zur Aufklärung beizusteuern. In solchen Fällen sind Taxifahrer oft die letzte Rettung. Ich stelle mich also in der Mitte von Tuam ans Hochkreuz, das aus mehreren Teilen wieder zusammengesetzt worden ist, und halte Ausschau in alle Richtungen: wo halten hier in Tuam Taxis? Eins, das gerade vorbeifährt, gestikuliere ich an, und der Fahrer gibt mir durchs Fenster Bescheid, er erledige nur etwas, er wolle mich bald hier abholen. Zeit, um schnell in der Metzgerei ein pork and kidney pie gegen kommenden Hunger zu kaufen, dann postiere ich mich wieder, wie verabredet. In Irland scheinen Uhren eh und je langsamer zu gehen. Es dauert jedenfalls eine gehörige Weile, bis die Erledigung des Taxifahrers auch wirklich erledigt ist und er mich in seinen Wagen aufnimmt. Er runzelt ein bißchen die Stirn, denkt nach, was »B…m« heißen könnte. Aber natürlich. Bermingham House! Ich lese schnell noch mal nach, was Pückler darüber geschrieben hatte, während der Fahrer mich auf verschlungenen Pfaden hoffentlich dorthin bringt, wo Pückler einst zwei angenehme Wochen verbrachte:

„Captain B., mein Wirth, ist einer der Notablen seiner Grafschaft, sein Haus aber nicht besser als das eines mittelmäßig begüterten deutschen Edelmanns. Mit der englischen Eleganz und dem englischen Luxus ist es hier aus. … Das Haus selbst ist nicht überreinlich, die geringe Dienerschaft zwar respektabel durch Dienstalter, Eifer und Ergebenheit, aber von etwas ungewaschenem und bäurischem Ansehn. … Der Regen läuft ganz lustig unter den Fenstern durch und bildet einige romantische Wasserfälle vom Fensterbrett auf den Boden, wo ein alter Teppich die Fluthen durstig auf= nimmt. Die Meublen wackeln etwas, ich habe aber Tische genug (eine große Angelegenheit bei meinen vielen Sachen), und das Bett scheint wenigstens geräumig und hart genug. Im Kamin brennt, oder glüht viel= mehr, vortrefflicher Torf, der außer der Wärme, die er verleiht, auch, gleich dem Vesuv, wenn er ausbricht, alle Gegenstände mit einer feinen Asche überzieht. Alles das ist nicht glänzend – aber wie hoch werden jene Kleinig= keiten aufgewogen durch die patriarchalische Gastfreiheit und die heitre, ungezwungene Freundlichkeit der Familie."

Es war also nicht gerade das, was man ein Schloß zu nennen pflegt. Ob das Anwesen deswegen in touristischen Druckwerken unerwähnt bleibt? – Mein Klopfen an der Vordertür verhallt ungehört. So will ich das mattrot ver= putzte Haus wenigstens rundum fotografieren, wenn ich schon nicht hineingelangen kann. Dabei komme ich, durch kein Gatter, keinen Zaun gehindert, in den Hof, der von früher wohl landwirtschaftlich genutzten Einfachbauten umgeben ist. Ein junger Mann kommt herbei, begreift sofort mein Anliegen und holt aus einer Art Stall die »Lady«. Lady Cusack-Smith, geborene O'Rorke, erscheint in Arbeitskleidung, was sie mir sofort sympathisch macht. Sie war durch Jahrzehnte der einzige weibliche »master of hounds«. Sie züchtete die berühmten Jagdhunde »Galway Blazers«.

Mit warmer Freundlichkeit werde ich ins Haus gebeten. Die Lady wohnt allein darin. Sie gibt mir Störenfried jede gewünschte Auskunft. Ihr Geburtsname sagt, daß sie zum Clan derer gehört, die einst die Lords of Breffny, Fürsten von Leinster und sogar dreimal Könige von Connaught stellten; eine uralte gälische Familie. In Cromwells Zeiten flohen Angehörige der Familie zum Kontinent, stellten tüchtige Offiziere in Rußland und Österreich. Im County Leitrim erzählt noch mancher Ruinenrest von einstiger Macht und Bedeutung der Familie. O'Rorke zu heißen, gilt im Lande als ehrenvoll. – Verheiratet war die Dame, nun Witwe, mit einem der Cusack-Smith's, die das Haus von den De Berminghams, Abkömmlingen normannischen Adels, belehnt von King John, kaufweise erwarben. Man hätte sich also nicht gewundert, wenn da eine gewisse Stolzeskälte bemerkbar gewesen wäre. Aber nichts davon, die Dame erweist sich als herzlich, zugänglich, geduldig.

Das Haus, so unscheinbar und schmucklos es von außen ist, birgt innen viel Schönes. Mehrere gut proportionierte Prachträume präsentieren sich mit zarten Stuckornamenten, seidenbespannten Wänden, feinen Gemälden, kostbaren alten Möbeln und tausend Wohnaccessoires aus alten Zeiten. Freilich, alles ist ein wenig verwohnt. Die prächtigen Leuchter, das edle Geschirr in der Vitrine, die fast blinden Gläser, herübergerettet aus den Zeiten von King James II., die Mahagonistühle in der irischen Variante des Queen-Anne-Stils, alles Dinge, die unser deutscher Adelssproß dazumal sehr wahrscheinlich mit benutzt hatte. Die Lady hält das für sehr wahrscheinlich, denn alle diese Dinge waren schon im Hause, als der Besitzerwechsel um die letzte Jahrhundertwende stattfand. Ein Gemälde an der Speisezimmerwand zeigt uns Heutigen den Hausherrn von 1828.

„Mein Wirth gefällt mir sehr wohl. Er ist zweiundsiebzig Jahr alt und noch rüstig wie 50, muß einst ein sehr schönes Aeußere gehabt haben, und seine Männlichkeit bewiesen 12 Söhne und 7 Töchter, alle von der selben Frau, die ebenfalls noch lebt."

Mein Reisefürst hat auch allerlei Ausritte in die Umgebung unternommen. Zwischen Tuam und Galway sieht es leidlich fruchtbar aus, aber nach Norden und Osten zu liegen Moore. Pückler schilderte seiner Daheimgebliebenen den Landescharakter zutreffend:

„Brüche und Torfmoore bedecken jetzt unabsehbare Strecken und das alte tausendjährige Eichenholz, welches in der Tiefe dort gefunden wird, hat einen hohen Preis für zierliche Meuble-Arbeiten; man macht sogar Tabaksdosen und Damen-Paruren davon. Der übrige Boden ist sandig oder naß. Die Felder stehen mager auf dem trocknen Lande, dagegen gedeiht die Bruch-wirtschaft, welche man hier aus dem Fundamente versteht, vortrefflich. Man planirt die Brüche zuvörderst, indem man das vorragende Terrain zu Torfziegeln verarbeitet, dann geht das Brennen und die Bestellung mit Früchten erst an. Alle Moore scheinen außerordentlich tief. Haidekorn,

Kartoffeln und Hafer werden am meisten angebaut. Die Hütten der Einwohner sind über alle Beschreibung jämmerlich und das Ansehen der ganzen flachen Gegend in hohem Grade dürftig, bis man sich dem Gute meines Freundes nähert, wo die Natur freundlicher wird und am Horizont blaue Berge winken, die der Sitz vieler Märchen und Wunder sind."

Torf wird auch heute noch in weiten Teilen der Grafschaft gestochen. Die Stücke werden zwecks Trocknung zu kleinen Mieten aufgetürmt. Wo Gras und Klee, das so überaus saftige, strotzendgrüne Grün, wachsen kann, wird Weidewirtschaft betrieben. Feldanbau habe ich in jener Gegend seltener gesehen; allenfalls kleinere Kartoffelschläge.

Es war nicht bloß Anpassung an seine Gastgeberfamilie, daß Pückler auch an Gottesdiensten teilnahm, es war ihm ein Bedürfnis. So hat er in Tuam einer Priesterweihe beigewohnt, die vier Stunden dauerte. Er fand allerlei auszusetzen:

„Die Predigt wird abgelesen und dauert sehr lang. Am ermüdendsten ist aber, vor und nachher, die endlose Herlesung veralteter, zum Theil sich ganz widersprechender Gebete, deren Refrain zuweilen, vom Chor aus, singend wiederholt wird und an denen man einen wahren Circus der englischen Geschichte machen kann. Heinrich des Achten Kirchen=Revolution, Elisabeth's Politik und Cromwell's puritanische Übertreibungen reichen sich durcheinander die Hand, während gewisse Lieblingsphrasen alle Augenblicke wiederholt werden, worunter manche Stelle mehr kriechende Sklaven, die sich vor einem Tyrannen des Südens in den Staub werfen, charakterisieren, als der christlichen Würde gemäß sind. ... Eine der sonderbarsten Sitten ist, daß Jeder, wenn er, beim Kommen oder Gehen, sein Gebet spricht, sich damit in einen Winkel oder doch gegen die Wand kehrt, als ob er etwas Unschickliches unternähme, das man nicht sehen dürfte."

Nach meinem Besuch bei Lady Cusack-Smith habe ich die protestantische Kathedrale aufgesucht, in der der bemängelte Gottesdienst stattgefunden hatte. Aber der alte Bau ist nicht mehr da. Er war eines bösen Tages abgebrannt. 1861 bis 1863 ist eine neue Kathedrale errichtet worden. Innen kann man aber noch Reste des romanischen Schiffes und des Chores aus dem zwölften Jahrhundert entdecken.

Zwei Wochen waren für Pückler eine lange Zeit; da mußte allerlei unternommen werden, damit er sich nicht langweilte. Ein Stubenhocker war er ja nun mal nicht. Einmal ging's nach »Mount B.«. Ich bin ziemlich sicher, daß er damit Mountbellow meinte. Die Entfernung stimmt und die Beschreibung weitgehend auch. Gleich spürt man den passionierten Parkliebhaber:

„Der Park in Mount B... bietet ein wahres Studium für die sinnreiche Anlegung großer Wasserparthien an, denen gehörige Bedeutung und Natürlichkeit zu geben so schwer ist. Man muß für die Details die Formen der Natur studiren, die Hauptsache ist aber, nie die ganze Wassermasse übersehen zu lassen, und das Wasser muß sich auch sichtlich nach und nach und wo möglich an mehreren Stellen zugleich verlieren, um der Phantasie gehörigen Spielraum zu lassen – die wahre Kunst bei allen landschaftlichen Anlagen."

Das sind ja nun wirklich Kernworte von einem, der es wissen mußte. Nach diesen Maximen hat er seine Parkschöpfungen verwirklicht. – Anwesen und Park in Mountbellow waren einst im Besitz der Familie Grattan-Bellow. Großer Kunstbesitz war selbstverständlich: Bilder von Ruisdael, Rubens, Rembrandt.

Zu der kleinen Fahrt nach Athenry hat mich Pückler inspiriert. Das ist nun kein Badeort mehr, sondern ein ziemlich verschlafenes Städtchen. Zu Pücklers Zeiten muß es da wohl wesentlich ärger gewesen sein:

„Der Badeort Athenrye (die Quelle ist von der Art wie Salzbrunn in Schlesien) gehört auch zu den Originalitäten Irlands. Ich habe Dir schon gesagt, daß kein Dorf in Pohlen von elenderem Aussehen gedacht werden kann. Dabei liegt der Hüttenhaufen auf einer ganz kahlen Anhöhe im Torfmoor, ohne Baum und Strauch, ohne Gasthof, ohne irgendeine Bequemlichkeit, nur von den zerlumptesten Bettlern, außer den wenigen Badegästen bewohnt, welche letztere Alles mitbringen, was sie brauchen, und ihren Unterhalt bis auf die geringsten Lebensmittel fortwährend von dem zwölf Meilen entfernten Gallway herbei holen lassen müssen. Einst war es anders, und noch betrachtet man mit Wehmuth am äußersten Ende des jammervollen Örtchens die stolzen Reste einer besseren Zeit. Hier stand eine reiche Abtei, jetzt mit Epheu durchwachsen; und über den freiliegenden Altären und Grabsteinen sind die Gewölbe eingestürzt, die einst das Heiligthum schützten. Weiterhin sieht man noch die zehn Fuß dicken Mauern des Schlosses König Johann's, der seinen Gerichtshof hier hielt, wenn er nach Irland herüberkam."

„Ich besuchte die Ruine in sehr zahlreicher Begleitung. Ich sage nicht zu viel, wenn ich Dir versichere, daß aus der ganzen Gegend wenigstens über zweihundert halb nackte Individuen, zum Dritttheil Kinder, sich um meinen nachgekommenen Wagen schon seit dem frühsten nichtsthuend versammelt hatten und nun unter Vivatgeschrei mich alle bettelnd umringten und Mann für Mann durch die Ruinen, über Trümmern und Kratzbeeren treulich begleiteten. Die sonderbarsten Complimente schallten zuweilen einzeln aus der Menge heraus, einige riefen sogar: ‚Es lebe der König!' Als ich bei der Zurückkunft ein paar Hände voll Kupfer unter sie warf, lag bald, von alt und jung, die Hälfte im Straßenkoth, sich blutig schlagend, während die andern schnell in die Branntweinschenke liefen, um das Gewonnene sogleich zu vertrinken. Das ist Irland! Vom Gouvernement vernachlässigt oder bedrückt, von der stupiden Intoleranz des englischen Priesterthums erniedrigt, von seinen reichen Landbesitzern verlassen und von Armuth und Whiskeygift zum Aufenthalt nackter Elenden gestempelt!"

Klare Worte, harte Anklage; sehr bemerkenswert für einen, der seine Freunde unter den Reichen und Mächtigen hatte, und der selbst auch zu dieser Schicht gehörte. Schließlich war er doch, genau genommen, ein Dandy unter lauter Dandys. Auch fast 60 Jahre später hatte sich noch nichts gebessert, denn Jeremiah Curtin (1835 bis 1906) klagte: »In den Straßen stand der Schlamm knöcheltief.«

In Athenry habe ich mich dann also umgesehen. Es gibt da eine Stelle, von der aus man gleichzeitig drei Ruinen im Blickfeld hat: die wuchtige Burg, die übrigens von einem De Bermingham erbaut worden war, die Abtei mit den Gräbern dieser Landlord-Familie und eine Kirche, die unaufhaltsam zu Schutt zerfällt. Pückler hatte in ihr noch einem Gottesdienst beigewohnt.

In Athenry kann es geschehen, daß man den letzten Bus verpaßt. Ein einziger Übelstand genügt, dieses Mißgeschick einzuleiten: es ist kein Anzeichen dafür vorhanden, wo die Bushaltestelle ist. Und während ich noch suche und Ausschau halte nach jemandem, bei dem ich mich erkundigen kann, rauscht der letzte Bus dieses Tages an mir vorbei. Was nun? – Kommt da ein altes Frauchen mit weißem Wuschelkopf des Weges. Mit meiner Frage kommt das in Gang, was die überwältigende irische Hilfsbereitschaft ausmacht. Ich frage nach dem Bahnhof, aber die Lady winkt ab: Heute gibt es keinen Zug mehr. Nun frage ich nach einer Taxe. Schließlich muß ich ja irgendwie zurück nach Galway. Da werde ich ins Schlepp genommen, hin zu einer verlassen wirkenden Tankstelle. An einem hinten angebauten Privathaus betätigt die Lady den Klopfer. Sehr schade, ihr guter Freund Don ist leider nicht zu Hause. Sie sagt das in einem Tone, als habe sie selbst dieses Unglück durch Fahrlässigkeit heraufbeschworen. Sie versichert, Don hätte mich sehr gern zurück nach Galway gefahren, wenn... – Daß die Haltestelle nicht gekennzeichnet ist, erklärt sie nun für skandalös; auch daß es keinen ausgehängten Fahrplan gibt; auch daß die Busse so sehr selten fahren; auch daß sie ihren Dienst schon am Spätnachmittag einstellen. – Jetzt bleibt sie mit ihrer Einkaufstasche stehen, legt den Zeigefinger an die rosig-runzlige Wange und überlegt, was man tun kann. Telefonieren! Bei ihrer Freundin Elsie gehe das am besten, erklärt sie. Sie eilt jetzt nicht zu ihrem Tee, vor ihren Fernseher, sondern sie trippelt mit kleinen eiligen Schrittchen den ganzen langen Weg von Dons Tankstelle zu Elsie. Im Nieselregen. Elsie hat einen Laden in Athenry. Es ist ein Lädchen für alles, gekoppelt mit einer Teestube. Elsie wird eingehend informiert, welches Mißgeschick mich deutsche Reisende betroffen hat. Beide, die Lady und Elsie, gehen jetzt mit Geschäftigkeit daran, den ungünstigen Eindruck, der da möglicherweise über das irische Transportsystem entstanden ist, eigenverantwortlich durch besonders tatkräftige Hilfe und durch hinreißende Liebenswürdigkeit wieder gutzumachen. Sie allein verteidigen jetzt Irlands Ehre! Elsie beschafft schon das Telefonbuch und legt es auf den Deckel der Kühltruhe, rückt das Telefon herüber und schreibt die Vorwahlnummer von Galway auf ein Stückchen Kassenbon. Unterdessen gestattet die kleine Lady beileibe nicht, daß ich selbst die Nummer eines Taxi-Unternehmens aus dem Telefonbuch heraussuche. Obwohl sie durch eine dauernd rutschende Brille behindert ist, blättert sie eifrig hin und her und fragt jeden, der noch im Laden ist, nach seiner Meinung, seiner Erfahrung hinsichtlich dieses oder jenes Taxi-Unternehmens. Schließlich hat sie eins favorisiert. Es soll nun durchgewählt werden. – Seit der Bus an mir vorbeigefahren ist, ist nun schon eine reichliche halbe Stunde vergangen, aber niemand ist ungeduldig, niemand hat es eilig. Elsie nennt die kleine Lady immer Mabel. Mabel also ist in ihrem geradezu missionarischen Eifer nicht zu beirren. Ich könnte ja selbst die Taxe herbeirufen, aber nein, sie will es unbedingt tun. Langsam komme ich mir wie ein Wickelkind vor. Endlich, Triumph! Die Taxe ist bestellt. Ich kaufe ein paar Plätzchen ein, bedanke mich, will die Gesprächsgebühren bezahlen. Aber Elsie nimmt unter gar keinen Umständen auch nur einen einzigen Penny. Im Gegenteil, sie schenkt mir ein Faltblättchen über Athenry, damit ich bei all dem Ärger über den Bus den Ort nicht in schlechter Erinnerung behalte. – Schließlich verlassen wir das Lädchen unter herzlichen Danksagungen. Draußen werde ich an die Stelle geleitet, an der die Taxe halten wird. Innerlich lege ich mir schon meine schönsten Dankesworte für Mabel zurecht, denn ich nehme an, daß die alte Dame nun ganz gewiß ihren Tee wird nehmen wollen. Kein Gedanke! Man läßt eine deutsche Touristin nicht allein und schutzlos in fremden Landen auf eine Taxe warten. Nicht in Athenry!

Vielmehr leistet man ihr Gesellschaft, plaudert dies und das. Wenn die Taxe nicht schon so sehr bald zu erwarten stünde, wäre es ihr ein Vergnügen, mich zu ihrem Tee einzuladen. Ihre Nichte würde entzückt sein, mich kennenzulernen. Sie wird ihr erzählen... – Da, das Taxi! Dank! Dank! Lange winke ich dem weißen Wuschelkopf durch die Heckscheibe zu. Der Fahrer, netter Herr, bringt mich sicher nach Galway zurück. Muntere Gespräche verkürzen die Fahrt. Der Fahrpreis erweist sich als fair, sehr fair. Zu guter Letzt bekomme ich noch eine Landkarte der Grafschaft geschenkt, damit ich bei all dem Ärger...

Soviel über die Mentalität der Menschen in jenem Landstrich.

♣

COUNTY CLARE

Meinem Fürsten bleibe ich nahe. Wenngleich ich in Galway gebettet bin, er es aber bei Tuam war, verfolge ich weiter sein Tun und Treiben. – Während seines Aufenthaltes im De Bermingham House und während der zahlreichen Landpartien flirtete unser liebenswürdiger Erbinnensucher heftig mit einer jungen Frau, die er »eine von Afrikas Töchtern« nannte. Sie war ebenfalls Hausgast. Diese affektive Romanze zog sich einige Zeit hin. Er war also in guten

Händen und auf galante Art hinlänglich beschäftigt. So werde ich ihm wieder für eine Weile entwischen und einen Ausflug ohne ihn machen. Einmal in Irland, will ich doch unbedingt die Cliffs of Moher sehen.

Bustouren sind von Galway aus im Angebot. Beim Buchen herrscht ein fürchterliches Chaos. Aber endlich habe ich mein Ticket ergattert. – Entlang der Galway-Bay geht es südwärts. Burgruinen mit unaussprechlichen Namen liegen am Wege. Nichts vom Behaglichen ist diesen Stätten eigen. Fahrtunterbrechung. Fünf Minuten zum Fotografieren, wie gehabt. Ausblick auf die flirrende, meeresweite Riesenbucht. Wie träge Geleitschiffe schwimmen die drei Aran-Inseln darin. Morgendunst hüllt sie noch fast gänzlich ein. Im Bewußtsein vieler sind das »Inseln der Heiligen«; es kommt auch heute noch vor, daß deswegen auf Schiffen beim Passieren der Arans die Flaggen gedippt werden.

Cremeweiße Wollsachen mit speziellen Zopfmustern stammen von den Arans. Die Wolle bleibt weitgehend unbehandelt, leicht fettig noch, wasserabweisend handverstrickt. Es heißt, jede Fischerfamilie habe früher dort auf den Inseln immer wieder ihr eigenes Traditionsmuster gestrickt; nicht etwa, um heutigen Touristen eine stolze Auswahl zu bieten und die Wahl also zu erschweren. Der Grund war makabrer. Man wollte ein Erkennungsmerkmal haben, wenn ertrunkene Fischer nach Wochen an den Strand geschwemmt wurden. – Diese Aran-Sweater werden, obwohl zu Recht teuer, von Reisenden wie wild gekauft. Neuerdings gibt es nicht nur solche aus ungebleichter Wolle, sondern auch welche in Irischgrün, in Tweed-

Farben, in Mauve. Die Nonne, die im Bus vor mir sitzt, trägt sogar einen in Schwarz.

Die Küste, die wir die ganze Zeit auf unserer rechten Seite haben, ist wegen ihrer Austerngründe berühmt. Pückler hatte seiner Lucie recht ausführlich geschildert, wie die Austern gezüchtet wurden. Das geht über Seiten und enthält in bunter Mischung Richtiges und Irriges. – Im September gibt es hier sogar ein Austern-Festival.

Bis jetzt hatte uns Irlands vielfältig grünes Grün begleitet, aber das hört nun nach und nach auf und vielfältig graues Grau gewinnt die Oberhand. Cottages, die sonst immer dem Land helle Tupfen setzten, gibt es auch nicht mehr. – Wie soll man sie beschreiben, die abweisende Erosionswildnis? Pückler hat keinen Text für uns, er war hierher nicht gekommen. Aber Sophie Podewils kann uns ihren Eindruck von den Karrenfeldern vermitteln:

»Wahrscheinlich nur hineingefressen in den Fels, Kalkstein, grob-graufahl-körnig, ist nicht der härteste, leicht frißt mit der Zeit da etwas hinein: Schnee-, Regennässe, Frost, Tauendes, dann wieder Moos, Flechten, kleine Wurzeln, jedes auf seine Art mit Kommen, Gehen, Stürzen, Gleiten, Wieder-Zurückweichen, noch und noch ohne Aufhören: Schwung, Schärfe oder Verhaltenheit, Strahl, Schliff und Kerbung, Nagen oder Saugen, aber nie ablassend in seinem Drang, das offen oder schleichend Höhlende, so oder so, doch von ungefähr nie, also kaum Zufall, die sonderbare Spur da... hier und hier wieder welche und wohl so weiter über die anderen Kalkfelsbänder hin, größere, dann wieder kleinere, doch alle von derselben Art... nein, wirklich, rein zufällig gekommen ist das nicht, und ganz abgesehen vom Hergang im einzelnen, Geduld, namenlos wie keine andere, muß da im Spiel sein, auch wenn Spuren, kreuz und quer wie sie über die Felsbänder hingehen, Tanzschritten gleichen und nichts anderem.

Freilich, vom Zuschauen, wie's bei derlei hergeht, kann keine Rede sein; da fehlt's uns am Blick, der treffend und dabei ausdauernd genug wäre für die extreme Langsamkeit solchen Vorgangs: langsam im Übermaß, und daher im Ganzen immer unsichtbar.«

Keine Gegend für anthropozentrische Gedankengänge also. In den Klinsen, Klüften, Spalten der hautlosen Felsentafel haben sich zahlreiche Wildpflanzen-Varietäten angesiedelt. Überall Hinweisschilder, daß das Entnehmen von Pflanzen oder auch nur von Samen verboten ist. Zwischen der harschen Steinwelt und der kargen Küste gibt es auf Meilen hin nichts als das schmale, glatte Straßenband. Es wirkt wie nicht hingehörig. Man fühlt sich in Urweltzeiten zurückversetzt, unwirklich. Ist das die Heimat aller buctogais, púcas, bóchdans? Es ist das Burren-Gebiet, von dem Cromwell 1651 gesagt hatte: »Ein Land, in dem es nicht genug Wasser gibt, einen Mann zu ertränken, nicht genug Wald, einen zu hängen, und nicht genug Erde, einen zu begraben.« Der heutige Besucher betrachtet es glücklicherweise unter anderen Gesichtspunkten.

Irlands einziges Heilbad, Lisdoonvarna, sieht im feinen Sprühregen nicht besonders attraktiv aus. Jedoch spricht die arkadisch grüne Yucca-Hecke, die die Straße begleitet, von frostfreien Wintern. In der Umgebung sieht man hier und da, einzeln oder in Gruppen, aus dem wolkengeliebten, wassersatten Grün Felsbrocken aufragen, die alle eine dicke Haube aus struppigem Gesträuch tragen. Der meerseitige Wind bestimmt die Wuchsrichtung. Einsam, verstreut im Lande an talüberwachenden Punkten trotzen Reste alter Burgen den nagenden Wettern. Sie sind nur noch zerbröckelnde Warten, düster erhabene Denkmäler der Vergänglichkeit.

Bald sehen wir die Küste wieder. Wo das Land sich um Buchten schmiegt, ist feiner Sand angeschwemmt und ermöglicht den Anwohnern ein Saisongeschäft mit Sommergästen. Früher lebten Lahinch und andere Küstenorte

BEI LISDOONVARNA

vom Fischfang. Dunkle Gehänge von faulendem Netz-
werk, tangumknotete Schwimmerkorken, zerfallende
Bootsplanken sind jetzt zu nichts mehr nütze, bieten nur
noch graphische Augenreize. Seit einigen Jahren haben
Fischer Dauerhafteres, Verrottungsfestes, Bunteres aus
Kunstfasern in Gebrauch.

Feuchte Nebel, grämlich, gräulich. Himmel und Meer,
das Auge kann sie heute nicht scheiden. Aber unter meinen Füßen gibt es genug Interessantes. Ich suche aufmerksam, genau, möchte so gerne ein »Feenbrot« finden. Was
das ist? Versteinerte See-Igel, einige -zigmillionen Jahre
alt. Echinite. Man hielt sie für die Nahrung des »guten
Volkes« der Elfen, der »shefros«. Es gibt sie hier an diesem
Küstenstrich; aber ich habe heute kein Glück, finde
keins. – Meerjungfrauen pflegten offenbar ziemlich sorglos
mit ihrem Geld umzugehen, denn leicht kann man so
manches ihrer Täschchen, »mermaid's purse« genannt, in
den Girlanden von Angeschwemmtem in der Ebbezone,
im Auswurf der See, auffinden. Es sind die dunklen kissen-
artigen Eier der Glattrochen und die hellen vom Hunds-
hai, deren je vier Hakenfortsätze anmutig geringelt sind.

Auf dem breiten feuchten Streifen Strand, den die weit
zurückgewichene Flut freigelegt hat, sterben im kriechen-
den Sand Muscheln, Quallen und seltsam geformte Tang-
pflanzen; schwarzbraune, rote, mattgrüne, bierfarbene,
blaßgraue; feingeästelte, zartgefiederte, breitblättrige,
derbe, schlangenartige, knotige, palmwedelförmige, bla-
senbesetzte, wellenrandige, plissierte oder starkstielige.
Wurzelkrallen wie Hände lassen wissen, welche Gewalten
sie vom felsigen Grunde losgerissen und dann hier ange-

landet haben. Dieser vieltausendfache Tod entläßt Gerüche, wie es sie nur am Meer gibt. – Bei einem Wetter wie heute scheint das Meer zu trauern.

In Lahinch ist jetzt nichts los. Bei solchem Wetter bleiben die Gäste hinter ihren Teetassen. Andenkenläden sind geschlossen. Unter einem Eingangsvorbau sitzen ein paar einheimische Frauen eng beieinander. Sie stricken Arans, blicken nicht auf, als unser Busvolk vorbeistreunt.

Regenjacke ausschütteln, falten, einsteigen, Abfahrt. Ein Blick nochmal übers Meer hin. Hinten, ganz hinten ist der Himmel jetzt heller, ein Glitzerstreif liegt dort auf dem Wasser. Vielleicht hört der Nieselregen auf, bis wir an den Klippen von Moher ankommen.

Plötzlich, nach einer Straßenbiegung sind sie vor uns, die atemberaubenden Klippenstürze. An dramatischer Stelle, hoch oben, die Burg der O'Brians, Reste nur noch. Die Luft ist nicht mehr so feucht, Wind hat sich aufgemacht, wird stärker. Man tritt näher an die Steilwand, lehnt sich gegen den Wind. Seltsam, die Möwen jetzt tief unter sich gleiten zu sehen. Die Klippen, schwarzgrauweißlich-mattrot geschichtet, feuchtglänzend, sind über zweihundert Meter hoch; oder soll man tief sagen? Beim Anblick dieser Steinbastionen kann einem nichts Friedliches in den Sinn kommen. Gewalt war und ist auch hier am Werke: die Gewalt, die vor undenklich fernen Zeiten die mehrfarbig sedimentierte Scholle anhob; die Gewalt des Ozeans, der unaufhörlich anbrandet und dabei Stücke herauskeilt; die Gewalt der Stürme, die Pflanzenwuchs kaum duldet. Die Elemente sind unter sich. Armselig schwach ist dagegen der Mensch, der hier, auch bei minder gutem Wetter, gleich massenhaft auftritt. Schwach ist er sogar gegen sich selbst und seine besseren Einsichten; denn trotz der vielen Warntafeln überklettern etliche – mit ihren Kindern sogar – die begrenzenden Steinplatten. Es muß doch zu prickelnd sein, sich in Gefahr zu begeben und andere damit sogar auch noch zu erschrecken.

Über uns sind noch Wolken, aber der Horizont leuchtet nun. Liegt da hinten, weit weit draußen Tir na nÓg, das Land der Jugend, das vielversprechende, ungewisse? Oder vereinigen sich im Flirren die Gefilde der altirischen Meeres- und Totengottheiten Thetra und Manannan mit den Gestaden des Himmels? – Wir Nüchternen wissen in unserer Nüchternheit nur das: von hier bis zu den Vorinseln des nordamerikanischen Kontinents sind tausende Kilometer nur Wasser, Atlantik, Ozean.

CLIFFS OF MOHER

♣ CONNEMARA

Von Galway aus kann man auch das so sehr reizvolle Gebiet um Lough Corrib besuchen. Bequeme Ausflugsbusse karren all die Amerikaner, Neuseeländer, Schweden und minder wichtige Touristen wie mich durchs Land. Erster Halt gleich im Vorfeld der Stadt: die Porzellan-Manufaktur »Royal Tara«. Ja, wieso »Royal«? Niemand weiß Antwort, ob der Name an die Hochkönige aus grauer Frühzeit erinnern soll, die allerdings viel weiter östlich, in der heutigen Grafschaft Meath ihren Sitz hatten; oder ob ein einstiger Auftrag aus dem britischen Königshause zu dem Privileg verholfen hat, sich »Royal« nennen zu dürfen? Schade, wenn Firmenpersonal nur darauf eingestellt ist, das edle Brenngut zu verkaufen, in den diversen Mustern sich auszukennen, Fragen wie meine aber mit bedauerndem Lächeln offenläßt.

In den Fertigungsstätten ist man völlig alleingelassen. Man sieht auf gesenkte Scheitel, emsige Hände, vielfältiges Handwerkszeug, aber man muß selbst erspähen, was da im einzelnen vorgeht. Erklärt wird heute und jetzt nichts. Nun gut, hier ist ja keine Schule; man soll nicht lernen, sondern kaufen.

Hinsichtlich der Preise bekomme ich eine erstaunliche Antwort: »Solange Kunden aus Arabien und Amerika das Geschirr zu jedem Preis gleich kistenweise ordern, besteht kein Anlaß, den Verkaufspreis dem Herstellungspreis näherzubringen.« Tja…! Aber doch, das ausgestellte Porzellan ist schön!

Bei der Weiterfahrt zum Lough Corrib schließe ich mich nun wieder unserem unternehmungslustigen Fürsten an. Er hatte am Abend zuvor, von Castlehacket bei Knockma aus, den großen See von fern herüberblinken gesehen. Das georgianische Mansion war 1703 gebaut worden, im Jahre 1822 jedoch abgebrannt. Sofort wurde es wiederhergestellt. Übrigens galt es in alten Zeiten als Feenschloß.

„Von zwei Seiten irrt das Auge fast schrankenlos über die unermeßliche Ebne – auf den andern beiden schließt den Horizont Log Corrib, ein 30 Meilen langer See, dem die Hügel der Graffschaft Clare und weiter hin das düstere, romantisch geformte Gebürge von Connemara zum Hintergrunde dienen. In der Mitte des Sees wendet dieser sich, gleich einem Flusse, in das Innere des Gebürges, wo das Wasser sich in einem engen Bergpasse nur nach und nach zwischen den höchsten Spitzen verliert, die gleichsam eine Pforte bilden, um es aufzunehmen. Grade hier ging die Sonne unter, und die Sonne, die meine Liebe zu ihr gar oft vergilt, zeigte mir diesen Abend eines ihrer wunderbaren Schauspiele. Schwarze Wolken hingen über den Bergen, und der ganze Himmel war umzogen. Nur da, wo die Sonne jetzt eben hinter dem dunklen Schleier hervortrat, erfüllte sie die ganze Bergschlucht mit überirdischem Lichtglanz. Der See funkelte unter ihr wie glühend Erz, die Berge aber erschienen wie durchsichtig im stahlblauen Schimmer, dem Brilliantfeuer ähnlich. Einzelne stockige Rosenwölkchen zogen langsam in dieser Licht- und Feuerszene, gleich weidenden Himmelsschäfchen über die Berge hin, während zu beiden Seiten des geöffneten Himmels dichter Regen, in der Ferne sichtbar, herab strömte und wie einen Vorhang bildete, der rundum jeden Blick in die übrige Welt verschloß. Dies ist die Pracht, welche sich die Natur allein vorbehalten hat und die selbst Claude's Pinsel nicht nachahmen könnte.“

Fürst Pücklers und mein Ziel sollte nun Cong sein. Wie ist das dort mit den Flußschwinden? Das interessiert mich. Ich muß daran denken, um wieviel besser ich reise, als mein feudaler Lebemann. Frontplatz in einem komfortablen Reisebus, schwirrende irische Volksmusik von der Kassette, ein kundiger Erklärer, dessen Dialekt zu verstehen ich mich allerdings ziemlich anstrengen muß. Das alles gegenüber einem »gebrechlichen Fuhrwerk«, vierstündiger Anfahrt, allerlei kleinen Unfällen unterwegs, Federbruch zum Beispiel und Halt in einem »elenden Gasthaus«, wo man mit Hölzchen essen mußte, weil es Gabeln nicht gab.

Ich freue mich, daß der Busfahrer eine Besichtigung der berühmten »Taubenhöhle« ankündigt. Pücklers schöne Beschreibung hat mich doch sehr neugierig gemacht.

„Doch zurück zur Höhle, dem ‚pigeon hole‘ (Taubenloch), einer seltsamen Naturerscheinung. Sie liegt mitten im Felde in einer baumlosen, öden Flur, die, obgleich flach, mit einer eigen geformten Art Kalkfelsen bedeckt ist, zwischen denen die wenige Erde mühsam zu Wiesen- und Feldflächen benutzt wird. Diese Felsen sind so glatt, als wären sie polirt, und gleichen regelmäßig aufgekasteten und halb bearbeiteten Steinen, die man zu irgendeinem collossalen Bau hier zusammengebracht hätte. In diesem Steinfelde, ohngefähr eine Viertelstunde vom See Corrib, öffnet sich nun die Höhle wie ein weiter dunkler Brunnen, in den dreißig bis vierzig rohe, in den Stein gehauene Stufen zu dem Flusse hinabführen, der hier unterirdisch strömt, sich eine Zeit durch wunderlich gestaltete Felsengewölbe seinen Weg bahnt, dann nur ans Licht tritt, um eine Mühle zu betreiben, gleich darauf sich aber zum zweiten Male in den Bauch der Erde vergräbt und später wiederum als ein breiter, kristallheller und tiefdurchsichtiger Strom zum Vorschein

kommt, der sich in die Gewässer des Sees ergießt... Unfern der Höhle, vor
der wir jetzt standen, wohnt eine ‚Donna del Lago‘, welche die Be=
rechtigung, Fremden das Pigeon=hole zu zeigen, dem Gutsherrn 4 Pf.
Sterling jährlich bezahlen muß. Sie paßte vorzüglich zur Hüterin eines
solchen Eingangs in die Unterwelt, und die ganze Scene konnte nicht bes=
ser, wie die Engländer sagen, ‚in character‘ seyn. Wir waren schon im
Dunkeln die Stufen herabgeklommen und hörten des Flusses Rauschen,
ohne ihn noch zu sehen, als die riesengroße, hagere Alte, einen scharlach=
rothen Mantel um sich geworfen, mit langen flatternden weißen Haaren
und zwei lodernden Feuerbränden in den Händen, herabkam — das leibhaftige
Original zu W. Scotts Meg Merrilis. Es war ein merkwürdiger An=
blick, wie ihre hin und her schwankenden Fackeln die Wellen des Stroms,
die hohen, von Stalaktiten gezackten Gewölbe und die blassen, zerlumpten
Gestalten unter ihnen grell erleuchteten, jetzt aber die Alte unter Reden,
welche wie eine Beschwörungsformel klangen, in den Fluß brennende
Strohbündel warf, die, schnell hinschwimmend, immer neue Grotten,
immer groteskere Formen enthüllten, bis sie endlich, gleich kleinen Lichtern,
nach hundert Windungen in der Ferne verschwanden. Wir folgten ihnen,
über die schlüpfrigen Steine kletternd, so weit wir konnten, und entdeckten
zuweilen große Forellen in dem eiskalten Wasser, welche das Eigenthümliche
haben sollen, daß, welche Lockspeise man ihnen auch biete, noch nie ein Ver=
such, sie zu fangen, gelungen sey. Das Volk hält sie daher für verzaubert.“

„Wenn man aus der Dunkelheit wieder an die Stelle zurückkehrt, wo
das Tageslicht schwach wie in einen Schacht hineinbricht, sieht man
Epheu und Schlingpflanzen in höchst malerischen Festons und Guirlanden
über die Felsen hinabhängen. Hier halten die wilden Tauben in großer
Menge ihre Nachtruhe, wovon sich die Benennung der Höhle herschreibt.
Der Aberglaube des Volkes erlaubt keinem Jäger, sie an diesem Orte zu
beunruhigen, weßhalb sie auch ohne Furcht sind, wie in einem Tauben=
schlage.“

Die geschilderte Umgebung ist nun nicht mehr kahl, sondern ganz im Gegenteil dicht bewaldet, ganz zugewachsen. In das tiefe Loch, das sich da in der Erde auftut, rankt Gesträuch; Farnicht und Dornicht wächst aus den Spalten. Für uns heute ist auch keine »Donna del Lago« da. Sie wäre durch die ganze Busladung voll ungeduldig drängelnder Touristen auch gänzlich um ihre Wirkung gebracht. Statt Fackeln brennender Strohbündel gibt es heute Blitze aus -zig Kameras. Stabile Geländer begleiten die alten glitschigen Stufen. Mit dieser Hilfe fühlen sich selbst Schwergewichtige und Beinschwache ermutigt, den steilen Abstieg zu versuchen. Wer für so eine Tour 5 Irische Pfund bezahlt hat, will wenigstens scheitern dürfen. Und irgendwie scheint es auch schön zu sein, allen anderen recht erheblich hinderlich zu sein.

Schade, man kann hier nicht so lange bleiben, wie man möchte. Der Busfahrer will weiter, es steht ja noch einiges auf dem Programm. Er warnt davor, eigenmächtig vom Wege abzuweichen. Der poröse Untergrund sei unberechenbar, es könne unvermutete Einbrüche geben. Das mußten selbst Ingenieure erfahren, die um 1850 hier ein großes Kanalprojekt verwirklichen wollten. Es sollte zwischen Lough Corrib und Lough Mask eine Schiffspassage ermöglicht werden. Als man bei der Einweihungsfeier die Wassermassen in das künstliche Bett einströmen ließ, kam die böse Überraschung: sie versickerten augenblicklich in den unterirdischen Klüften des Kalkgesteins. Der Kanal blieb leer, verfiel seither allmählich.

Bei der Weiterfahrt tauchen Landschaftsbilder ähnlich denen in Schottland auf, und ein paar Straßenbiegungen weiter werden Erinnerungen an den Lake District wach. Erfreuliche Assoziationen. Schön ist es hier! Aber der großflächige Torfabbau macht das Ganze doch ganz eindeutig irisch. Und noch etwas: der Himmel kommt einem heller, höher, leuchtender vor. Unsinn, gewiß; aber solchen Eindrücken läßt sich vom Verstand her nichts befehlen.

Was unser edelgeborener Tourist um 1828 nicht hat beschreiben können, ist die zu einem Hotel umgebaute Burg Ashford. Schon im neunzehnten Jahrhundert hatte die Bierbrauer-Familie Guinness aus den Ruinen des de-Burgos-Castle von 1280 etwas erwachsen lassen, das den damaligen Vorstellungen von einer mittelalterlichen Burg entsprach; das heißt, es entstand ein Gebäudekomplex im türmchenreichen Baronialstil, der wie eine Burg dekoriert war. Es waltete dabei der gleiche Geist, aus dem heraus der Schriftsteller Walter Scott sein Heim Abbotsford im schottischen Borderland kreierte. – Unter all den Busgästen bin ich vermutlich die einzige, die nicht entzückt ist. Laute der Begeisterung, einhellige Zustimmung zu den preisenden Worten des Fahrers umschwirren mich. Wie Burgen in Irland wirklich einst aussahen, das hat man ja hier und da gesehen. Die Mitfahrer sind klüger als ich; sie lassen sich durch solches Wissen den Genuß nicht so vermiesen.

Rund um das Burghotel liegt ein herrlicher Park. Irgendwie schaffe ich das schon, über all die künstlichen Vorwerke, Tore, krenelierten Türme und sonstigen gebauten Stil-Irrtümer hinwegzusehen. Unseren passionierten Hobby-Parkgestalter hätte die Anlage hier gewiß gefesselt. Aber es gab sie zu seiner Zeit ja noch gar nicht.

Aber eins muß auch ich zugeben, und tue es gern: diejenigen, die den Standort einst auswählten, verstanden etwas von guter Lage. Gute Lage? Eine exzellente Lage ist das! Auf den See hin genießt man einen überwältigenden Ausblick. Wie die vielen Inseln, kleine und große, zur Ferne hin ihr Grün in feinsten Abstufungen zurücknehmen, wie der zarte Dunst der Abendluft, je weiter desto mehr, den Konturen Weichheit gibt, wie das letzte Sonnenlicht die Wasserfläche erst wie Silber, später wie Gold und zuletzt wie padparadschafarbene Rubine widerscheinen läßt, das ist ganz einfach ein Fest fürs Auge!

Wie Pückler den Kontrast zwischen der dunklen Welt von Pigeon Hole und dem hellen Lough Corrib erlebt hat, läßt er seine Daheimgebliebene wissen:

„Aus diesen düstren Regionen, wo Alles beschränkt und eingeschlossen ist, wandelten wir nun dem weiten meerartigen See zu, wo alles sich ins Unendliche zu verlieren scheint. Die majestätische Wassermasse des Corrib füllt ein Becken von zwölf deutschen Meilen Länge und, in der größten Ausdehnung, drei deutschen Meilen Breite. Ein sonderbares Zusammentreffen ist es zu nennen, daß der See geradesoviel Inseln als das Jahr Tage zählt, nämlich 365. So behaupten jedenfalls die Einwohner; gezählt habe ich sie nicht. Auf zwei Seiten begrenzt ihn das hohe Gebürge von Connemara, auf den andern verschwimmen seine Gewässer fast mit der Plaine. Die Einfahrt, den Bergen gegenüber, war daher ungleich schöner als die Rückfehr."

Im selben Brief schrieb Pückler Bemerkenswertes über eine in Seenähe gelegene Abtei. Er bringt mich damit in einige Verlegenheit, denn wiedermal hat er nicht vermerkt, welche Abtei er meint. Diesmal ist die Identifizierung zusätzlich erschwert, weil er Fakten anführt, die mal

auf die eine, mal auf die andere Abtei zu verweisen scheinen. Allerdings habe ich nicht gefunden, daß alle zusammen auf eine Klosteranlage zutreffen. Im Bereich des
nördlichen Lough Corrib gibt es gleich drei Klosterruinen, die in Frage kommen, weil sie in Seenähe liegen, ein
Schloß in der Nähe haben und in der Nähe seiner Aus-
flugsroute liegen: Rosshill Abbey, Cong Abbey und Ross
Errily Abbey. Der schon bei anderer Gelegenheit aufge-
tauchte Verdacht, er habe wiedermal Eindrücke, die er an
ganz verschiedenen Stellen sammelte, auch hier gemein-
schaftlich in sein Wortgemälde eingebracht, schleicht sich
in meine Überlegungen ein. – Wie auch immer, was er seiner Frau schrieb, halte ich für zitierenswert:

„Als wir wieder gelandet, ließ ich meinen Begleiter vorausgehen, um die
nöthigen Bestellungen zu machen, und besah noch bei Sonnenuntergang die
am Ufer liegenden Ruinen einer Abtei, die einige schöne Überreste alter
Baukunst und Sculptur darbot. Irland wimmelt von Ruinen alter
Schlösser und Klöster mehr als irgendeine andere Gegend Europa's, wie=
wohl diese Überbleibsel keine so ungeheuren Massen darbieten als zum
Beispiel in England. Diese alten Ruinen (denn leider findet man hier
auch gar viele neue) werden vom Volk überall als Kirchhöfe benutzt, eine
poetische Idee, die, glaube ich, nur diesem Volke eigen ist. Da man nirgends
darin, wie in den englischen Kirchen, geschmacklose moderne Monumente
aufstellt, sondern nur die Erde aufreißt oder höchstens einen Stein auf das
Grab legt, so wird durch diesen Gebrauch das ergreifende Bild irdischer
Vergänglichkeit nur erhöht, nicht entweiht. Was aber den Eindruck oft bis
zum Grausenhaften steigert, ist die wenige Rücksicht, welche die spätern
Todtengräber auf die früher Begrabnen nehmen, deren Gerippe sie, sobald
der Platz fehlt, ohne Umstände herauswerfen. Daher sind alle diese Ruinen
mehr oder weniger mit Haufen von wild untereinandergewürfelten Schädeln

und Gebeinen angefüllt, die nur zuweilen theilweise von den Kindern, als Spielwerk, in Pyramiden oder andere Formen aufgestellt werden. Ich überstieg über solche Steine und Knochen mich emporarbeitend, ein verfallnes Gemach des zweiten Stockes und weidete mich an dem fremdartigen romantischen Gemälde. Zu meiner Linken war die Mauer hinabgesunken und öffnete dem Blick die schöne Landschaft, die den See umgibt, mit hellgrünem Vorgrunde, dem Gebürge in der Ferne und seitwärts dem Schlosse und den hohen Bäumen des Parks der Macnamara's, welche hier residiren. Vor mir stand noch ganz wohlerhalten ein vortrefflich gearbeitetes, wie mit point d'Alençon eingefaßtes Fenster; über ihm hingen, unzugänglich auf der freistehenden Mauer, ganze Trauben schwarzblauer Brombeeren von den üppig wuchernden Sträuchern herab. Rechts, wo die Wand des Gemachs ganz intakt geblieben war, sah man eine niedrige Nische, in der sich sonst wahrscheinlich ein Heiliger befunden, jetzt aber nur ein Todtenschädel stand, mit den leeren Augenhöhlen gerade auf die schöne Aussicht gerichtet, die sich ihm gegenüber ausbreitete, als erfreue ihr Glanz und frisches Leben selbst den Todten noch! Indem auch ich derselben Richtung von neuem folgte, entdeckte ich dicht über dem Boden ein bisher übersehenes Gitterfenster, das einen weiten Keller erleuchtete, und sah in diesem nun eine unermeßliche Anhäufung von Gebeinen, alle auf die erwähnte Weise in mannigfaltige Formen geordnet. Die sonnige Landschaft oben, die dunkeln Knochenhaufen unten, wo die Jugend mit dem Tode gespielt — es war ein Blick in Leben und Grab zugleich, die Freude des einen wie die theilnahmslose Ruhe des zweiten versinnlichend; tröstend aber vergoldeten die rosenfarbenen Strahlen der untergehenden Sonne Lebende und Todte gleich Boten einer schönern Welt. —"

Nach diesem Ausflug verbrachte mein reisender Grande nur noch wenige Tage im Bermingham House. Er riß sich los von der faszinierenden Unbekannten, seiner »Afrikanerin«, und nahm Abschied. Er, dem aus Herumflattern, mit solcherlei Berichten und Schilderungen, hernach eine literarische Karriere erwuchs, wandte sich nun Neuem zu.

♣

LIMERICK

So machte er sich auf, über Gort nach Limerick zu reisen. Aber was war das für eine entnervende Reiserei!

„Gegen das irländische Postwesen sind die weiland sächsischen Posteinrichtungen noch vortrefflich zu nennen. Blutende Skelette, überall gedrückt und aufgezogen, verhungert und über das Greisenalter hinaus, werden an vermodertem Geschirr vor deinen Wagen gespannt, und wenn du den mit wenigen Lumpen bekleideten Postillion frägst, ob er glaube, daß solche Tiere nur eine Meile, geschweige denn eine Station von zwölf oder fünfzehn mit dem schweren Gepäck fortkommen könnten, so erwidert er ernsthaft: Eine bessere Equipage gäbe es in ganz England nicht, und er werde dich in weniger als nichts an den Ort deiner Bestimmung bringen. Kaum aber hast du zwanzig Schritte zurückgelegt, so ist schon etwas zerrissen, ein Pferd wird statisch, und das andere fällt wohl gar ermattet hin; aber das becontenancirt ihn nicht im Geringsten, er hat immer eine vortreffliche Ausflucht zur Hand und am letzten Ende, wenn nichts mehr hilft, erklärt er sich für behext."

Da habe ich's entschieden besser, nehme den bequemen Überland-Bus. Gern hätte ich die Fahrt in Gort unterbrochen, um mir den schönen Blick vom Park des Viscount Gort über den See hinweg zu verschaffen, von dem mein unterhaltsamer Lebenskünstler so sehr angetan war. Er hat den Trost dieses Anblicks nach den unendlichen Mühen mit den klapprigen Pferden fürwahr nötig gehabt. Das Lough Cutra Castle, von dem aus der Vicomte dem Pückler freundlicherweise ein frisches Gespann geschickt hatte, ist noch vorhanden. Es ist 1810 im Tudor-Stil erbaut worden, war also recht neu, als unserem Fürsten von dorther die großzügige Hilfe zuteil wurde. Hilfe ja, Einladung nein! Nur den Park hat er zu sehen bekommen:

„Ein schöner Park, dem Lord Gort gehörig, überraschte mich durch eine prachtvolle Scene. Er schließt sich nämlich an einen weiten See mit dreizehn schön bewaldeten Inseln an, die mit dem Gebürge im Hintergrunde und der nirgends ganz zu übersehenden Wassermasse davor eine grandiose Wirkung hervorbringen. Eins der elenden Postpferde schien mein Wohlgefallen an diesem Orte so sehr zu theilen, daß es nicht mehr davon wegzubringen war. Nach vielen vergeblichen Versuchen, es aus der gefaßten Position zu treiben, wobei der Postillion immer versicherte, es sey nur dieser Fleck, den es so liebe, hätten wir es erstmal darüber hinweg, so ginge es wie der leibhaftige Teufel — mußten wir es endlich ausspannen, da es auch zu schlagen und das morsche Geschirr zu zerreißen begann. ... So ging es heute, wo wir im Park von Gort wahrscheinlich hätten übernachten müssen, wenn uns nicht sehr gastfreundlich vom Schlosse aus Hülfe und Vorspann geschickt worden wäre. Demohngeachtet hatte der Aufenthalt so lange gedauert, daß ich erst um zehn Uhr abends in Limerick anlangte."

Auch ich bekomme das gepriesene Anwesen nicht zu Gesichte, denn mittlerweile wütet regenschirmzerfetzender Sturm, und erschreckende Wassermassen pladdern vom Himmel. Es regnet fast waagerecht, so stark ist der Wind. Da bleibe ich lieber sicher geborgen im Bus sitzen.

Bei der Einfahrt nach Limerick kann ich mir vom Bus

aus noch keinen Eindruck von der Stadt verschaffen, denn die Scheiben sind nun ganz beschlagen. Jeder der unterwegs Zugestiegenen hat ja Feuchtigkeit mitgebracht. Doch bin ich neugierig auf die Stadt. Pückler hatte allerlei zu loben gefunden:

„Limerick ist die dritte Stadt in Irland und von einer Art, wie ich Städte liebe — alt und ehrwürdig, mit gothischen Kirchen, bemoosten Schloß= ruinen, engen Straßen und kuriosen Häusern aus verschiedenen Zeitaltern; einem weiten Fluß, der sie der ganzen Länge nach durchströmt und über den mehrere alterthümliche Brücken führen; endlich wohlbelebten Markt= plätzen und einer freundlichen Umgegend. Eine solche Stadt hat für mich etwas Aehnliches mit einem natürlichen Walde, dessen dunkle Schatten auch bald hohe, bald niedrige, vielfach gestaltete Baumgassen darbieten und oft ein Laubbach, gleich einer gothischen Kirche, bilden. Dagegen gleichen moderne regelmäßige Städte mehr einem verschnittenen französischen Garten. Jedenfalls sagen sie meinem romantischen Geschmacke weniger zu."

Wie wahr! Was würde dieser Zeitzeuge wohl erst zu den Bauten des späten neunzehnten Jahrhunderts gesagt haben, oder gar zu der Beton-Unkultur der letztvergangenen Jahrzehnte?

Bei wieder besserem Wetter schlendere ich am Kai des Shannon entlang. Überraschenderweise ist das reißende Flußwasser braun. Wenn sonst sich Irlands größter Fluß gemächlich durch die Ebenen bewegt, zu Seen sich weitet, alle Bächlein, die das Land durchädern, gelassen aufnimmt, hier ist er eingeengt durch Kaimauern, strömt schneller. Wenn Ebbe vom Atlantik her das Wasser aus dem Flußbett saugt, lassen sich felsige Barrieren sehen; bei Flut verursachen sie wirbelige Schnellen: die Curragower Falls. Ob das wohl einst die Furt war, die hier bei Niedrigwasser den Flußübergang bildete und die ersten Ansiedlungen auf der einigermaßen sicheren Shannon-Insel ermöglichte?

Am Südufer kommen bald die wuchtigen Überreste von King John's Castle ins Blickfeld. Von weitem sieht das alles unbeeinträchtigt aus, hat man aber erst mal die Thomond-Brücke überquert, bemerkt man, daß häßliche Wohnkasernen sich im ehemaligen Burghof drängeln. Gezänk dringt aus den Fenstern, Kindergegreine, ein Grammophon winselt. Unsauberkeit; leider! – Lassen wir uns von Heinrich Böll sagen, wie sein Eindruck war:

»Noch hatte der Ozean das wohltätige Wasser nicht steigen lassen, nackt und schmutzig waren die Mauern, und die Möwen nicht weiß genug. King John's Castle hob sich düster aus der Dunkelheit, eine Sehenswürdigkeit, in die Mietskasernen aus den zwanziger Jahren hineinragten, und die Mietskasernen aus dem zwanzigsten Jahrhundert sahen verfallener aus als King John's Castle aus dem dreizehnten; das trübe Licht aus schwachen Glühbirnen kam nicht gegen den massiven Schatten der Burg an, saure Dunkelheit überflutete alles.«

Ja, Flutlicht war 1956 noch nicht installiert.

Nicht weit von der Burg entfernt liegt St. Mary's Cathedral. Und wieder original Pückler:

„Ich ließ mich also gutwillig zuerst nach der Kathedrale bringen, ein sehr altes Gebäude, mehr im Styl einer Festung als einer Kirche, ebenso solide als roh aufgeführt, aber imposant durch seine Massen. Im Innern bewunderte ich fünfhundert Jahr alte, wunderschön gearbeitete Sitze, von bogwood (Sumpfholz) geschnitzt, das durch das Alter schwarz wie Ebenholz geworden war. Die reichen Verzierungen bestanden aus köstlichen Arabesken und höchst charakteristischen Masken, die bei jedem Sitz verschieden waren."

Der Bau ist heutigentags in nicht so guter Verfassung wie die Kathedralen von Dublin, Sligo und Galway, aber er hat, vielleicht auch und gerade deswegen, viel mehr Atmosphäre.

Was für Anblicke unser nobler Titelträger in Limerick nun eigentlich hatte, will ich im Stadtmuseum erkunden. In regionalen Museen findet man zumeist liebevoll zusammengetragene alte Stiche, auch Gemälde, und schließlich historische Stadtpläne, die darüber Aufschluß geben können. Ich erfahre da, daß zwischen 1824 und 1835 als zweite Brücke über den Shannon die heute nach Sarsfield benannte gebaut wurde, denn die alte Thomond-Brücke war damals schon in einem sehr bedenklichen Zustand. Man nahm sich bei ihrer grundlegenden Erneuerung 1840 die Neuilly-Brücke in Paris zum Vorbild. Das Nordufer des Flusses, von woher sich Pückler, talwärts kommend, der Stadt spätabends genähert hatte, war zu jener Zeit noch nicht bebaut. Es gab nur ein paar ganz vereinzelte Anwesen, und auch Steinbrüche, in denen polierbarer Stein gebrochen wurde. Nicht ganz zutreffend wurde er Marmor genannt.

Die eigentliche Stadt auf dem Südufer war deutlich in drei Quartiere geteilt. Das altirische Viertel lag weiter südlich, zwischen den Straßen nach Nenagh und nach Tipperary an der Schulter hügeligen Geländes. Die angelsächsisch-normannische Siedlung, King's Island, lag am weitesten nördlich auf einer Insel, die vom Shannon und seinem Nebenarm Abbey River gebildet wird. Südwestlich neben der Stadt der Iren waren gerade die Neubauviertel mit den regelmäßig gerasterten Straßenzügen empor- gewachsen: das georgianische Viertel.

Was ist von alledem geblieben? Die beiden ganz alten Quartiere liegen sehr darnieder. Sogar zwei Kirchen ver- fallen unrettbar. Große Partien sind schon ganz leerge- räumt, aber es gibt auch entsetzlich verkommene Ruinen- straßen, wo noch Hausgerippe stehen und Unrat ange- häuft wird. Der Verputz, der nun die Farbe von Haferbrei hat, haftet nur noch stellenweise auf den rissigen Wänden. Aus leeren Fenstern und zwischen ausgeblichenen Dach- sparren hindurch wachsen Sträucher und kleine Bäume. Sie dokumentieren, wie lange hier schon Niemandsheim ist. Mangel an Bauland herrscht nun jedenfalls nicht; Mangel an kommunalen Mitteln jedoch sehr. Pläne zur Sa- nierung bestehen, und einiges ist auch schon verwirklicht. Der alte Getreidespeicher »Granary« zum Beispiel ist mit Geschmack wiederhergestellt, beherbergt das Touristen- büro für die ganze Region, Geschäfte, Festsäle und ähnli- ches. – Die georgianische Stadt mit ihrem geometrischen Straßenraster, den vielen Häusern in menschenfreundli- chen Abmessungen, den schönen, fröhlich bunten Haus- eingängen, den flankierenden Säulen, den Pfauenfächer- Lünetten oberhalb der Eingangstüren, den hohen Spros- senfenstern, sie ist ganz gut gepflegt.

Außen herum um diese drei alten Stadtteile liegen, Zwiebelschalen ähnlich, zuerst der victorianische Ring, weiter draußen die eintönig-ärmlichen Arbeitersiedlun- gen der Jahrhundertwende, noch dahinter ist die Zone der einfacheren Nachkriegsbauten, und ganz außen, schon im üppig grünen Grün, lagern sich breit die Bungalows der neuen Wohlhabenden. Beverly Hills läßt grüßen! Üblicherweise nennt man es Fortschritt.

Daß unser sonst so aufmerksamer Autor gar kein Wort über Bunratty Castle äußerte, mag daran liegen, daß schon später Abend war, als er die Stelle im Vorfeld von Limerick passierte. Die Burg war damals nicht bewohnt, so konnte ihn auch kein anheimelndes Licht aus den schmalen Fensterschlitzen aufmerksam machen. Heutige Besucher können viel über das mächtige Gemäuer sagen, denn bequem gelangt man mit dem Bus an die Stelle am Shannon-Ufer, da Bunratty Castle sich erhebt. Viscount Gort hat es 1954 gekauft, kundig restaurieren und mit Möbeln aus dem sechzehnten Jahrhun-

BUNRATTY

135

dert ausstatten lassen und dem Publikum zugänglich gemacht.

Wer siebenunddreißig Irische Pfund dafür aufwenden will, kann an einem der Bankette teilnehmen, die allabendlich in mittelalterlichem Stile veranstaltet werden. Burgfräulein, in Samt und Seide gewandet, servieren Deftiges, Kerzen- und Fackellicht flackert, Kaminfeuer prasselt, irische Musik wird auf alten Instrumenten gespielt. Possenspiele, Tanz, Narrenwitz, Balladensang erheitern und unterhalten die Schmauser. Amerikaner herrschen unter ihnen vor; für sie ist alles auch so arrangiert, wie Amerikaner sich das irische Mittelalter vorstellen. Nur, daß es Guinness-Bier dazu gibt, will nicht ganz ins Bild passen. Das Erzeugnis dieser regen Brauer-Familie schäumt ja erst seit 1759 in irischen Gläsern. Es ist übrigens erheblich alkoholärmer als das »Guinness«, das nach Deutschland exportiert wird. In den zugig kalten Burgen gab es früher hausgemachtes Hochprozentiges: Whiskey und Gin. Für die Damen hat man den süffigen Bunratty-Mead im Angebot. Die Herren haben gerne, daß er den Damen so rücksichtslos schnell in die Köpfe steigt. Das garantiert die richtige Tandaradei-Stimmung jeden Abend. »Slainte!«

Vom alleröbersten Söller des gewaltigen Keeps überblickt man das gleißende Band des Shannon und an seinen Ufern in der sinkenden Sonne viel warmgrünes, goldgrünes Grün. Die Sonne stürzt dort hinten ab; da, wo man den Atlantik weiß, verblutet sie an der Kimmung. Bis hierher spürt man das Meer, das die Küsten des Landes je nach Laune umkost oder umtobt. Wie goldene Pailletten glitzern und funkeln die unruhigen Wässer des majestätischen Flusses, all die eingesammelten Quellen aus den Counties Leitrim, Roscommen, Longford, Westmeath, Offaly, Galway, Clare, Tipperary und Limerick. Ganz klar, ganz durchsichtig wird die Luft, wenn die Sonne nur noch letzten Widerschein am Himmel gibt, die paar Wölkchen rosa rändet. Dies alles sehend kommt einem Bölls schöne Sentenz in den Sinn: »abendlichstes der Abendländer«.

Am Fuße der Burg ist eine Art kommerzielles Freilichtmuseum angelegt. Frühere ländliche Lebensumstände werden geschickt erlebbar gemacht. Kopien von Häusern und Handwerkerstätten sind detailreich aufgebaut, ein ganzes begehbares Dorf. Kräuseliger Rauch steigt aus jedem Schornstein. Man sieht, wie Landarbeiter, Crofter, Müller, Bäcker, Töpfer, Weber usw. lebten und arbeiteten. Die geduckten Katen sind mit originalen Ausstattungsstücken versehen. In jeder Feuerstelle glost Torffeuer, verbreitet das charakteristische Rüchlein. Ach, wie ärmlich lebten die Menschen doch damals! Was Pückler uns mit Worten malte, hier sieht man es zum Erbarmen deutlich vor Augen. Daß er es wahrgenommen hatte, war für einen Adligen des frühen neunzehnten Jahrhunderts eine ganz ungewöhnliche Sicht. In seinen Kreisen war man sonst für derlei im allgemeinen nicht sensibel. Er nannte die Dinge auch durchaus beim Namen, suchte aber doch schnell den Balsam der Beschönigung:

„Überall aber fanden wir das zerlumpte, Kartoffeln essende Volk gleich lustig und vergnügt. Es bettelt zwar beständig, aber unter Lachen, mit Laune, Witz und drolligen Worten, ohne Zubringlichkeit wie ohne rancune, wenn es nichts erhält. Auffallend ist gewiß bei dieser großen Armuth die ebenso große Ehrlichkeit dieser Menschen — vielleicht entsteht eben eine aus der andern —, denn der Luxus macht erst begehrlich, und der Arme entbehrt das Nothwendige oft leichter als der Reiche das Überflüssige."

Auf den ersten Blick ein bestechender Aphorismus, dieser letzte Satz; aber besticht er auch noch auf den zweiten?

Weiter hinten im Bunratty Village wird altes Handwerk vorgeführt. Ein thatcher bündelt flink und kunstgerecht die Schnitthalme, eine Graphikerin druckt mit Hilfe schwerer alter Pressen, eine Töpferscheibe surrt, ein flauschiger Wollefaden wird aus der Kunkel herausgezwirnt, der Webstuhl klappert. Ein urgemütliches Pub, eine Poststelle, ein Kramladen sind in Betrieb und werden von den Besuchern lebhaft frequentiert. Man kann sich also mit Souvenirs, Erfrischungen, Briefmarken eindecken. Eine Schule ist ebenfalls zu besichtigen: zwei getrennte kleine Stuben; eine für Jungen, eine für Mädchen. In solchen einzwängenden Schulbänken aus schlechtem Holz habe auch ich als Kind gesessen. Nur daß hier die Fenster nach dem Prinzip der Guillotine funktionieren, ist anders. So ein Museumsdorf hat viel Charme. Morbiden Charme allerdings; und idyllisch ist das alles beim genauen Hinsehen nicht.

All das ist sehr informativ, die 8,70 DM Eintrittsgeld bereut man nicht. An Orten dieser Art bekommt man ja auch noch Zusätzliches: es erstarken die Wurzeln, die hinabreichen zur Vergangenheit. Man fühlt sich auf seltsame Weise verwandt mit den Menschen, die früher lebten. Und man fühlt sich einverständlich mit ihnen. Aber gleichzeitig freut man sich darüber, wie unvergleichlich viel leichter man heute lebt. Nostalgische Stimmungen münden ein in Gegenwartsbejahung.

♣

ADARE

Unser Reisender mit dem so überaus schmückenden Fürstentitel wollte als nächstes längeren Aufenthalt in Killarney nehmen. Natürlich war die Strecke von Limerick dorthin kaum an einem einzigen Tag zu bewältigen. Mehrere Stationen wurden eingelegt, so zum Beispiel in Adare, das heute auf Irisch Áth Dara geschrieben wird; Pückler schrieb es Adair. Ausländer haben es schwer mit den irischen Namen. Sie haben so viele Buchstaben, die beim Sprechen weggelassen werden. Auf Straßenschildern stehen sie in der obersten Zeile, die englischen Benennungen darunter. So ist es für Kontinentaleuropäer ganz praktisch, die Schilder von unten nach oben zu lesen. Die englische Bezeichnung kann man wenigstens einigermaßen artikulieren; die für unsere Zungen unaussprechliche gälisch-irische bleibt uns fremd.

Zum Erstaunen ist nun aber auch wirklich das langgestreckte Dorf Adare. Ungefähr alle zwanzig Meter findet sich ein Abfallbehälter, vanillegelb lackiert, ansehnlich. »Paddy« ist unentwegt mit seinem Kehrichtwägelchen, mit Besen und robuster Schaufel unterwegs und fegt den Müll auf, den sorglose Touristen etwa fallenlassen. Alle Häuser sind adrett gestrichen; alle Türen, Fensterrahmen, Zaunpfosten sind glänzend lackiert; kein einziger loser Dachziegel wird geduldet; die öffentlichen Toiletten sogar sind pieksauber; Blumen überall, denn: Adare ist das Dorf, das 1976 den ersten Platz im Wettbewerb »Tidiest Town in Ireland« gewann und seither seinen Stolz dareinsetzt, auch weiterhin zu den allernettesten im Lande zu gehören. Sauber ist es dort sogar hinter den Türen, zum Beispiel auch in den Läden, Metzgereien, Restaurants und Pubs, was nun gar nicht so ganz selbstverständlich ist. Der »publican« hat eine saubere Schürze vorgebunden.

Es würde ja kaum jemand den Bus verlassen, nur um ein Dorf mit sorglich ausgefegten Rinnsteinen anzustaunen. So löblich Sauberkeit an sich auch ist, sie allein wäre wohl nicht Anreiz genug. Adare ist – mit Recht! – so hochgepriesen, weil es zusätzlich zu seiner Sauberkeit und Hübschheit auch noch Ruinen dreier Klöster, ein bewohntes Schloß, eine zerfallene Burg am Ufer des torfbraunen River Maigue und etliche schnuckelige, strohgedeckte Cottages vorzuweisen hat.

Zwei der einstigen Klosterkirchen sind im neunzehnten Jahrhundert restauriert worden und dienen seither wieder gottesdienstlichen Zwecken; die dritte ist eine malerische Ruine inmitten eines Golfgeländes. Vorsicht! Fliegende Golfbälle können töten! Diese zerfallende Ruine war es übrigens, die für einen Moment Pücklers Aufmerksamkeit erregte, wenigstens so weit, daß er nach eigenem Bekunden die Konversation kurz unterbrach, um zu schauen.

Denn er war gerade dabei, die anderen Gäste in der Post-kutsche auf beredteste Weise mit seinen Geschichtchen zu schockieren. – Aber er fuhr durch Adare nur hindurch, be-suchte nicht einmal den Earl of Dunraven, der am Orts-eingang residierte.

Das Schloß der Familie Quinn, Grafen von Dunraven, liegt ganz versteckt hinter besonders sattgrünem Baum-werk; man kann es vom Ort aus nicht sehen. Nur an eini-gen Tagen wird das große Parktor zu festgesetzten Zeiten für Besucher geöffnet. Wenn Pückler es hätte passieren wollen, so hätte er nur eine Baustelle gesehen, denn in je-ner Zeit wurde das manor-house im Tudorstil gerade grundlegend umgestaltet und erweitert. Teilweise übri-gens von Pugin, der als Erbauer von 65 Kirchen berühmt geworden ist.

♣

TRALEE

Pücklers Reiseroute führte weiter über Listowel, wo er nur eine Mittagsmahlzeit einnahm, nach Tralee. Hier be-zog er Nachtquartier. Zu seiner Verblüffung wurde er als natürlicher Sohn Napoleons bejubelt. Er wehrte beschei-dentlich ab, aber insgeheim wird er sich doch ein wenig geschmeichelt gefühlt haben; war er doch einigermaßen eitel; aber auch klug genug, das zu verbergen, so gut es gehen wollte. – Pückler war übrigens seinerseits ein glühender Napoleon-Bewunderer.

Ich komme an einem offenbar ganz verrückten Tag nach Tralee. Durch eine ziemlich häßliche und auch ungepflegte Bahnhofsgegend geht man zur Hauptstraße. Mir kommt es so vor, als sei jetzt, zwischen sechzehn und siebzehn Uhr, jedweder Einwohner der Stadt, jedweder Bewohner des Umlandes und auch jedweder Tourist just hier auf dieser Meile. Es herrscht unbeschreibliches »hurlyburly«, »hullabaloo«, Wirrwarr eben; man kann mit voller Berechtigung sagen, die Stadt sei dadurch nachgerade verstopft. An besonders neuralgischen Punkten gibt's kein Durchkommen mehr. Infarkt. Unmengen von Kinderwagen blockieren die Passage, massenweise sind auch Kinder aller Altersstufen unterwegs. Und Hunde natürlich. Große Plastiksäcke mit Eingekauftem werden geschleppt. Man findet bestätigt: Einkaufen ist eine nationale Leidenschaft, die die Iren mit den Briten gemeinsam haben. Autoverkehr ist längst gänzlich erlegen vor den Massen der Fußgänger. Nein nein, eine politische Demonstration bahnt sich hier und jetzt nicht an!

Am überraschendsten ist, daß von überall her Musik erklingt. Auf einer Distanz von knapp fünfhundert Metern erlebe ich vierunddreißig Musikdarbietungen. Einzeln oder in kleinen Gruppen läßt man Irisches, aber auch Mexikanisches, Griechisches und auch Rockmusik erklingen; Jazz hier, Gospels dort, teils gesungen, teils instrumental. Es fehlt nicht einmal die Harfe. Alle Musiker geben heute schon eine kleine Extradarbietung auf der Hauptstraße von Tralee, denn morgen, ja morgen, be-

ginnt das Festival of Kerry. Das schönste aller irischbür-
tigen Mädchen, »The Rose of Tralee«, wird an diesem
Wochenende gekürt und mit Musik geehrt. – Es heißt, der
Bier-Ausstoß erreiche alljährlich aus diesem Anlaß hier in
der Gegend seine Jahresspitze.

🍀

KILLARNEY

Als wahrer Optimist erwies sich unser sorglos schweifender Grafensproß mit seiner Zuversicht:

*„An dem heutigen Tage sah ich nach und nach zwölf Regenbogen, ein übles
Omen für die Beständigkeit des Wetters, aber für mich nehme ich es als
ein gutes an. Es verspricht mir eine bunte Reise."*

Kaum in Killarney angekommen, mietete unser adliger
Tausendsassa auch schon gleich ein Boot und heuerte eine
Rudermannschaft an, denn trotz heftigen Sturmes wollte
er, verwegen, wie er sich zu geben liebte, sogleich hinaus
auf den nahe gelegenen See Lough Leane. Das Wetter
hatte sich nicht nach Pücklers Annahme entwickelt, es
war einfach abschreckend:

*„Der Himmel war aber wie zerrissen – an wenigen Orten nur blau, an
andern grau in grau schattirt, an den meisten aber rabenschwarz, und Wolken aller Formen tummelten sich darin umher, von Zeit zu Zeit durch einen
Regenbogen gefärbt oder durch ein fahles Sonnenlicht erleuchtet. Die hohen
Berge dämmerten kaum durch die trüben Schleier, auf dem See aber war*

alles Nacht. Die schwarzen Wellen wühlten geschäftig unter sich, hie und da nur kräuselte sich blendend weißer Schaum auf ihrem Rücken. Da die Wogen fast so hoch gingen wie im Meere, bekam ich eine leichte Anwandlung von Seekrankheit."

Dennoch, Aufgeben war Pücklers Sache nicht; also wurde gerudert. Schließlich kamen aber aus Südwesten, durchs Black Valley, so heftige Böen, daß die kleine Gruppe umkehrte und so lange in den alten Klostergemäuern der Insel Innisfallen Schutz suchte, bis Sturm und Regen nachließen. Schließlich ziehen gerade durch diesen Paßaufbruch die atlantischen Winde wie durch einen engen Kamin zwischen den höchsten Bergen Irlands hindurch, den über tausend Meter hohen Macgillycuddy's Reeks. Der Name klingt heiter, wie Kindergeplapper, nicht wahr? Aber das Gebirge ist wild, schroff, urbelassen.

Ich bin unterwegs, Pücklers Spuren zu folgen. So will ich mir auch hier seine Wege ansehen. Dazu miete ich mir ebenfalls ein Roß; ein Stahlroß allerdings, und strampele bergan. Beim Torc-Wasserfall steigt die alte Straße, die früher nach Kenmare führte, erheblich an. An dieser Stelle verlasse ich, meiner Kräfte eingedenk', seine damalige Route und suche mir einen anderen Zugang zum Wasserfall. Das Wasser stürzt ungefähr zwanzig Meter tief, und natürlich hat unser unermüdlicher Globetrotter sich das angesehen. Er ließ sich ja allerorten zu Wasserfällen führen, denn so, wie er nach eigener Aussage ein »Parkomane« war, so war er gleicherweise ganz gewiß auch ein passionierter »Cascadami« (wenn es, bitte, gestattet ist, seinem Beispiel zu folgen und ein etwas verrücktes Wort zu konstruieren).

Zu seiten der Straße findet sich ein Informationspavillon. Dort hinterlasse ich das Fahrrad und steige dem Fall entgegen. Man muß, zumindest nach einer regenreichen Nacht, in einer Art Kaskade emporsteigen, die munter über glitschige Steinstufen schwallt. Einen trockeneren Weg gibt es heute nicht. An manchen Stellen denkt man, das sei überhaupt schon der Torc-Wasserfall; doch nein, den sieht man erst später. Nun ja, er ist, wie kleinere Wasserfälle halt so sind! Die gerade hervorbrechende Sonne macht auf den naßglänzenden, regengeliebten, saftiggrünen Blättern der bizarr wachsenden Bäume und Sträucher einen Diamantentanz, bricht ihr Licht in Millionen Tropfen. Der Regen ist in diesem Lande wie eine krankhaft fleißsüchtige Hausfrau: wäscht und wäscht immer wieder jedes grüne Hälmchen, jedes grüne Blättchen ab, obwohl sie doch ganz sicher schon längst ganz, ganz sauber sind.

Zurück nach Killarney nehme ich einen anderen Weg, einen, den Pückler nicht hat abreiten können. Damals gab es das Verbindungsbrückchen noch nicht, das Dinis-Island nun an das See-Ufer knüpft. Dieses kleine Brückchen macht einen Rundweg um den Muckross-See möglich. Der Weg ist ganz einsam, man hat ihn für sich allein. Ich muß wieder und wieder absteigen, um in Ruhe die überwältigenden Fernblicke in mich aufzunehmen.

Nahe dem Nordostufer dieses kleineren Sees liegt Muckross House. Es ist erst nach Pücklers Aufenthalt in Killarney, nämlich 1843 in nachempfundenem Tudorstil erbaut worden. Die Herbert-Familie hatte sich damit wohl finanziell übernommen, unter anderem aber auch dadurch, daß sie 1861 Königin Victoria zu Gast hatte. Es wurde aus solchem Anlaß immer alles auf das prächtigste neu hergerichtet und aufwendig dekoriert. 1880 verkauften die Herberts; so kam der Besitz in öffentliche Hand und ist jetzt Teil des Killarney-Nationalparks.

Im Hause ist eine Art Museum dem Publikum zugänglich. Alte Stiche an den Wänden geben Auskunft, was Pückler vor Augen hatte, als er seinerzeit die Gegend durchstreifte. Zwar klagte er darüber, daß Killarney der Ort sei,

„wo der unaufhörliche Besuch von englischen Touristen den Gasthöfen auch beinahe englische Eleganz – und Preise verliehen hat",

sagt aber nicht, daß es damals weit und breit im ganzen Seegebiet nur ganze siebzehn verstreut liegende Häuser gab. In jener Ausstellung erfährt man auch, daß die ersten Touristen in Killarney reiche Adlige aus Irland, England und vom Kontinent waren, zu deren Vergnügen eine besondere Art von Jagden veranstaltet wurde. Treiber scheuchten Hirsche die Berghänge hinab in den See, wo sie dann von Booten aus erlegt wurden. Pückler erzählt nichts von diesem unfairen Sport; die Jagdsaison war wohl noch nicht eröffnet. Es ist unwahrscheinlich, daß er sich dieses ausgefallene Plaisir sonst hätte entgehen lassen. Denn er liebte ja das aufregende Tally-ho der Jäger und beteiligte sich gern an jeder Hatz.

In der Beletage von Muckross House kann man die Staatsräume bestaunen und einen Blick in die ganz besonders farbenfrohen Planaden des Gartens werfen. Zur anderen Seite eröffnet sich einer der imposantesten Seeblicke. Temporäre Ausstellungen zeigen alte und neue

Kunsterzeugnisse, so zum Beispiel staunenswert feine Spitzen – deren Herstellung ich mir in einer einem Kloster unterstellten Manufaktur schon in Limerick angesehen hatte. Man kann auch sehr kleinteilig zusammengesetzte Patchwork-Bettdecken bewundern. Diese Kunst hat ihre Wurzeln in der früheren Armut der Landesbewohner: jedes noch so kleine Schnipselchen Stoff wurde wiederverwertet. Nachbarinnen tauschten eifrig Schürzenstoffreste, Rockbahnen und ähnliches und setzten Tausende kleinere Teile in geometrischen Rapports zu Bettdecken zusammen.

Interessant sind auch die aus bogwood (Sumpfholz) hergestellten Gegenstände. Sie sehen Erzeugnissen aus Whitby-Jet recht ähnlich. Handelte es sich dort um versteinerte Untermeereskohle, ist es hier Holz, das Jahrtausende im Moor versunken lag und dadurch konserviert wurde. Es ist nun schwarz und sehr hart. Beide Stoffe erwiesen sich als schnitzbar, und so wurde aus ihnen Schmückendes und Kurioses gemacht. Schwarzer Schmuck war im vorigen Jahrhundert sehr modern. Denn schwarzer Schmuck, so wird gesagt, war neben Perlen der einzige, den Königin Victoria während ihrer vierzig Jahre währenden Witwenschaft akzeptiert habe. Was die Königin trug, trugen auch alle anderen. Schon immer setzten Königinnen Maßstäbe in der Mode.

In den unteren Gelassen sind Werkstätten eingerichtet. Es werden Sättel und Zaumzeuge hergestellt, Grafiken gedruckt, Wollschals und Kissenhüllen in schön abgestimmten Farben gewebt, Schmiedeeisen geglüht, Bücher gebunden, Tonwaren geformt und glasiert, Kerzen geschnitzt, usw. Touristen mögen derlei. Es sei aber gesagt, daß die Präsentation durchaus noch wirksam verbesserbar wäre. Man könnte sich anregen lassen von ähnlichen Einrichtungen in York, Kirkstall und – einst fast unübertrefflich – in Chester, drüben in England.

Einige hundert Meter weiter nördlich, am Lough Leane, liegt Muckross Abbey mit dem schönen Kreuzgang. Eine uralte Eibe, befreundet mit den Zeiten, füllt ihn fast ganz aus. Ihre Wurzeln haben erstaunlich wenig Schaden angerichtet. Die Eibe war schon alt, als Pückler sie erwähnte:

„Die Ruinen sind von bedeutendem Umfang und voll interessanter Einzelnheiten. So steht zum Beispiel im Klosterhofe einer der größten Taxusbäume, die es vielleicht in der Welt giebt, denn er überragt nicht nur alle Gebäude, sondern beschattet und verdunkelt mit seinen Aesten den ganzen Hof wie ein darüber gespanntes Zelt. Im zweiten Stockwerk bemerkte ich einen Kamin, an dem zwei Epheustämme, einer auf jeder Seite, die schönste regelmäßige Verzierung bildeten, während ihre Blätter die darüber stehende Feueresse so dicht umlaubten, daß sie einem Baum glich."

Bleibt man beim Wandern dem Seeufer möglichst nahe, kommt man alsbald zum Ross Castle. Von Abbildungen weiß man, daß es sich von der Wasserseite her schöner ausnimmt als von der Landseite. Wohl leider nötig, aber sehr störend, sind die derzeitigen Abfangkonstruktionen, die mit obliquen Sprießen und Stützen die Mauern aufrecht halten sollen. Die vielen buntgestrichenen Ruderkähne, die massenweise im seichten Uferwasser dümpeln, bieten den Fotoapparaten willige Motive. Man kann sie mieten und auf dem See umherrudern, um, zum Beispiel, eine der Inseln zu erreichen, oder um O'Sullivan's Cascade, einen dreistufig unterbrochenen Wasserfall am gegenüberliegenden Steilufer, zu sehen. Es kann nicht überraschen, daß unser wißbegieriger Edelmann auch diese Fahrt nicht ausließ:

„Nach einer Stunde erreichten wir am jenseitigen Ufer des See's an einer dichtbewaldeten Küste den Wasserfall O'Sullivan's, der, vom Regen angeschwellt, doppelt reich erschien. Die Ueppigkeit der Bäume und rankenden Pflanzen, die ihn malerisch überhängen, sowie die Höhle, in der man gegenüber trockenen Fußes die schäumend stürzenden Wasser betrachtet, vermehren das Originelle der Scene. Hier gibt es herrliche, einsame Promenaden, die auf der andern Seite des Bergrückens zu einem von der ganzen Welt abgeschiedenen, mitten im tiefen Wald liegenden Dorf führen. Da aber die Sonne noch immer mit den Wolken kämpfte und wir uns hinlänglich durchnäßt (vom Himmel und vom See, dessen Wellen uns mehr als einmal übergossen hatten) und ermüdet fühlten, so beschlossen wir, für heute

ROSS CASTLE

149

die Tour zu beschließen und über die freundliche Villa der Lady Kenmare zurückzukehren."

Das ganz abgeschieden liegende Dorf im Walde, damals nur über schlechte Landwege zu erreichen, würde Pückler heute kaum wiedererkennen. Es liegt im Gap of Dunloe, einer Schlucht mit mehreren kleinen Seen, die früher in ihrer Abgelegenheit gewiß als Treffpunkt von allerlei Geistern angesehen wurde. Buccas, Berggeister, und cluricauns, Wichtel, mögen sich hier ein Stelldichein mit sidhe, Feen, gegeben haben; wer weiß? Heutzutage ist das keine Märchengegend mehr, es ist der Treffpunkt der Hunderte von einachsigen Pferdekutschen, die die Touristen in Massen befördern. Pferdchen und Esel können gemietet werden. Radfahrer finden sich ein. Auch für Wanderer ist der Weg dorthin nicht zu weit. Busse entlassen schon bei Kate Kearney's Cottage ihre Passagiere. Motorfahrzeuge können ab hier nicht weiter. Aus ist's mit der stillen Beschaulichkeit der Gegend. Die Tourismusindustrie hat sie fest im Griff.

Pückler ist bei seinen Unternehmungen in diesem Gebiet der Grafschaft Kerry noch gar manches Mal in Enthusiasmus geraten. Daß auf dem frei sich vor dem Gebirgshintergrund abhebenden Felsen »Eagle's Nest« heute keine Adler mehr horsten, würde ihn wahrscheinlich enttäuschen. Leicht fiel er dann in romantisch-sentimentale oder gar elegische Stimmungen:

„Bei des Mondes Silberschein fuhren wir langsam zurück, während des Bugleman's Horn Echo nach Echo aus dem Schlaf rief. Es war eine entzückende Nacht, und von Gedanken zu Gedanken geriet ich in eine Stimmung, wo ich auch hätte Geister sehen können! Die Menschen neben mir kamen mir blos wie Puppen vor; nur die Natur, die milde Pracht, die mich umgab, erschien mir als wirklich."

»Jaunting cars«, ponybespannte zweirädrige Wägelchen, warten auch jetzt in langen Reihen in Killarney und an allen touristisch interessanten Stellen auf Fahrgäste, die ihre eigenen Füße schonen wollen. Dem Fürsten diente ein solches Leichtfahrzeug für seine Weiterreise nach Kenmare. Es führte ihn eine Straße entlang, die jetzt komfortabel ausgebaut ist.

„Um neun Uhr früh verließ ich Killarney in einem Cart (Karren) von der schlechtesten Beschaffenheit und folgte der neuen Chaussee, die längs des mittlern und obern See's nach der Bay von Kenmare führt. Diese Straße entwickelt mehr Schönheiten, als man auf den Seen selbst findet, da diese den großen Nachteil haben, an den meisten Stellen nur auf der einen Seite eine malerische Aussicht zu gewähren, auf der andern aber blos flaches Land darbieten. Hier auf der Straße hingegen, welche am Abhange der Berge durch den Wald führt, bilden sich bei jeder Wendung geschlossenere und eben deßhalb schönere Gemälde. Ich finde überhaupt, daß Aussichten, vom Wasserspiegel aus gesehen, immer verlieren, weil ihnen eine Hauptsache, der Vordergrund, fehlt."

Wie recht hat da unser trefflich geschulter Ästhet.

„Wir stiegen nun immer steiler heran und befanden uns bald zwischen den kahlen Höhen, denn Pflanzungen werden hier fast immer nur bis zur Mitte der höheren Berge angetroffen; es ist nicht wie in der Schweiz, wo die üppige Vegetation sich überall fast bis an die Schneeregionen erstreckt. ... Acht Meilen von Killarney erreicht man den höchsten Punkt der Straße, wo ein einzelnes Wirthshaus liegt. Hier steht man vor der weiten Bergschlucht, die den größten Theil der drei Seen in ihrem Schooße beherbergt, so daß man sie alle mit einem Blick übersieht."

Das ist nun fürwahr ein großartiger Anblick! Das fand

auch Königin Victoria, als sie mehr als dreißig Jahre nach Pückler hier hinaufgefahren worden war. Die Stelle des Entzückens ihrer Hofdamen heißt seither »Ladies' View«. Eben noch liegt das große, das großräumige Panorama eingeschluckt in feuchte Nebel. Auch ohne Regen ist alles Gestein naßglatt. Ein Wind vertreibt die wesenlosen Schwaden, Konturen beginnen sich zu verfestigen. Aber matt und fahl bleibt noch das geduckte Grün der Matten. Alles scheint noch mollgestimmt.

Aber Wetter ziehen schnell in Irland! Die Wolken reißen auf, rennen, sich unablässig zu mythischen Gestalten verändernd, über den Himmel hin, lassen einzelne Bergkuppen noch im Düstern, hüllen eibenstarrende Täler in verdrießliche Schatten. Für Augenblicke erst brechen Sonnenstrahlen durch, lassen andere Höhen in einer blendenden Lichtentladung dramatisch aufscheinen, heben sie heraus aus der Trübnis umher. Sie tupfen hier und da Flecken explosiv grünen Grüns auf weitgegliederte Naturgemälde. Aufregend zu sehen, wie es aufleuchtet, aufjauchzt geradezu, kraftvoll sich mehr und mehr durchsetzt, bis schließlich alles sieghaft leuchtet, freudig flirrt, die Seele labt in unaussprechlich mannigfachem Grün! Die nie ermüdenden seeseitigen Winde modellieren bewegte, durchlichtete Wolkenformationen und bewirken mit dem steten Beleuchtungswechsel die vielseitigen Valeurs. Mal ist alles melancholisch besänftigt, gleich darauf wieder sonnenfroh übergoldet. Mein liebes Grün, wie ist es gelabt, wassersatt; wie ist es morgens herabgekühlt, taubeperlt, überdunstet; mittags von Leben wimmelnd; bei Sturm bebend durchrauscht; in der Ferne in schwebende, zarteste Grautöne sich wandelnd, sich verlierend fast; meistens aber ganz einfach prächtig!

Das ist der Ort, da das besagte Gasthaus noch heute steht; in veränderter Gestalt, versteht sich. Glatter, ärmer an Verheißung. All die Touristen, die in ihrem hastigen Nichtstun zu Hamburgern und Chips, oder bestenfalls zu »Irish Stew«, eilen, verpassen das Drama aus Wolken und Grün. Vorbei ist es dort oben jetzt mit erhebender Einsamkeit. Einem hobgoblin könnte man heute selbst in psychedelischsten Stimmungslagen nicht mehr begegnen. Auf jedem Felsen wimmelt es von kletternden Menschen, die sich wenig Zeit lassen, allenfalls für ein paar schnelle Kameraklicks. Die meisten sehen nicht das Licht, das hier in Irland ein so mächtiger Faktor ist, das Städter aus Mitteleuropa fasziniert und überrascht. Ich möchte es ein »meerisches« Licht nennen; besonders hier auf den südlichen Halbinseln, scheint es doch ozeanische Weite hell zu reflektieren.

❖

KENMARE

Nun aber meinem ungestümen Irlandreisenden gefolgt, nach Kenmare.

„Als ich in Kenmare ankam, konnte ich, denn es war Markt daselbst, kaum das Menschengewühl mit meinem Einspänner durchbringen, besonders der

---

153

vielen Betrunkenen wegen, die weder ausweichen wollten, noch vielleicht konnten. Der Eine fiel in Folge dieser Weigerung mit dem Kopf so heftig auf das Pflaster, daß er bewußtlos fortgetragen werden mußte, was jedoch, als etwas ganz Gewöhnliches, gar nicht beachtet wurde."

Pückler hätte mal einhundertsechzig Jahre später nachmittags zwischen siebzehn und achtzehn Uhr hier eintreffen sollen! Nicht eine Menschenseele hätte er auf der Straße angetroffen. Zu dieser Stunde sitzen dann alle hinter ihren Tassen voller Milchtee, knabbern ein scone, ein muffin oder anderes Gebackenes und kümmern sich bereits ums Fernseh-Programm. Geschäfte sind zu dieser Zeit geschlossen; wer aber Erzeugnisse anzubieten hat, die auch nur im entferntesten etwas mit Tourismus zu tun haben, öffnet seinen Laden nach der Teepause wieder.

Ganz in sich versunken bleibt der kleine Ort sonntags. Die meisten Geschäfte sind zwar geöffnet, aber es regt sich wenig. Kenmare liegt sehr schön an der Stelle, wo sich der Roughty River zur langgestreckten Kenmare Bucht weitet. Pückler war von hier aus zu zwei recht gefährlichen Unternehmungen aufgebrochen. Die eine war ein nächtlicher Ritt übers Gebirge zu Lord Bantrys Besitzung bei Glengariff. Sicher wußte er, daß das durchaus ein Ritt von fünfzehn Meilen werden würde, dennoch brach er unbekümmert erst nach dem Abendessen auf. Lassen wir ihn selbst erzählen:

„Die Sonne ging bald unter, aber der Mond schien hell. Die Gegend war nicht ohne Interesse, der Weg aber abscheulich und führte oft durch Sümpfe und reißende Bäche ohne Brücke noch Steg. Über alle Vorstellung beschwerlich ward er aber nach sechs bis acht Meilen, wo wir einen hohen Berg fast perpendikulair hinaufklimmen mußten, nur auf loses und spitzes Ge-

rölle tretend, auf welchem man jeden Augenblick halb so weit herab=
rutschte, als man vorher hinangeklettert war. Noch schlimmer beinah ging
es auf der anderen Seite hinab, besonders wenn ein vortretender Berg den
Mond auslöschte. Ich konnte vor Müdigkeit nicht weitergehen und setzte
mich daher auf den Pony. Dieses Thier zeigte wahren Menschenverstand.
Bergauf half er sich mit der Nase und den Zähnen selbst, glaube ich, wie mit
einem fünften Beine, und bergunter spann er sich mit unaufhörlichen
Drehungen des Körpers wie eine Spinne herab. Kam er an einen Sumpf,
in den statt des Steges nur von Schritt zu Schritt einige Steine hineinge=
worfen waren, so kroch er mit der Langsamkeit eines Faultieres hindurch,
immer erst mit dem Fuße probirend, ob der Stein auch ihn und seine Last
zu tragen imstande sey. Die ganze Szene war höchst seltsam. Man sah
bei der großen Helle weit um sich her, aber nichts, durchaus nichts als
Felsen an Felsen gereiht, von jeder Art und Gestalt durch den Mondschein in
noch riesenhaftere, abentheuerlichere, scharf sich gegen den Himmel ab=
schneidende Formen gegossen. Kein lebendes Wesen und kein Busch war zu
entdecken, nur unsre Schatten zogen langsam neben uns hin, kein Laut
ertönte als unsere Stimmen und zuweilen das ferne Rauschen eines Berg=
bachs oder seltner das melancholisch tönende Horn eines Hirten, die in
diesen ungemessenen Einöden, welche nur aus Felsen, Moos und Haidekraut
bestehen, das frei umherirrende Vieh durch diese Musik zusammenhalten.‟

Von Kenmare aus startete Pückler auch zur zweiten,
noch leichtsinnigeren Tour. Er wollte den von ihm so verehrten Daniel O'Connell besuchen. Dessen Besitzung Derrinane Abbey lag etwa vierzig Kilometer weiter südwestlich. Er gedachte am Nordufer der Kenmare Bay entlang-
zureiten. Aber wieder machte er sich viel zu spät auf den
Weg. Zu lange hatte er auf besseres Wetter gewartet, vergeblich; um drei Uhr nachmittags endlich entschloß er
sich, trotz heftigen Regensturms aufzubrechen. Wenn un-

ser abenteuerlicher Ritter sich etwas in den Kopf gesetzt
hatte, konnte ihn nichts so leicht davon abbringen.
Schlechtes Wetter nicht, unbekannte Wege nicht, Gefahren nicht, und Nachtdunkelheit schon gar nicht.

Iren sagen, daß es auf der Insel eigentlich keine groß
unterschiedlichen Jahreszeiten gebe, dafür aber viele Sor-
ten Wetter. Pückler hatte diesmal das schlechteste von
allen.

HALBINSEL DINGLE

„Schon eine Viertelmeile von der Stadt machte ein zerstörender Windstoß dem Regenschirm, einst die Zierde New Bondstreets, und der seitdem so manches Ungemach mit mir getragen, ein klägliches Ende! All seine Bande lösten sich und ließen nur ein zerrissenes Stück Tafft und ein Bündel Fischbein in meiner Hand zurück. Ich gab dem Führer die Reste und mich fortan dem Wetter sorglos Preis, mit der besten Laune tragend, was nicht zu ändern war."

Er, der vorher das Bild einer komischen Figur als Reiter mit einem Schirm geboten hatte, saß nun als gelassener Weiser zu Pferde, der alle seine sonst gelegentlich geäußerten gesundheitlichen Empfindlichkeiten beherzt abgetan hatte. — Wir wollen sehen, wie er am Rande der Halbinsel Iveragh vorankam:

„So lange wir die Bay von Kenmare cotoyirten, ritten wir so schnell als möglich, da der Weg ganz leiblich war. Bald aber wurde er schwieriger. Den Einritt in das rauhere Gebürge bezeichnete eine hundert Fuß hohe und pittoreske Brücke, ‚the black water's bridge‘ (Brücke der schwarzen Wasser) genannt. Hier war eine mit Eichen besetzte Schlucht; die letzten Bäume, die ich seitdem gesehen."

Als unser Fürst bemerkte, daß sein Gepäck, das aufs Pferd seines Führers gebunden war, schon ganz durchzuweichen begann, schickte er den Mann fort, damit er von irgendeiner Kate eine Decke oder Matte zum Darüberbreiten beschaffe. Es erwies sich als ein gefährlicher Fehler, schon mal allein vorauszureiten.

„Der nun allmälig immer mehr sich verschlimmernde Weg führte größtentheils dem Meer, das der Sturm prachtvoll durchwühlte, entlang; bald über öde Moorflächen, bald Schluchten und tiefen Abgründen hin, oder durch weite chaotische Gefilde, wo die Felsen so phantastisch übereinandergeworfen sind, daß man glauben sollte: hier sey es, wo die

Giganten den Himmel gestürmt. Zuweilen erscheinen Gebilde, die gleich einem versteinten Spiel der Wolken Menschen und Thieren ähnliche Figuren aufstellten. ...

Nur selten begegnete ich von Zeit zu Zeit einem einsamen zerlumpten Wanderer und konnte manchmal nicht umhin, daran zu denken, wie leicht es sei, mich in dieser Gegend anzufallen und zu berauben, ohne daß ein Mensch davon Notiz nehmen würde – denn mein ganzes Reisevermögen ruht in der Brusttasche meines Rockes – wie der griechische Weise führe ich omnia mea mit mir. Doch, weit entfernt von räuberischen Gedanken, grüßte das gutmüthige, arme Volk mich immer ehrerbietig. ...

Mehrmal war ich in großer Ungewißheit, welchen der halb unsichtbaren Stege ich einschlagen solle, wählte aber glücklicherweise, mich dem Meere stets so nahe wie möglich haltend, keinen ganz unrechten, wenn gleich nicht immer den nächsten. ...

So fing es endlich an zu dunkeln, als ich einen Theil der Küste betrat, der gewiß wenig seines Gleichen hat. Fremde Reisende sind wahrscheinlich noch nie in diesen verlassenen Winkel der Erde verschlagen worden, welcher Eulen und Seemöwen mehr als den Menschen angehört, von dessen furchtbarer Wildniß es aber schwer ist, einen genügenden Begriff zu geben. Gewundene, zerrissene kohlschwarze Felsen mit tiefen Höhlen, in welche das Meer unaufhörlich donnernd einbricht, und seinen weißen Schaum thurmhoch wieder daraus hervorsprüht der nachher an vielen Stellen trocknet, und dann vom Winde, wie wollene compacte Flocken aussehend, bis auf die höchsten Punkte des Gebürges geschleudert wird, das kläglich gellend den Sturm durchtönende Geschrei der ängstlich umherflatternden Seevögel; das unaufhörliche Geheul und Brausen der unterminirenden Wogen, die zuweilen bis an meines Pferdes Huf jählings heranklommen und dann zischend wieder hinabsanken; die trostlose Abgeschiedenheit endlich von aller menschlichen Hülfe; dazu der rastlos fallende Regen und die einbrechende Nacht auf ungewissen, gänzlich unbekanntem Wege – es fing mir wirklich an unheimlich zu Muthe zu werden, ganz ernstlich, nicht im halben Scherz wie am Tage vorher."

Ja, O'Connell hatte Pückler brieflich gewarnt, wie schwierig der Weg zu seinem Besitze sei, ihn auch ermahnt, ja einen tüchtigen Führer zu nehmen. Der aber blieb verschwunden. Pückler glaubte, er habe sich beim Wärmen erst mal vom Whiskey nicht trennen können. Ihm fiel nun ein, daß er in einer Geschichte gelesen hatte: »Kein Land besser als die Küste von Iveragh, um im Meere zu ersaufen, oder, wenn man das vorzieht, den Hals zu Lande zu brechen!« Als ihm das alles unerfreulich durch den Sinn zog, scheute plötzlich sein Pferd, machte einen Satz, wie ihn unser Abenteurer dem Klepper kaum mehr zugetraut hätte. Pückler konnte sich gar nicht erklären, was da so erschreckt hatte, aber bald stellte es sich heraus: „Nach wenigen Schritten sah ich aber schon mit Staunen, daß der hier ziemlich gebahnte Weg mitten im Meer aufhörte, und beinahe glitt mir der Zügel aus der Hand, als eine schäumende Welle, vom Sturm gejagt, jetzt auf mich wie ein Ungeheuer zufuhr und weit hinein die enge Schlucht mit ihrem weißen Geifer besprützte. Hier war guter Rath theuer! Schroffe, ungangbare Klippen starrten mich auf allen Seiten an, vor mir brauste die See ... es blieb mir nur der Rückweg offen. Aber war ich verirrt, wie ich vermuthen mußte, so konnte ich, selbst beim Zurückreiten, nicht darauf rechnen, meinen Führer wieder anzutreffen, und wo dann die Nacht zubringen? Außer O'Connel's unauffindbarem alten Felsenschloß war auf zwanzig Meilen keine Spur eines Obdachs zu erwarten, ich fieberte jetzt schon vor Nässe und Kälte, gewiß hielt meine Natur den Bivouak einer solchen Nacht nicht aus – ich hatte in That Ursache, bestürzt zu seyn. Was half jedoch alles, ich mußte zurück, das war klar, und zwar so schnell als möglich."

Die Lage, in die sich Pückler selbst gebracht hatte, war nun wirklich miserabel. Lange irrte er in den weg- und steglosen Felseinöden umher. Endlich aber fand er Hilfe. Ein Mann, den Pückler für einen Schmuggler hielt, wußte Rat. Er erklärte, daß der Weg, den Pückler vorher so abrupt beendet fand, nur für die Zeit der Ebbe eingerichtet sei. Er meinte aber, daß gerade eben eine Viertelstunde bleibe, um die Passage noch zu wagen. Gegen ein gutes Trinkgeld wollte er unseren Verirrten sicher durchs Wasser bringen. Es war keine Minute Zeit zu verlieren. Rasch also!

„Mit diesen Worten war er mit einem Satze hinter mir auf dem Pferde, und, was es vermochte, eilten wir der jeden Moment höher schwellenden Fluth wieder zu. Es war mir doch ganz sonderbar zu Muthe, als wir uns jetzt in die stürmische See förmlich zu versenken schienen und durch die weißen Wogen und Felsen, die bei dem matten Zwielicht gleich Gespenstern sich aufrichteten, uns mühsam Bahn brechen mußten. – Auch hatten wir die größte Noth mit dem Pferde; der schwarze Mann kannte aber das Terrain so genau, daß wir, obgleich fast bis unter die Arme in Salzwasser gebadet, unversehrt die gegenüberstehende Küste erreichten."

Beim Aufsprung aufs Ufer zerrissen dann zu allem Überfluß auch noch beide Sattelgurte, so daß Pückler fortan nur noch sehr beschwerlich reiten konnte. Am Ende mußte er den schweren Sattel selber huckepack schleppen. Er setzte sich ganz ermattet auf einem Felsbrocken nieder, als ...

„... wie die tröstende Stimme des Engels in der Wüste ein Ruf meines Führers erschallte und ich bald darauf den Hufschlag seines Pferdes vernahm. Er hatte einen ganz andern Weg durch das innere Gebürge eingeschlagen, bei dem die Seepassage vermieden ward."

Nach fünf weiteren mühsamen Meilen war dieses Abenteuer bestanden:

„Endlich! Endlich – brach heller Lichtschimmer durch das Dunkel – der Weg ward ebner, ein Paar Spuren von Hecken wurden sichtbar, und in wenigen Minuten hielten wir vor einem alten Gebäude, das auf dem felsigen Seeufer stand und freundlich goldne Lichter durch die Nacht strahlte."

Im Interesse unseres Nobelmanns blieb zu hoffen, daß das Kerzenlicht, das gewißlich zur Begrüßung herbeigebracht wurde, den Zustand von Pücklers Kleidung leidlich verborgen beließ.

Da hat nun also gar nicht viel gefehlt und des Fürsten liebe Gattin, die im fernen Muskau immer so getreulich seinen Briefen entgegenharrte, hätte eben diese als Witwe herausgeben müssen. Der später von ihm gewählte makabre Titel »Briefe eines Verstorbenen« hätte beinahe traurige Tatsächlichkeit erlangt. Glücksritter, der er war, hatte er aber eben auch bei dieser Unternehmung noch mal Glück gehabt.

Ein Höhepunkt meiner Reise auf Pücklers Spuren war die Ring-of-Kerry-Bustour. Dabei bekommt man O'Connells Besitzung gezeigt. Das Haus liegt in lockeren Waldungen in einer geschützten Bucht am Südzipfel der Iveragh-Halbinsel. Man schaut hinüber nach Deenish Island und Scariff Island. Gischtfahnen, zerstiebende Brecher, lösen die Konturen auf, nehmen Schärfe und Eindeutigkeit. – Weiter draußen liegt Skellig Michael, das Bollwerk von Frömmigkeit und Gottesliebe; draußen, draußen im Atlantik! Man sieht es durchs Fernglas: Grün muß da eine seltene Farbe sein, zu jeder Jahreszeit. Für Jahrhunderte lebten da in der Meereseinsamkeit, allen Stürmen und bitterem Mangel ausgesetzt, Mönche in steinernen Bienenkorbhütten. Ihre Gebetsstätten ähnelten umgestürzten Booten. – Gar nichts Lauschiges habe ich da gesehen, aber die ulkigen Papageitaucher beobachtet.

O'Connells Haus ist jetzt eine nationale Gedenkstätte mit Museumscharakter. Im nächsten Dorf wird die Schule gezeigt, die der große Patriot, Politiker, Demokrat und Promotor der irisch-katholischen Sache als Kind besucht hatte. Ein modernes, zweckmäßiges, nüchternes Gebäude haben die Schulkinder dort heute.

Der Mann, der da einst zur Schule gegangen war, wurde von Pückler wieder und wieder erwähnt und in verschiedenen Zusammenhängen gewürdigt. So stellte er ihn vor:

BLICK AUF LITTLE SKELLIG

„Daniel O'Connell ift wahrlich kein gemeiner Mann, wenngleich der Mann des Volkes. Seine Gewalt in Irland ist so groß, daß es in diesem Augenblick unbedingt von ihm abhängen würde, von einem Ende der Insel zum anderen die Fahne der Empörung aufzupflanzen, wenn er nicht viel zu scharffichtig, viel zu sehr seiner Sache auf gefahrlosere Art sicher wäre, um einen solchen Ausgang herbeiführen zu wollen. Gewiß hat er auf eine merkwürdige Weise, im Angesicht der Regierung und auf gesetzlichem, offenkundigem Wege, geschickt den Moment und die Stimmung der Nation benutzend, sich diese Macht über dieselbe verschafft, welche ohne Armee und Waffen dennoch der eines Königs gleicht."

Über noch gar manche Seite befaßte sich Pückler mit der Person dieses großen Iren, flocht aber auch einige Kritik ein und attestierte ihm das, worin er sich selbst bemakelt sah: Eitelkeit, Selbstgefälligkeit und ein gewisses schauspielerhaftes Auftreten.

Den gefährlichen Weg, den Pückler von Kenmare nach Derrinane unter die Hufe genommen hatte, will ich sehen; ein ordentliches Stück wenigstens. Um gut vorwärts zu kommen, miete ich mir wieder ein Fahrrad. Kleine Enttäuschung: direkt am Ufer des Kenmare-River kann man nicht mehr entlang, das meiste Gelände dort ist in privater Hand. Aber die Straße begleitet die Gestade in Sichtweite. Hier und da führen kleine Stichwege zum Wasser hinunter. Sie alle enden jedoch nicht etwa an natürlichen Saumgefilden, sondern an Betonpiers. Der wassersporttreibende Teil der Bevölkerung kann da vertäuen.

An diesen tief ins Land greifenden Meeresbuchten sind die Gezeiten weit hinauf bemerkbar. Pückler hatte seinen Ritt bei Ebbe begonnen, und so tue auch ich. Ich wundere mich, daß er da unmittelbar an der Wasserlinie überhaupt hatte vorankommen können. Wie an gebirgigen Küsten nicht anders zu erwarten, ist das Ufer steinig. Große und kleine Geröllblöcke hocken verstreut im brackigen Wasser. In den Gumpen gluckst die schwarze Flut. Ziemlich übel stinkende Schleime von verwesendem Kelp überziehen alles modrig-grün. Angetrocknete Gischtfetzen, tote Karrageen-Algen faulen blasig vor sich hin.

Da habe ich es auf dem griffigen Asphaltsplit der Straße viel besser als mein risikofreudiger Reiter. Unterwegs sehe ich immer wieder verfallende Hütten, die Zeugen vormaliger Armut. Aber wie reich geschmückt sind sie hier durch sänftigenden Bewuchs. Links und rechts der Straße prangt unterm wärmenden Atem des Golfstromes, der Frost gar nicht zuläßt, der fast mittelmeerische Pflanzenwuchs. Intensive Farben scheinen auf. Die vielgelobten Arbutussträucher, die hier wie auch Rhododendren, bis zu zehn Metern Höhe aufwachsen, dazu Magnolien, Kamelien, Agaven, Orangenbäume, Hibiskus, Ilex. Und auch Palmen. Viele Palmen. Darunter gedeihen Calla, Montbretien in Fülle und Agapanthus mit blauen Riesenblüten. Das meiste steht gerade in üppiger Blüte. Wie das duftet! Die Hecken von Fuchsien, mehr als mannshoch, nicht zu vergessen. Ich erinnere mich, wie sie bei nächtlichen Autofahrten dem Straßenband im Scheinwerferlicht einen feurigen Glutsaum geben. Eine Buntschar von Vögeln darin. Und jetzt, unter des Tages Sonne, wie der allgegenwärtige Klee, die Nationalpflanze Irlands, krausgrün sich breitet! Ich entdecke sogar Orchideen.

Ob das alles vier Wochen später schon dahin ist? Anders kann ich es mir kaum erklären, warum unser fürstlicher

Pflanzenkenner kein Wort über all das geschrieben hat. Auf den Tag genau bin ich im August, nicht wie er im September, hier unterwegs; nicht abends, sondern morgens; nicht im Regensturm, sondern an einem heiteren Tag; nicht mit einem Pferde mich mühend, sondern mit leichtgängigem Alu-Fahrrad.

Übers Wasser hin die Beara-Halbinsel. Wie sie behäbig sich hinbreitet unter dem lichten Morgenhimmel. Wie ihre Kimmlinie, noch leicht umflort, sich aufzulösen scheint; welch schöne Perspektiven sie mir im Weiterfahren entfaltet!

Es geht ja gar nicht anders: die Wässer, die der Kenmare Bay von den Bergen her zufließen, haben einen raschen Lauf, springen hurtig über Steine, stürzen in Kaskaden herab. Die meisten von ihnen sind so dicht überwuchert, daß ihr Wasser ganz überschattet ist und dunkel aussieht. Welches von den vielen Blackwaters, die es in Irland gibt, ist es nun, das Pückler hier im Umfeld erwähnte? Geduld! Da, wo ein altes Brücklein den kiesigen Lauf quert, da ist das Blackwater, das Pückler meinte. Blick auf die Bucht: Austernbänke sind da draußen.

Irlandreisende wissen sicherlich längst schon, was ein »lullaby« ist, ein Wiegenlied nämlich. Dieses merkwürdige Wort habe seinen Ursprung vom Refrain eines einschmeichelnden Liedchens »The Castle of Dromore«, erzählte mir meine Zimmerwirtin in Kenmare. Sie hat neun Kinder und alle hat sie mit dem lullaby gewiegt. – Dromore Castle liegt hier an meinem Wege. Wiegenlieder waren Pücklers Sache nicht. Er hatte keine legitimen Kinder. So ist er vorbeigeritten. Bei mir ist das anders. Ich will gern den Ort sehen, den das so hoffnungsvolle Liedchen besingt. Ein altes Lied, ein noch älteres Gemäuer. – Aber verschlossen heute für mich. Schade!

Daß die wilde Küste, die der Mann aus Muskau entlang- ritt, dermaleinst komfortablen Hotels und Privatresiden- zen Baugrund geben würde, konnte er wohl nicht voraus- ahnen. Shaw zum Beispiel schrieb hier an seinem Stück »St. Joan«. De Gaulle und Königin Beatrix der Nieder- lande schätzten diese verschwiegenen Ferienplätze, das milde Klima, die guten Austern, die großartige Natur- kulisse, Palmen, Araukarien.

Vorgeschichtliche Ringforts sind durable Anlagen. Noch heute sind sie attraktiv für Historiker, Archäologen und für die Organisatoren von Irland-Rundreisen. Zu Pücklers Zeiten waren die Erkenntnisse über ihr Alter, die Bauweise und den Bestimmungszweck weitgehend nicht viel mehr als Vermutungen. So kann man ihm nicht ver- übeln, daß er irrte, als er sie für Dänenforts hielt. Daß er sich überhaupt für sie interessierte, spricht für ihn:

„Später kamen wir an eine merkwürdige Ruine, eins der sogenannten ‚dänischen Forts' an der Küste, die wohl nicht den Dänen, sondern der Vertheidigung gegen die Dänen ihren Ursprung verdanken. Sie sind über tausend Jahr alt und die untern Mauern, obgleich ohne Mörtel zu- sammengefügt, dennoch sehr wohl erhalten und fest."

Wer sich heutzutage um Vor- oder Frühgeschichtliches kümmern will, findet gerade hier in diesem Landstrich reichliches Anschauungsmaterial: Steinsetzungen, Ring- forts und anderes. Sie sind mehr als doppelt so alt, als Pückler annahm.

Immer wieder nahm Pückler Anlässe auf, sich über den

Volkscharakter zu äußern. Er zog die heimatlichen Wenden, genauer gesagt die Sorben der Lausitz, zum Vergleich heran:

„Die Melodien der Lieder, die man sang, hatten eine auffallende Aehnlichkeit mit denen der Wenden, wie ich überhaupt zwischen beiden Völkern viel gleiche Beziehungen finde. Beide fabriciren und lieben ausschließlich reinen Kornbranntwein (Whiskey) und leben fast allein von Kartoffeln; beider Nationalmusik kennt nur den Dudelsack, sie lieben leidenschaftlich Gesang und Tanz, und doch sind ihre Melodien stets melancholisch; beide sind unterdrückt durch eine fremde Nation und sprechen eine immer mehr sich verlierende Sprache, die reich und poetisch ist, ohne daß sie doch eine Literatur in derselben besitzen; beide verehren unter sich noch immer die Abkömmlinge ihrer alten Fürsten und haben den Grundsatz, daß, was nicht aufgegeben ist, auch noch nicht ganz verloren sey; Beide sind abergläubisch, schlau und in ihren Erzählungen zur Übertreibung geneigt, revolutionair, wo sie können, aber etwas kriechend gegen decidirte Macht; beide gehen gern zerlumpt, wenn sie sich auch besser kleiden könnten, und endlich sind beide bei elendem Leben doch großer Anstrengung fähig, obgleich sie am liebsten faullenzen, und dabei auch beide gleich fruchtbarer Natur, welches ein wendisches Sprüchwort ‚den Braten der armen Leute‘ nennt. Die bessern Eigenschaften besitzen die Irländer allein.“

Ich hoffe, Pückler hat die verschiedenen Bedeutungen des Wörtchens lazy, das hier gewiß eine Rolle spielte, bedacht und hat »a lazy man's continent« nicht für die Welt eines Faulen, sondern für die Seelenwelt eines Gelassenen angesehen. Gelassenheit und Nachlässigkeit spielen ja ein wenig ineinander.

An anderer Stelle nimmt er aktivere Seiten ins Visier:

„Ihre wilden, jeden Augenblick ausbrechenden Streitigkeiten und regelmäßigen Nationalkämpfe mit dem Shileila, einer mörderischen Stockwaffe, die jeder unter seinen Lumpen verborgen hält, woran oft Hunderte in einem Moment Theil nehmen, bis mehrere von ihnen verwundet oder todt auf dem Schlachtfelde zurückbleiben; das furchtbare Kriegsgeschrei, welches sie bei solchen Gelegenheiten erheben; die Rachsucht, mit der eine Beleidigung jahrelang von ganzen Gemeinden nachgetragen und fortvererbt wird; auf der andern Seite wiederum die unbefangene frohe Sorglosigkeit, die nie an den nächsten Tag denkt; ihre harmlose, alle Noth vergessende Lustigkeit; die gutmütige Gastfreiheit, die unbedenklich das Letzte theilt; die Vertraulichkeit mit dem Fremden, der sich ihnen einmal genähert, wie die natürliche Leichtigkeit der Rede, die ihnen immer zu Gebote steht – alles sind Züge eines nur halb civilisirten Volks."

Unser Reisefürst fand sich mit solcherlei Schilderungen ja in durchaus respektabler Gesellschaft, urteilte sogar differenzierter als zum Beispiel Samuel Johnson, der nur sagte: »Die Iren sind ein faires Volk. Ohne den geringsten Unterschied zu machen, sprechen sie schlecht von allen ihren Mitmenschen.«

Und der griechische Geograph Strabo hatte schon vor Christi Geburt befunden: »Sie sind starke Alkohol-Trinker, großwüchsig und rothaarig und prahlerisch, aber gastfreundlich auf ihre rauhe Art.«

So einfach macht es sich unser unvoreingenommener Briefeschreiber nicht:

„Die frohe Laune und gutmüthige Höflichkeit der Leute, denen ich begegnete, fand ich sehr einnehmend. Kein Volk, das ich kenne, erscheint in seinen unteren Classen weniger egoistisch und dabei dankbarer für das geringste freundliche Wort, dessen ein Gentleman es würdigt, ohne damit die mindeste Idee von Interesse zu verbinden. Ich wüßte daher auch wirklich kein Land, wo ich lieber ein großer Grundbesitzer seyn möchte als hier. ... Das Volk vereinigt im Allgemeinen bei aller seiner Roheit die Biederkeit und poetiſche Gemüthlichkeit der Deutſchen mit der Lebhaftigkeit und ſchnellen conception der Franzoſen und beſitzt, als Zugabe, alle Natürlichkeit und Unterwürfigkeit der Italiäner. Man kann mit vollem Recht von ihm ſagen, daß es ſeine Fehler nur anderen, ſeine Tugenden aber allein ſich ſelbſt zu verdanken hat."

Auch wenn »Interesse«, »Roheit« und »Unterwürfigkeit« heute einen anderen Wortsinn haben als damals, und wenn uns dadurch die Aussage schlimm klingt, so sollte sie doch durchaus wohlmeinend sein. Ob Pückler gerade in seiner Wohlmeinung mit der aphorismenhaften Schlußfeststellung das ganz Richtige sagt, kann man bezweifeln. Er hat sich wiedermal zugunsten eines schönen Satzes fortreißen lassen. Aber richtig bleibt: Iren sind anders; es ist aber leicht, ihnen freund zu sein.

Langweilige Bus- und Bahnfahrten kann es in Irland kaum geben, denn, anders als in England, spricht man hier gern mit seinem Gegenüber, dem Menschen neben sich; auch wenn er fremd ist. Oder gerade dann? Beim Frühstück, bei Besichtigungen, bei Auskünften, die man erfragt, bei jeder Gelegenheit und überall wird geplaudert. Selbstverständlich, der erste Satz gilt auch hier dem Wetter. Man sagt, es gebe auch viel darüber zu sagen. Ich habe glücklicherweise sehr oft sehr gutes Wetter: sonnig, frischwindig. Ist das nun die Ausnahme, daß es im gerade auslaufenden Monat nur zweimal richtig geregnet hat? Oder sind all die Urlaubswetterberichte über andauerndes Regentriefen heillos übertrieben?

SAISONENDE

Es ist nun der 31. August herangekommen, der Tag, mit dem der Sommerfahrplan endet. Touristisch hört nun vieles auf. Einige Landstriche können nach diesem Datum mit öffentlichen Verkehrsmitteln nicht mehr erreicht werden. Ich wollte eigentlich meinem fürstlichen Reiseführer nach Glengariff folgen, aber der letzte Bus des kommenden Dreivierteljahres war der, den ich bei meiner Ankunft in Kenmare verlassen hatte. Autofahrer können selbstverständlich noch den oft so überaus milden Herbst genießen, aber all das junge Schüler- und Studentenvolk mit den sperrigen Rückentraglasten verschwindet, weil es kaum mehr ein Weiterkommen gibt. Viele Fernbuslinien werden nun eingestellt. Man ist gezwungen, sich an die paar Bahnstrecken zu halten. Aber das Bahnnetz ist im Gegensatz zu früher jetzt ärgerlich grobmaschig geworden. Strecken sind stillgelegt, die Zugfolge ist unzureichend.

Mit den gleichen fadenscheinigen Argumenten wie hierzulande wurde auch in Irland das Streckennetz ausgedünnt, der Fahrplan eingeschränkt: zu wenige Fahrgäste! Überlegungen, ob dieses Wegbleiben der Bahnkunden eventuell mit den hohen Fahrpreisen, mit dem schlechten Service, mit der armseligen Zugfolge zu tun haben könnte, waren und sind bei all dem Wirtschaftlichkeitswahn wohl kaum je angestellt worden. Und wenn doch, dann haben diese Überlegungen nicht zu der Idee geführt, es mal ganz anders zu versuchen. In Deutschland nicht und in Irland auch nicht.

Diese Politik ist blanke Verschwendung, denn es wird nun teurer Busverkehr da unterhalten, wo ein an sich intaktes Schienennetz verrottet. Umweltfragen? Beschäftigungslage? Bürgernähe? Aber nicht doch! Bahn-Spitzenmanager wissen von alledem offensichtlich gar nichts. Diese Leute fahren ja privat auch kaum tagtäglich Bahn oder Bus. Man fährt Benz. Hier wie dort.

Tja, was soll ich nun machen? Nach Glengariff kann ich nicht gelangen. Pücklers Spur muß ich jetzt erst mal aufgeben. Es ist nun tatsächlich besser, sich in Städten mit Bahnhof einzufinden. Ich muß schließlich Sorge tragen, daß ich zur richtigen Zeit am richtigen Fährschiff anlange. – Gut, daß ich schon auf der Herreise das Faltblatt bekommen habe, das das gesamte irische Bahnnetz – zehn Linien sind es nur – abbildet und auch alle Fahrpläne enthält. Ein nützliches Faltblatt! Es ermöglicht die Einsicht, daß ich mich nun tunlich nach Tipperary wenden sollte. Tipperary, von den Einwohnern kurz »Tipp« genannt, liegt an der Bahnstrecke, die am Fährhafen Rosslare endet. Allerdings: Ab morgen fährt der Zug nur noch einmal täglich. Aber sei's drum: Tipp ist der richtige Platz, um sicher dem Hafen näherzukommen.

Aber wie soll ich jetzt von Kenmare überhaupt fortkommen? Es gibt ja keinen Busverkehr mehr. Es bleibt nichts anderes übrig, als zu versuchen, auf irgendeine Weise nach Killarney zurückzukehren. Killarney interessiert jetzt überhaupt nur noch als Ort mit Bahnhof. Mit Hilfe der netten Leute, die mir in Kenmare »bed and breakfast« gewähren, finde ich eine private Mitfahrgelegenheit.

Start im Morgengrauen. Ganz andere Strecke als bei meiner Herfahrt. Verschwunden sind alle Berge im Frühdunst. Ist da schon ein Hauch von Herbst? Das sanftgewellte Grünland längs der Straße wirkt wie schwebend, durchscheinend, unwirklich, kühl. Es herrscht ein trügerisches, ein keltisches Licht. Allmählich erst lassen sich Einzelheiten sehen: beperlte Halme, zitternde Spierchen, wollige Samenstände. Millionen Kleeblüten stippen die Flur. Gesträuch taucht heraus aus seiner Entrücktheit. Die Senken sind wie mit Jade gefüllt. Ich bin noch etwas müde, aber den Reiz der Gegend genieße ich doch. Schön ist diese Fahrt, und sie macht mich etwas wacher. Dank! Dank für's Mitnehmen!

In Killarney will ich den Zug nach Mallow nehmen. Langes Warten zunächst, denn ein neuer Fahrplan will schließlich ja erst mal eingeübt sein. Es klappt nicht gleich. – Von Mallow reise ich weiter nach Limerick Junction. Und von Limerick Junction dann nach Tipperary. Alles in allem eine Distanz von nicht mal hundertzwanzig Kilometern. Aber man braucht über vier Stunden dafür, denn, wie auch schon auf anderen Strecken festgestellt, verkehren die Züge mit ärgerlich großen Verspätungen. So werden simpel erscheinende Anschlüsse zu aufregenden Abenteuern, wenn sie nicht überhaupt ganz vereitelt werden.

Weil der letzte Streckenabschnitt von Limerick Junction nach Tipp – ganze drei Meilen nur – erst wieder in vier Stunden von einem Zug befahren wird, lasse nicht nur ich den Rest des Bahntickets verfallen. Ich teile mit anderen Reisenden ein Taxi nach Tipperary.

Unser reisender Fürst ist mit seiner Kutsche durch die Stadt nur hindurchgefahren. Es war ihm eifrig mitgeteilt worden, welche Rolle Tipperary auf O'Connells Seite gespielt hatte. In den lange währenden Auseinandersetzungen um das Selbständigwerden Irlands war diese Stadt immer wichtig gewesen. Führende Politiker rechneten es sich zur Ehre an, »Tipperary-men« genannt zu werden. Pückler aber berichtete über die Stadt nichts.

Überhaupt ist Tipp, auch in wirtschaftlicher Hinsicht, immer ein bedeutender Platz gewesen, liegt die alte Stadt doch im fruchtbarsten Teil Irlands, im »Golden Vein«. Die Normannen errichteten eine Zwingburg, aber kein Stein davon ist mehr auf dem andern. Nur ein Hügel am Nordrand der Stadt markiert ihren einstigen Standort. Das wellige Vorgelände beschert den passionierten Golfspielern die Birdies und Bogeys, über die sich so trefflich palawern läßt.

Das moderne Tipperary ist von Industrie geprägt. Über dem Viertel am Bahnhof, in dem ich Quartier beziehe, liegt ein säuerlicher Quarkgeruch. Die Milch der ganzen Provinz wird hier verbuttert, verkäst, pasteurisiert, eingedost, im Sprühturm pulverisiert.

CAHIR

Zufrieden stelle ich fest, daß ich nun bis zur Abfahrt der Fähre noch einige Tage Zeit habe. Es ist jetzt gesichert, daß ich sie von Tipp aus ohne Aufwände erreichen kann. Da kann ich meinen lieben Fürsten vielleicht noch mal wiedertreffen und Ziele angehen, die auch er berührt hat. Glücklicherweise ist der Busverkehr von Tipperary nach Waterford auch nach dem 31. August nicht ganz eingestellt. So erweist sich meine Vermutung, daß ich von hier aus noch das an der Route liegende Cahir erreichen könnte, als bestätigt. Es klappt.

Da ragt eine mächtige Burg auf felsigem Inselgrund im River Suir auf. Was jetzt eindrucksvoll da steht, ist 1375 als zweite Burg an dieser beherrschenden Stelle errichtet

CAHIR

worden. Wie fast überall die Burgen in Irland, ist auch sie aus großen hellgrauen Quadern aufgemauert, Steinen, die allenthalben merkwürdig sauber und neu aussehen, so, als hätten die Jahrhunderte nicht vermocht, die Bauwerke anzunagen. Aber das täuscht; ohne umfangreiche Restaurierungen ging und geht auch hier nichts!

Pückler erwähnte die Burg, von der er glaubte, King John habe auch sie bauen lassen. Aber die erste Burg war schon 1148 errichtet worden, und als der zweite Bau begann, regierte König Edward III. Aber was wurde zu Pücklers Zeiten nicht alles dem König Johann zugeschrieben?

Man kann sich auf Pücklers Lob verlassen und noch heute tun, was er empfohlen hat: an den Ufern der Flüsse Suir und Thonoge entlangwandern. Lassen wir unsern edlen Fürsten selbst zu Wort kommen:

„In Cahir, dem Lord Glengall gehörig, …, ist ein schöner Park. Er beginnt mit der imposanten Ruine eines Schloßes König Johanns, auf deßen verfallnem Thurm Lord Glengall jetzt seine Fahne hat aufstecken laßen. Am anderen Ende des Parks findet man den Kontrast zu der Ruine, nämlich eine cottage ornée, in welcher der Besitzer, wenn er hier ist, wohnt. Die Lage dieser Cottage ist so reizend und gut gewählt, daß sie eine etwas nähere Beschreibung verdient. Der ganze Park wird nämlich, von der Stadt von Johanns-Schloß anfangend, durch ein sehr langes und verhältnismäßig nicht breites Thal gebildet, mit einem Fluße, der sich durch Wiesen windet. Baumgruppen und Wäldchen wechseln auf diesem letztern lieblich miteinander ab, und zwei Wege führen an beiden Seiten den Fluß entlang. Die das Thal einschließenden Bergrücken sind ganz mit Wald bewachsen, in welchem ebenfalls Wege angebracht sind. Gegen das Ende des Parkes, der ohngefähr eine Stunde lang ist, öffnet sich die Schlucht und erschließt eine schöne Aussicht auf das höhere Galtée-Gebürge. Bevor man aber dahin gelangt, steht, gerade in der Mitte des Thals, ein isolirter langer Hügel auf dem Wiesengrunde. Auf diesem ist die Cottage erbaut, mehr als zwei Drittel derselben vom Walde verborgen, welcher den ganzen Berg bedeckt. In den Gebüschen ist der Pleasureground und alle Gärten angebracht, nebst blumenreichen Promenaden, die auf beiden Seiten die schönsten Aussichten des Thals entfalten. Auf den entfernten hohen Bergen werden mehrere Schloß= und Abteiruinen sichtbar, in der Nähe aber ist alles Ruhe, ländliche Stille und freundlicher Blüthen=Schmuck, selbst noch im Winter.«

Das »Swiss Cottage« ist noch da: strohgedeckt, fotogen! Auch in der anderen Richtung, flußaufwärts, finde ich interessante Pfade. Auf der Stadtseite steht eine 1820 von John Nash entworfene Kirche. Aber der Meister hat hier mal in die falsche Kiste gegriffen und das Bauwerk außen mit allerlei Zierstücken versehen, wie sie wohl zu Burgen passen, sogenannte Pfefferbüchsen zum Beispiel, die an Kirchen jedoch recht befremdlich wirken. Pückler hätte das travestierend ein »Salmagundi« genannt, ein Mischmasch von nicht zueinander passenden Einzelheiten.

Unmittelbar dahinter überspannt die Eisenbahnbrücke in bedauerlich unsensibler Trassenführung das gründämmrige Tal. Aber wann und wo ist denn schon bei der Projektierung von Bahnlinien die geringste Rücksicht auf historisch Gewachsenes oder auf das Landschaftsbild genommen worden?

Am anderen Ufer erblickt man die Ruinen von Cahir Abbey. Krude Industriebauten haben sich im neunzehnten Jahrhundert dareingenistet. Mittlerweile verfallen sie ihrerseits zu Ruinen; ein unerfreulicher Anblick. Dreht man sich aber um und schaut zurück, dann hätte man ein weitaus besseres Ensemble im Blickfeld, den lebhaften Suir mit dem V-förmigen Mühlenwehr, die Lachstreppe, die vielbogige Brücke, die türmereiche Burg, wenn nicht, ja wenn nicht rechterhand unübersehbar die Burgen der Neuzeit aufragten: Mühlenwerke und Silos allerhäßlichster Bauart. Wiederum ein Sieg des Nützlichen über das Schöne, Geschichtsgeadelte. An solchen Stellen welken die Mythen dahin. – Wie schwierig muß es bei den Dreharbeiten zu dem Film »Excalibur«, der Artussagen verarbeitet, gewesen sein, diese störenden Industriebauten aus dem Bild zu blenden.

Von Cahir aus soll ein Bus nach Cashel gehen. Offene Frage: wird es auch einen Retourbus geben, und wird er, wenn ja, zu einer Zeit eintreffen, daß man den Waterford-Tipperary-Bus erwischen kann? Nirgendwo findet man Fahrpläne, man weiß nicht einmal, wo die Haltestelle ist. Irgendwelche diesbezüglichen Markierungen oder Hinweisschilder gibt es nicht; nicht in Cahir und auch anderswo in Irland nur selten. Immer muß man Einheimische fragen. Iren lassen sich gern fragen und geben sehr bereitwillig Auskunft. Wo die Busse abfahren, erfährt man also leicht, aber das Wann ist schwieriger zu enträtseln. Die Erörterung des Fahrplanes wird unter den Ortsansässigen durchaus kontrovers geführt. Man kann nur hoffen, daß wenigstens irgend etwas von dem Gesagten auch wirklich stimmt. Ich beschließe, meine Planung so einzurichten, daß ich noch zehn Minuten vor dem erstgenannten Zeitpunkt zur Stelle bin. Falls dann aber doch der letztgenannte Zeitpunkt der richtige sein sollte, dann entstünde eben eine längere Wartezeit. Für Leute, die alles aufschreiben, ist das nicht schlimm. Es wird sich schon eine Bank, ein Mäuerchen, ein Denkmalsockel oder ein Felsbrocken finden lassen, wo man sich niedersetzen und einigermaßen bequem weiter sein Heft vollschreiben kann.

♣

CASHEL

So steige ich denn vertrauensvoll in den Bus nach Cashel. Während der Fahrt lese ich rasch noch mal nach, ob unser vortrefflicher Fürst Vortreffliches darüber geschrieben hat:

„Der ‚rok of Cashel‘ mit seiner berühmten, herrlichen Ruine ist einer der größten ‚Lions‘ von Irland und war mir nebst der Abtei von Holycroß von Walter Scott selbst als das Sehenswertheste in Irland empfohlen worden. Es ist ein ganz freistehender Felsen mitten in der Ebne. Seltsam genug sieht man von dem Kamme eines der fernen Berge ein Stück, von der selben Größe als der Felsen, wie ausgebissen — der Legende nach: ein Biß, den der Teufel that aus Aerger über eine Seele, die ihm beim Transport nach der Hölle entwischte. Als er hierauf über die Gegend von Cashel flog, spuckte er dort das abgebissene Stück wieder aus. Später erbaute darauf M. C'Omack, König und Erzbischof von Cashel, sein Schloß mit einer Kapelle, welche beide noch merkwürdig wohlerhalten sind. Mit ihnen vereinigte sich die Kirche und Abtei, welche im 12ten Sec., glaube ich, von Donald O'Bryn hinzugefügt wurde. Das Ganze bildete die prachtvollste

Ruine, in der besonders alle Details der altsächsischen Baukunst mit großem Interesse studirt werden können. ... Nichts kann fremdartiger, ich möchte sagen, barbarisch=eleganter seyn als diese barocken, phantastischen, oft aber meisterhaft ausgeführten Zierathen. Viele der im Schutt und unter dem Boden aufgefundenen Sarkophage und Monumente bieten interessante Räthsel dar. Man möchte glauben, daß die furchtbaren Fratzen, den indischen Göttern gleich, einem früheren Götzendienst angehört haben müßten, wenn man nicht wüßte, daß nur sehr langsam und schwer das Heidenthum dem Christenthum wich und noch weicht."

So will ich es mal stehen lassen und nicht an Einzelfakten herumkritteln; auch die Irrtümer des Autors tragen ja zum Charme eines Textes etwas bei. Reisehandbücher, deren es genug gute über Irland gibt, mögen die Richtigstellung leisten.

Ich weiß nicht mehr, woher mir die Meinung zuwuchs, Cashel solle man am Ende einer Irlandreise besuchen, damit die Reise mit einem Höhepunkt abschließe. – Auf alten Stichen hatte ich schon früher die Stätte betrachtet, den Felsen da, der bekrönt ist mit Königsburg, Kathedrale, uralter Kapelle, Rundturm und Hochkreuzen Geschichten aus Ahnenzeiten, keltische, irische, christliche, Geschichten von mythischer Kraft und frommer Glaubensgewißheit, von Stolz und Macht, von Eroberungswillen und Gewalt, von Beharrungsvermögen und Großmut, hatten mich, einer ausgeklungenen Sage gleich, angeweht. Ja gewiß, diesen Felsen will ich, muß ich sehen!

Schlechtes Wetter ist gut für die Begegnung mit einem solchen Ort. Es sind dann kaum Menschen unterwegs, die Schönwetter-Reiselust erliegt, Stille bleibt erhalten.

Unter jagenden Wolken, zeitweilig eingehüllt in feuchte

CASHEL

Nebelfetzen, ragt die dramatische Felsauffaltung jäh aus
dem fruchtbaren, nie durstenden Grün der weiten Ebene:
grau, trotzig, Nachricht gebend von längst vergangenen
Zeiten. Pückler hatte das unter anderen Bedingungen erlebt:

„Es war entsetzlich kalt, und der wolkenlose Sternenhimmel blinkte und
flimmerte wie soviel Diamanten; zwischen der Straße aber und dem Rock
hatte sich ein dichter Nebel auf die Erde gelagert, der auch die ganze Umgegend verhüllte, sich aber nicht höher als bis zum Fuß der Ruine erstreckte.
Diese erschien nun, da ihre Basis unsichtbar war, wie auf einer Wolke gebaut, im blauen Aether mitten unter den Sternen stehend."

Mir bietet sich die da oben auferbaute Gottesburg als
düster-solenn vorgetragenes Motiv dar. – Anstieg über
eine Asphaltstraße. Rechts die leere Hülse der einst dominikanischen Abtei mit einem Ostfenster wie Spitzenwerk.
Rechts auch das Kirchlein, das jemand mit Namen
»Hans« gekauft hat und nun darin unter diesem Namen
ein Restaurant betreibt. Und rechts schließlich der allfäl-

lige Andenkenladen. Sodann einige Stufen, ein schweres Tor zuletzt. Nun ist Eintrittsgeld zu entrichten. Inneres Sträuben will überwunden sein, denn Münzen und Ticketrolle, das wirkt anachronistisch, stört die Annäherung an einen Ort, da Mythen wurzeln.

Nahe dem Eingang glotzt mir großäugig eine Steinfigur entgegen. Aus Zeiten, in denen noch kein Wort geschrieben, jedes Wissen und jede Kunde nur weitergeraunt wurde, stammt diese rätselhafte Figur der steinernen Sheelagh-na-gig. Es ist doch eine Sheelagh? Oder doch nicht? Etwa der personifizierte »böse Blick«, »evil eye«? Nichts ist gewiß. Klein ist sie, jedoch ein mächtiges Idol. Vergessen ist lange, was einst sie bedeutete, doch gefürchtet ist sie bis heute; so sehr gefürchtet, daß es immer schon unmöglich schien, sie als überwundenes Heidenwerk abzutun, sie einfach in Stücke zu schlagen. So ist sie noch immer da; hier und andernorts. An so mancher Kirche findet man eine Sheelagh-na-gig eingefügt in die Wandung der Nordseite. Unheil soll sie, die grotesk-überweibliche, abwehren, sie, die wie ein üppiges Fruchtbarkeitssymbol aussieht. Seit dem Mittelalter schob man ihr unter, sie sei die Trägerin der Idee von Sünde. Welcher Sünde? fragt man sich. Alles je über sie Gewußte ist längst zurückgekehrt ins Rätsel. – Das Ungewöhnliche notierte auch Pückler, nannte sie »furchtbare Fratzen«.

Hier oben auf dem Cashel-Felsen war es, frommer Legende nach, daß der heilige Patrick dem heidnischen König von Munster, Aengus, und seinen Brüdern das Mysterium der göttlichen Dreifaltigkeit erklärte. Er nahm ein Kleeblatt zur Hand, um ein Sichtbares seine Worte unterstützen zu lassen. So wurde das Kleeblatt zum Symbol für diese tiefgläubige Nation. Aengus übrigens ward mit Hilfe des unscheinbaren, in Irland allgegenwärtigen Pflänzleins bekehrt und der erste König-Bischof von Cashel.

Die Hochkönige von Munster hatten im vierten Jahrhundert den Felsenberg zu ihrem Herrschaftssitz erkoren. Über siebenhundert Jahre konnten sie sich behaupten. Hier auch wurden sie gekrönt. Vom Sockelstein des Hochkreuzes wird gesagt, er sei der Krönungsstein gewesen.

Cormac's Chapel umfängt Besucher mit geheimnisvollem Dämmerlicht. Das wunderbarerweise erhalten gebliebene Steindach hat den Raum bewahrt. Seltsame Steinschnittmuster überziehen Wandflächen; Rundbogen sind kraftvoll profiliert; wohlausgewogene Proportionen schenken dem Raum seelenlabende Harmonie.

Der hohe schlanke Rundturm am Ostende des Bautengefüges spricht in seiner Wehrhaftigkeit von den Gefahren der Vergangenheit. Die Burg der Erzbischof-Könige, schon aus dem neunten Jahrhundert stammend, ist eng verklammert mit der Kathedrale. Man schätzt ab, ob dieser oder jener Bauteil weltlich oder sakral bestimmt gewesen sei. Vergangen sind längst Glanz und Macht. Jetzt herrschen Dohlen über diese Stätte. Die Dächer fehlen; jedwedes Wetter arbeitet geduldig an weiterer Zerstörung. Nur wenige der alten Bauzierden sind noch erhalten. So im Obergaden die Fenster, die oben und unten gerundete Abschlüsse haben. Die Grabstätten mit ihren fast kindlichen Flachrelief-Darstellungen harren unbeirrt durch die Zeiten. An diesen Gräbern seufzt der Wind nie verstummende Totenklage. — »Land der Trauer«, so sah Böll Irland.

In Pücklers Zeit wurde darüber diskutiert, ob man die Kathedral-Ruine wieder ausbauen und gottesdienstlicher Nutzung zuführen sollte. Pückler reagierte mit Schrekken:

„... aber wahrhaft erschreckt ward ich, als ich hörte, daß die Katholiken mit der Idee umgingen, die Kirche wieder herzustellen und neu auszubauen, wenn sie das Grundstück zu acquiriren im Stande wären. Der Himmel beschütze doch vor diesen Frommen die heilige Ruine!"

Nun, sie ist bis heute nicht akquiriert.

Cashel Rock ist ein windumtoster Ort; Wolken stürmen rasch wie greyhounds, bringen schnelle Schauer. Dennoch, man will die Aussicht nach allen Seiten über die zahlreichen Gräber hinweg nicht versäumen. Weit schaut man übers Land. Südostwärts liegt die Stadt. Geduckt, melancholisch, sieht sie von hier oben aus. Aber sie ist alles andere als geduckt, sie lebt ganz fröhlich vom einträglichen Tourismus-Geschäft. Klingende Münze bringt die Gottesburg, die irische Akropolis, in ihre Kassen.

Nach Südwesten zu liegt dort unten Hore Abbey ernst im triefenden Grün der Viehweiden. Soll ich hinabsteigen, die Ruine näher in Augenschein nehmen, obwohl der einzige Zugangspfad durch eine Herde von Jungbullen blokkiert ist? Und obwohl feiner Regen mit Sorgfalt alles durchnäßt? Ich verzichte, ein wenig feige, ein wenig träge.

Weit hinten: die Umrißlinien der grauen Galty Mountains. Unser reisender Gewährsmann berichtete aus jener Gegend ganz Ungewöhnliches:

„Das Wetter war schön und die Fahrt sehr angenehm; einem Bergrücken entlang mit der vollen Aussicht der fruchtbaren Ebene, vom Gebürge geschlossen und reich variirt durch eine Menge Landsitze und Ruinen, die über die ganze Fläche verstreut lagen. Von diesen Schönheiten profitierte ich jedoch wie gewöhnlich allein; die Jäger hatten nur Jagd und Hasen im Kopfe. Man zeigte mir eine Stelle, wo vor zehn Jahren ein merkwürdiges Naturereigniß statt fand. Ein hochliegender Sumpfmoor, wahrscheinlich durch unterirdische Quellen empor getrieben, riß sich vom Boden los und wanderte in einer Masse von sechzehn Fuß Höhe und drei bis vier Morgen Ausdehnung. Er ging, nach Maßgabe der Gegenstände, denen er begegnete, im fortwährenden Zickzack und legte so neun Meilen zurück, ehe er den nahe liegenden Fluß erreichte, in dem er sich nur langsam auflöste und eine Überschwemmung desselben veranlaßte. Die Schnelligkeit seines Marsches war ohngefähr zwei Meilen in einer Stunde, aber vernichtend für Alles, was er antraf. Häuser wurden bei seiner Berührung sogleich der Erde gleich gemacht, Bäume sämmtlich entwurzelt, die Felder aufgewühlt und alle Vertiefungen mit Moor angefüllt. Eine unermeßliche Menge Menschen hatten sich gegen das Ende seines Laufs eingefunden, ohne jedoch dem majestätisch verheerenden Natur-Phänomen auch nur den geringsten Widerstand entgegensetzen zu können."

Ich dachte schon, Pückler habe wiedermal etwas nicht so ganz richtig zu verstehen vermocht. Aber ich muß ihm abbitten: Die Sache war, wie mir bestätigt wird, wirklich so geschehen. Zuweilen rutscht Moor auf felsiger Unterlage eben talwärts.

Aber weiter umgeschaut! Von diesem Felsen aus dehnen sich nach allen Himmelsgegenden Tipperarys endlose fruchtbare Breiten. Reich orchestriert ist das so überaus gesunde, vitale Grün. Dazwischen das kräftige Gelb von blühendem Senf. Da hinten, in der Ferne, verliert sich alles, verschwimmt in durchsichtig-lichthaft ausgetuschten Zartgrün-Nuancen. Wie schön, wie paradiesisch schön das alles ist! Hier, ganz besonders hier ist Irland ein Land der weiten Horizonte.

Ich weiß: das jetzt ist ein Höhepunkt, würdig, das Ende einer Reise zu bekrönen; aber die Reise ist noch nicht ganz zu Ende. Ich bin gern hier in Irland, und darum genieße ich mein Hier und Jetzt und werde nicht enttäuscht sein, wenn nichts noch besseres mehr kommen sollte. Und ich werde nicht anfangen zu jammern, weil ich aus den genannten Gründen zurück an die Bahnstrecke muß. Morgen wird die erste Reise auf Pücklers Spuren zu Ende gehen. Und darüber kann ich nicht böse sein, denn das macht eine Wiederkehr im nächsten Jahr notwendig. Gut so!

Meine Skepsis bezüglich des Busverkehrs zurück nach Cahir und von dort heim nach Tipperary erweist sich als unbegründet. Denn ja, es kommt ein Bus, hält auch da, wo man mir gesagt hat; und so retiriere ich zu Bett und Koffer.

Der Abend ist noch jung und bietet jetzt reichlich Zeit, in Pücklers Buch nachzusehen, was er sonst noch im hiesigen Bezirk getrieben hat. Für ihn war es ja einfach, zu Pferde auch die Region des Glen of Aherlow zu erreichen. Als kontaktfreudiger Mensch mit liebenswürdigen Manieren bekam er selbstverständlich ein Pferd zur Verfügung: „Einer der Gentlemen, die ich gestern kennengelernt, Capt. S., ein Mann von angesehener Familie und verbindlichem Benehmen, bot mir seine Pferde an, um die Ruinen von Athassil und des reichen Earl of Landaff Schloß und Park zu besehen. Die vortrefflichen Hunters brachten uns bald an Ort und

Stelle. Die Gegenstände blieben aber unter meiner Erwartung. Die Abtei ist zwar eine schöne und weitläufige Ruine, aber ihre Lage, in einem Sumpfe mitten im bebauten Felde, ohne Baum und Strauch, zu unvortheilhaft, um einen malerischen Effekt machen zu können. Der Park des Lords ist ebenfalls zwar von außerordentlichem Umfang, nämlich 2800 Acres groß, aber ohne irgend etwas Ausgezeichnetes. Der Baumwuchs ist nicht der beste, Wasser fehlt so gut wie ganz, und das modern gothische, lichtblau angestrichene Schloß schien mir abscheulich. Der Besitzer selbst ist ein noch im siebzigsten Jahr schöner und interessanter Mann, der das in Irland so große Verdienst hat, oft in seinem Eigentum zu residiren. Wir fanden ihn, der in der Welt durch ein in der Fremde polirtes Betragen zu glänzen weiß, hier als ächten Landmann, in Wasserstiefeln und Waterproof-Mantel, im Regen stehen und seine Arbeiter anweisen, was mir wohl gefiel."

Da geniert sich Pückler also nicht, eine reichlich oberflächliche Äußerung über die erhabene Athassel-Abtei zu machen. Ein Wort wie »Effekt« will zu einem solchen Ort nicht recht passen. Und dann zieht unser freimütiger Autor auch noch mächtig vom Leder und schmäht das Schloß des 3. Earl of Landaff. Es war, als Pückler dort eintritt, gerade kürzlich erst in Thomastown gebaut worden, und es muß schon sehr merkwürdig gewesen sein, das neo-gotische Architekturgebilde in lichtblauem Anstrich zu sehen. Der Graf selbst gefiel ihm, weil er nicht das Geld der armen irischen Pächter nahm und es im Ausland verpraßte, sondern im Lande etwas tat, was auch Pückler gern so handhabte: die Landarbeiten höchst persönlich zu beaufsichtigen.

Mehr als zwei Wochen blieb Pückler in seinem Quartier in Cashel. Da war Zeit genug, um Einladungen anzunehmen. Auf diese Weise kam er auch nach Bansha und nahm an Jagden im Glen of Aherlow und in den Galty Mountains teil. Hatte er in Killarney noch abgelehnt, bei einer Parforcejagd mitzureiten, so stürzte er sich hier mit Begeisterung in die Sache. Als ein gewandter Reiter hatte er darüber allerlei zu vermelden:

„Einige Herren stürzten, wurden aber nur ausgelacht, denn wer sich nicht den Hals bei solcher Gelegenheit auf der Stelle bricht, darf statt Beileid hier nur auf Verspottung rechnen. Andre stiegen bei üblen Stellen ab, und ihre abgerichteten Pferde sprangen mit herunter hängendem Zügel noch vor ihnen leer hinüber und erwarteten dann ihre Reiter, ruhig grasend. ... Gewiß ist es, daß man in Irland nur sieht, was Pferde zu leisten imstande sind, die englischen können es ihnen hierin durchaus nicht gleich thun. Wo ein Mensch hinüberkonnte, machte es mein Pferd auch möglich, auf eine oder andere Manier hinüberspringend, kriechend oder kletternd, selbst durch Sumpfstellen, wo es bis an den Leib hineinsank, arbeitete es sich ohne die geringste Übereilung langsam und bedächtig durch, wo ein zu lebhaftes und ängstliches, wenn auch noch so kräftiges Thier bestimmt nicht wieder herausgekommen wäre."

In Bansha Lodge war dann das anschließende Jagdessen:
„Es war empfindlich kalt geworden, und das flackernde Kaminfeuer mit dem gedeckten Tisch davor leuchtete uns gar angenehm durch die Fenster entgegen, als wir wieder auf Capt. S. Landhause ankamen. Ein ächtes Jagd- und Junggesellenmahl folgte. Auf Eleganz und Prunk war es nicht abgesehen. Gläser, Schüsseln und Bestecke waren von allen Formen und Zeitaltern vereinigt; einer trank seinen Wein aus Liqueur-, der Andere aus Champagner-, der Durstige aus Biergläsern; dieser speiste mit des Urgroßvaters Messer und Gabel, Jener mit dem neuen grünen Besteck, das der Bediente wahrscheinlich erst gestern auf dem Casheler Markt eingekauft hatte. Hunde waren dabei eben so viel im Zimmer als Gäste, bedienen tat sich

jeder selbst, und Essen und Getränk schleppte eine alte Magd und ein plumpfäustiger Reitknecht reichlich herzu. Die Hausmannskost war übrigens gar nicht zu verachten, ebensowenig der Wein und der ächte, in den Bergen heimlich bereitete ‚Potheen', den ich hier zum erstenmal ganz unverfälscht kostete. Um einen Pudding zu zuckern, wurden zwei große Stücken Zucker darübergehalten und an einander gerieben, so wie die Wilden Feuer zu machen pflegen, indaß sie Holz so lange reiben, bis es zu brennen anfängt. Daß dabei ungeheuer viel getrunken wurde, kann man voraussetzen. Obgleich indes Mehrere zuletzt nur noch stammelten, beging doch keiner etwas Unanständiges, und die wenigen vom Wein Bezwungenen erhöhten die Lustigkeit durch manches gute Bonmot und drollige Erzählungen."

Er, der sonst so extravagante Bedürfnisse reklamierte, fühlte sich mit all den irisch-englischen Herren auch bei Deftigerem offenbar ganz famos.

Das Quartier in Cashel war Pücklers letzte Station, bevor er wieder nach Dublin aufbrach. Auch mein letzter Morgen bricht an. Üppiges Abschiedsfrühstück am blanken Mahagonitisch in Tipperary. Silberbesteck, Porzellan mit blau-weißem Willowmuster, fabelhafter Tee, würzige Butter, knuspriger Toast. Am andern Ende der Tafel unterhält mich ein polterig erzählender Gentleman, ein früherer Seefahrer, mit Begebnissen, die sich einst in den Hafenstädten der Welt unter seiner Mitwirkung zugetragen haben.

Der einzige Zug des Tages wird erst abends fahren. Er bedient die Nachtfähre von Rosslare nach Fishguard an der Küste von Wales. So kann ich diesen heutigen Tag noch nutzen, nehme den Bus nach Clonmel, einer Stadt, die ebenfalls an der Bahnstrecke liegt.

♣

CLONMEL

Ein ganz, ganz, ganz dicker Mann, dem vor lauter Dickleibigkeit die Hose nicht zubleiben will, erbarmt sich meines Gepäcks. Er hat ein Käfterchen im Bahnhofsgebäude, in dem ich es abstellen darf. Unbeschwert kann ich mich aufmachen, die Stadt mit dem lieblichen Namen zu erkunden. »Clon« bedeutet Wiese, »mel« Honig, Honigwiese demnach. Heutigentags könnte die Stadt auch noch anders heißen: Stadt der weißen Madonnen. Denn das freundliche Städtchen wird mir im Gedächtnis bleiben, wegen der so ganz besonders vielen, süß lächelnden, weißen Madonnenstatuen, die hier aufgestellt sind. Von Puppenformat bis Überlebensgröße, in künstlichen Grotten oder unter schützenden Giebelhüttchen, oder auch mal ganz ohne Dach, zartfingrig, lichtblau bebändert rosenfüßig, so stehen sie überall in Irland vor Kirchen und Klöstern, Schulen und Krankenhäusern, in Gärten und Parkauen, an Flußufern und Wegesrändern, in Hausnischen, auf Fensterbrettern, über Hauseingängen, auch auf Friedhöfen. Nirgendwo aber, so scheint's mir, so allgegenwärtig wie in Clonmel.

Clonmel könnte aber auch »Ballybacon«, oder irisch »baile an bhágúin« heißen, Stadt des Schinkens; oder verschärft: Stadt des Schweinetodes. Für mich wird das Folgen haben: nie wieder werde ich den kroß gebratenen Frühstücksschinken unbefangen essen können. Immer wird mir der Schweinetod entsetzlich in den Ohren gellen. — Was ist geschehen? Bei meinem Erkundungsgang komme ich an den River Suir, bummle auf dem Kai entlang, komme mitten in der Stadt an eine ausgedehnte Gebäudegruppe, aus der nicht endenwollendes Notgeschrei von Schweinen dringt. Kaum nimmt man das große, stolze Firmenschild wahr »..., the baconmaker«, beschleunigt man verstört den Schritt. Aber man entkommt dem Horror nicht; die Gebäudefront ist lang. Zeit also genug, sich zu fragen, was da drinnen wohl vorgehen mag. Hört sich an, als würden die Tiere ausdauernd gemartert. Aber das ist ja ganz undenkbar! Gerade aber, weil man nicht weiß und nicht sieht, was vorgeht, sind die Schleusen der Phantasie aufgemacht durch das über alle Vorstellung schreckliche Wehgeschrei der armen Kreatur. Wie halten das die Anwohner nur aus, etwa Tag für Tag? Ich flüchte; aber es kreischt mir lange, lange nach, verfolgt mich. — Was werde ich in Zukunft zum Frühstück essen? Ich lenke mich ab, denke an Lawrence Sterne, der hier in Clonmel das Licht der irischen Welt erblickte, und der seinen Romanhelden Tristram Shandy genießerisch essen läßt. — Da ist er wieder, der Gedanke an Schweineschinken, den ich nicht durchdringen lassen will. Kaufe dann in der Stadt ein paar Kassetten mit irischer Volksmusik, mit diesen scharf rhythmisierten, schnellen Tänzen, diesen fröhlichen Melodien zu oft ganz tragischen Texten, oder umgekehrt, den elegischen Tönen zu deftigen Liebesgeschichten, den derben über »wild rovers« oder »whiskey and beer«. Ein Lied über Schlachthäuser ist nicht dabei.

Nächtliche Seefahrt ab Rosslare. Farewell! Für dieses Jahr farewell, Irland, Emerald Island, Smaragd-Insel, Du bist schön! Ich komme wieder! Nächstes Jahr! Slán leat!

♣

WATERFORD

Mit Absicht, des Gags wegen, richte ich es so ein, daß ich meine zweite Reise genau an dem Tag antrete wie Pückler seine erste: am 10. August. Hundertneunundfünfzig Jahre trennen uns.

Diese Überfahrten sind nicht komfortabel. Sie sind reichlich lieblos organisiert. Tausende von Menschen wollen auf das Fährschiff, aber dennoch ist meistens nur ein einziger Mann da, der prüft, ob auch alle einen Fahrschein für die Überfahrt bezahlt haben. Der enge Türdurchlaß öffnete sich erst, wenn das Schiff von der letzten Passage her ein wenig gereinigt worden ist. Diese Arbeit pflegt sich hinzuziehen. So stehen eng gedrängt Menschen aller Hautfarben, müde Kinder – auch hier in Massen –, eingekeilt in Berge von Gepäck und warten, warten, warten, bis das Einschiffen endlich beginnt. Die besten Eigenschaften der lieben Mitmenschen werden bei dieser Prozedur nicht gerade freigesetzt. Dadurch, daß man dem eigentlichen Einschiffen so wenig Zeit gibt, geht schließlich jede Gelassenheit verloren. Alles drängelt, hastet, benimmt sich rücksichtslos. »Higgledy-piggledy«, das hört sich nett an, aber die Sache selbst ist gar nicht nett. Es geht drunter und drüber. – Aber was ist das alles gegen die Schrecken von Pücklers Schlechtwetterüberfahrt? Dies hier ist schließlich zu überstehen, obwohl es Leute gibt, die nicht unverletzt davonkommen.

Ich suche nun wieder Anschluß an die Reiseroute von Fürst Pückler-Muskau, die ich im vorigen Jahr in Ermangelung von Bus-Fahrmöglichkeiten verlassen mußte. Nach meiner Anlandung in Rosslare, bei Sonnenaufgang, will ich zurück nach Irlands Süden und recht bald Bantry und Glengariff erreichen. Aber natürlich will ich auch sehen, was es unterwegs an der Strecke so alles gibt.

Die Eisenbahnfahrt nach Waterford, so kurz sie währt – eine reichliche Stunde nur – genügt, um mich neuerlich auf Irland einzustimmen. Die Freude! Diese Freude, wieder in Irland zu sein!

Da breiten sie sich, die vom Nachttau erfrischten Auen feuchtgrünen Grüns, friedlich umwallt von windbrechenden Hecken; und Baumgestalten darin, die weit ihre Zweige spreiten dürfen, denen Wuchsschönheit erlaubt bleibt, die Respektsabstand genießen. Beim Anblick solcher Bäume in Licht und Luft sagte Pückler einmal: »Es ist dies die Freiheit der Bäume, nach der wir uns ebenfalls so sehr sehnen.«

An der Bahnstrecke sind kleine Orte aufgereiht, aber sie liegen oft hinter Bäumen versteckt; schläfrig sind sie jetzt, am frühen Morgen, noch. Oder immer?

Und da, am Hang zur Bannow Bay liegt Tintern Abbey im Frühlicht. Die alte Geschichte weht herüber, wie im

Jahre 1200 der Graf von Pembroke, William Mareshal bei seiner Überfahrt von Wales her, im Sturme Schiffbruch erlitt und in seiner Not mit seiner Gemahlin auf dem hilflosmastlos treibenden Wrack niederkniete und den Bau einer Abtei gelobte, wenn sie lebend, wo auch immer, an die Küste gelangten. Die aufgeregte See besänftigte sich, die Reste des einst stolzen Schiffes umrundeten mit der Strömung noch manches Kap und manche Klippe. Auflaufendes Flutwasser drängte die Havarierten zum glücklichen Ende in die schützende Bucht. Da, wo ein liebliches Bächlein einmündet, landeten der Graf, die Gattin und die glücklicherweise undezimierte Crew. Ein Stückchen bachaufwärts wurde das Gelöbnis wahrgemacht: die Abtei wuchs auf. Nun liegt sie da, eine Ruine seit Jahrhunderten, aber immer noch schön und erhaben.

Noch hänge ich den späteren Schicksalen der Abtei nach, Geschichten aus der Zeit des achten Henry, bedenke die Schrecknisse in den Cromwell-Jahren, bedauere den Verfall, da kommt auch schon die nächste Ruine ins Blick-

BEI TINTERN ABBEY

feld: Dunbrody Abbey, die einst so überaus mächtige. Ihr letzter Abt, Alexander Devereux, ist 1539 der erste anglikanische Bischof geworden. Aber unter der Regierung von Mary I. gelang es ihm, gleichzeitig auch katholischer Bischof zu werden. Denkwürdige Haltungen und Möglichkeiten waren das.

Nun aber nach Waterford! Mein fürstlicher Reisender ist nie dort gewesen, aber ich bin sicher, daß er Erzeugnisse aus dieser Stadt oft in Händen hatte, und daß er sie bewundert hat. In so manchem der Schlösser, die er besucht hat, hatte er aus Waterford-Gläsern getrunken oder die Tafel von Kerzen in Kristall-Kandelabern beleuchtet gesehen. Die Manufaktur, die diese prächtigen Luxusdinge herstellte, existierte ja schon seit 1783. Schon damals wurde auch eifrig exportiert: Gläser aus Waterford gingen sogar bis nach Amerika. Als Pückler in Irland war, kränkelte das Unternehmen allerdings: Geldmangel, Zollschranken etc. führten dann 1851 zur Schließung.

Hundert Jahre später hatte eine neue Manufaktur die Versuche zur Glaskunst-Wiederbelebung erfolgreich bestanden. Im Laufe der Jahre stieg die Zahl der Beschäftigten von fünfzig auf jetzt sechstausend; ein Segen für den Arbeitsmarkt der ganzen Region. Ein Segen auch für das industrieschwache Irland. »Waterford Crystal« ist nun der weltgrößte Lieferant handgeschliffenen Glases. Und es leben ja noch viel mehr Menschen als die sechstausend von der fragilen Ware: Rohstoffzulieferer, Transportunternehmer, Schleifmittelhersteller und die, die immense Mengen von Verpackungsmaterial herstellen. Hier in Waterford ist aber keineswegs die einzige Kristall-Manufaktur

Irlands ansässig. Es gibt noch etliche kleinere in Cavan, Cork und Dublin, die keine für den Laien erkennbar schlechteren Gläser fertigen, sie aber bedeutend preisgünstiger anbieten.

Nun stehe ich vor den sauberen Fabrikhallen. Alle paar Minuten wird eine neue Besuchergruppe durch die Produktionsstätten geführt. Zuerst geht's in die Glasbläserei. Drei große runde Öfen mit je zwölf Öffnungen stehen in jeder Halle; und es gibt viele solcher Hallen. Eigentlich Unschönes, bloßes Massenschüttgut wie Sand, Pottasche und Blei, innig vermengt im speziellen Waterford-Mischungsverhältnis, macht hier in der Schmelzhitze von 1500 Grad Celsius und mit Hilfe der Atemluft eines Meisterbläsers seine Metamorphose zu klarer, durchsichtigreiner Lichtform.

Im Moment der Entnahme aus dem Ofen brüllt den Mann weißglutige Hitze an. Bei der weiteren Arbeit tritt er dann vor einen Hitzeschirm. Am Ende seiner langen Blaspfeife bewegt sich träge ein schnell röter werdender, viskoser Tropfen. Nach dem ersten Aufblasen wird er wie eh und je in hölzernen Modeln ausgeformt. Der nächste Mann im Team fügt den Standfuß an, ein Mädchen löst den fertigen Glasballon von der Pfeife, rückt diese wieder in das Kühlwasser. An anderer Stelle wird der überflüssige obere Ballonteil abgesprengt, und die Hauptlinien des Schliffmusters werden per Schablone aufgetragen.

In der Schleiferei haben die Arbeiter — oder muß man Kunstwerker sagen? Meister jedenfalls — Geräuschschützer auf den Ohren. Von unabsehbar vielen Arbeitsplätzen schrillt Schleifgeräusch in unangenehm hohen Frequenzen auf. Es ist, als ob das Glas sich kreischend wehrt gegen das Einschneiden in sein molekulares Gefüge. Der erfahrene Schleifer drückt beidhändig den Glaskörper gegen eine wasserbetröpfelte, elektrobetriebene Korundscheibe, gibt ihm so die funkelnde Diamantierung. Des Schleifers Hände sind überrieselt von Wasser und Glasabrieb, seine Ellenbogen ruhen in einigermaßen bequemer Arbeitshöhe auf kleinen Lederkissen. Helles Direktlicht ermöglicht genaues Sehen. Ein mit schräggeneigter Stützfläche versehener Hochstuhl gibt dem Mann in einer Art Stehsitzhaltung das Widerlager für das Andrücken.

Uns zu Füßen gluckert unter Eisengittern das wertvolle Abwasser. Es wird durch Absetzbecken geleitet, damit der Glasabrieb als Rohstoff zurückgewonnen werden kann. Merkwürdigerweise wird das dann klare Wasser aber nicht wiederverwendet.

Mehr als dreißig Standardmuster, zum Beispiel für Tafelgläser-Serien, werden geschliffen, erst grob, dann fein; zuletzt poliert. Einige sind unverändert seit dem 18. Jahrhundert. Aber es gibt auch Modernes, darunter einige Geschmacksgreuel. Mehr als sechzehnhundert Artikel führt die Manufaktur in ihren Katalogen. Auch werden Einzelaufträge ausgeführt. Zum Beispiel stammen die Kristall-Lüster in Londons Westminster Abbey von hier. Jeder einzelne ist drei Meter hoch und fast ein Meter im Durchmesser. In fünfzehn Ring-Etagen hängen über fünfhundert handgeschliffene Waterford-Kristallprismen. Aber leider, den schönen Funkeleffekt in allen Regenbogenfarben haben diese Lüster nicht, wenn die Glühbirnen in ihrem Innern angeschaltet sind; sie haben ihn nur, wenn sie vom

Sonnenlicht, das durch die Ost- und Südfenster manchmal einströmt, getroffen werden. – Auch Automobil-, Golf- und Tennisverbände scheinen gute Kunden in Waterford zu sein, lassen sie doch Siegestrophäen und Meisterschaftspokale in Kristall arbeiten. Sportbezogene Szenen und Embleme werden dann flach eingeschliffen. Teure Sachen sind das!

Es ist nicht so sehr verwunderlich, daß solche Pokale viele hundert Irische Pfund kosten, da ihre Herstellung Wochen, ja Monate konstanter Arbeit erfordern. Schon das allerkleinste Likörglas kostet umgerechnet über vierzig Mark. Trotzdem: die Geschäfte gehen gut. Die Amerikaner in unserer Besuchergruppe ordern fleißig. Kreditkarten sind gezückt. Der Kunde unterschreibt, mehr ist im Moment nicht zu tun. Die Firma kümmert sich um alles: verpackt, versendet, verzollt. Zur gewünschten Zeit wird die kostbare Ware, das Strahleglas, im fernen Detroit, in Washington oder Shenandoah das abendliche Dinner verschönen; das heißt, wenn es der Hausfrau gelingt, durch geeignete Beleuchtung die Funken aus dem Kristall zu locken. Denn daß das eine der entscheidenden Vorbedingungen ist, sieht man in der »Galerie«, wie hier der Schauraum heißt. Direktes, scharfes Licht von oben weckt die Reflexe, läßt an jeder Schliffkante bunte Lichtblitze aufspringen.

In einer Vitrine am Eingang kann man einige der historischen Gläser sehen. Sind sie wirklich ein wenig gelblicher, oder fehlt nur die richtige Beleuchtung? Die Schnitte scheinen weniger scharf zu sein, aber unverkennbar sind's die gleichen Muster, die schönen Diamantierungen von

»Alana«, die Kassetten von »Someragh« und »Powerscourt«. Freudige Entdeckung: die paar Gläser, die ich
einst von einer Tante erbte, haben das schlichte Muster
»Sheila«.

Linkerhand ein Filmraum, ganz mit Travertin ausgelegt. Von morgens bis abends werden, musikunterlegt, der
Herstellungsgang des Glases und das Musterprogramm
werbewirksam vorgeführt. Nach dieser Vorbereitung be-
tritt man im Vestibül einen Granitplatten-Fußboden, der
einen schönen Übergang zum edlen Hellgrau des Velour-
teppichs schafft. Ab jetzt gedämpfte Tritte. Auch sonst ist
alles vom wirklich Allerfeinsten: viel Spiegelglas, viel direktes Licht auf die Exponate, aber wohltuend abgeblen-
det zum staunenden Betrachter. Ansonsten Trauben von
Beleuchtungskörpern aus Kristall. Treppenaufgänge,
Säulen und Brunnen aus zartgeädertem, êcrufarbenem
Marmor. Alle Geländer aus blankem Messing – bedau-
ernswerte Putzfrau! Schön gedeckte Tafeln, Vitrinen mit
allem, was in der Manufaktur hergestellt wird an außerordentlich Schönem, mäßig Schönem, Gräßlichem;
Nützlichem, Überflüssigem, unerhört Luxuriösem. –
Und was entdeckt man da? Ein Ding, dessen Fehlen im
eigenen Haushalt bisher noch gar nicht so recht aufgefallen war: einen Rasierpinsel mit langem, schön ge-
schliffenem Kristallgriff. Ein Glitzerding für's Badezim-
mer. Wäre das nicht etwas für unseren verwöhnten Fürsten gewesen?

♣ DUNGARVAN

Möglicherweise war es gar nicht so übel, daß ich im vorigen Jahr Pücklers Spur erst mal verlassen mußte. So bietet sich Gelegenheit, beim Wiederannähern ein paar Orte aufzusuchen, die ich nicht zu sehen bekommen hätte, wenn ich unmittelbar auf seiner Route hätte bleiben können. Dungarvan zum Beispiel, wo aus König Johanns Burg verblüffenderweise großdimensionierte Antennen und etliche Schornsteine aufragen. Die örtliche Polizeibehörde hat sich reingeduckt in diese als »national monument« eingestufte, nichtsdestoweniger doch ziemlich verkommene Ruine.

Mir wäre auch die Erfahrung entgangen, was für herzlich nette Menschen in Dungarvan wohnen. Ich habe mich ein bißchen verlaufen, suche die Reste einer Augustiner-Abtei am anderen Ufer des River Colligan, der hier seine Mündung zu einer Förde weitet. Nicht viel verlaufen; aber auf dem direkten Kurs bin ich nicht mehr, denke ich. Den, der da mit dem Waschen eines Autos beschäftigt ist, werde ich sicherheitshalber fragen. Ein Junge schwarzer Hautfarbe blickt auf. Noch während ich mit ihm spreche, kommt eine Frau mit rotblonden Haaren aus der Haustür und fragt, worum es gehe. Neben ihren Beinen drängeln Zwillinge hervor und auch ihr Ehemann erscheint und kümmert sich um mich. Um die Hausecke biegt ein vietnamesisches Mädchen mit einer Gießkanne und gleich darauf auch noch ein großer zottiger Hund. Es wird beteuert: die Abtei ist nicht mehr weit. Ich bedanke mich, will in die bezeichnete Richtung gehen, aber man läßt mich nicht! Man hat ja beim ersten Wort gemerkt, daß ich Ausländerin bin. Offenbar steckt in dieser Tatsache ein gewisses Unterhaltungspotential. Gerade richtig für einen Samstagnachmittag. So werde ich erst mal eingeladen. Alle haben Durst, sagen sie, wollen eine Pause machen. Ich soll, bitte, mit ihnen etwas trinken und erzählen, woher ich komme. Ja, was soll ich nun sagen? Gehört es sich, eine solche Einladung anzunehmen, oder gehört es sich, sie nicht anzunehmen? Die Entscheidung liegt nicht mehr bei mir, eins der Zwillinge hat meine Hand gefaßt und dirigiert mich durch den Vorgarten. Also gut, trinken wir eine Kleinigkeit. Aber erst mal werden alle vorgestellt, die Kinder zuerst. Der schwarze Junge ist ein Adoptivkind, die Vietnamesin auch. Jetzt sehe ich es: ihr rechtes Bein ist großflächig vernarbt, sie hinkt ein wenig. Die kleinen Zwillinge, mit gingerfarbenen Haaren wie die Frau, sind die leiblichen Kinder des Ehepaares. Die Mutter trägt den schönen Namen Phoebe, ist Lehrerin. Und der Hausvater? Er ist auch Lehrer und trägt ebenfalls einen Namen klassischer Herkunft: Horace. Da wundert es nicht, daß der Hund Ajax gerufen wird.

Den Kindern wird erst mal Saft gegeben. Nun ist die Rede von einem Glas Wein, Phoebe hat gerade Appetit darauf. Es reitet mich ein Teufel: jetzt will ich wiedermal ausprobieren, wie weit irische Freundlichkeit und Gastoffenheit hier wohl gehen mag. Also gut, ein Glas Wein. Sie zeigen mir die Etiketts von fünf Flaschen, damit ich entscheide, welche aufgemacht werden soll. Es ist immer empfehlenswert, darin keine eigenen Wünsche zu haben. Schließlich wissen Gastgeber immer ganz genau, was von ihren Sachen am besten schmeckt. Ich erkläre, ich werde gern das trinken, was auch sie trinken. Also gibt es milden Madeira. Inzwischen plaudern wir lebhaft hin und her. Die Kinder sitzen mucksmäuschenstill dabei, auf dem Fußboden; die Zwillinge an den Hund gekuschelt. Mit niemandem hatte ich auch nur einen Augenblick lang ein Gefühl von Fremdheit. Wir lachen und scherzen, als ob wir seit eh und je Freunde seien. Ich erzähle von Pückler. Phoebe und Horace wollen das Buch sehen. Ob es das auch in englicher Übersetzung gibt, wollen sie wissen. Aber ja! »Tour of a German Prince«, erschienen 1832 bei Effingham in London. In Dublin, in der National-Bibliothek, kann man es leihen. Es sind zwei Bände. Aber es gibt ja auch noch andere bedeutende und gutbestückte Bibliotheken im Lande; möglich, daß man auch da fündig werden kann. Phoebe und Horace wollen das unbedingt versuchen.

Ich gedenke, den Plaudernachmittag nicht länger als schicklich auszudehnen. Als das Glas ausgeleert ist, bringe ich das Gespräch auf die Abtei, deretwegen ich hier bin. Hat man freien Zugang, oder wird ein Gatter geschlossen? Diese Frage bringt Phoebe heraus aus ihren Hauspantinen, hinein in Straßenschuhe, die Zwillinge wieseln herum, der Hund steht schon an der Haustür, die Vietnamesin kämmt die glatten Haare noch etwas glatter, denn sie wollen mich alle begleiten und zeigen, wie man Zugang gewinnt. Das wird ein Familienausflug mit Hund. Phoebe weiß viel zu erkären. Es wird eine gelungene Unternehmung. Aber es ist nicht einfach, sie zu beenden. Es gibt noch eine Dinner-Einladung, eine wiederholte. Aber ich bleibe eisern. Ich will nicht nur nichts essen, ich bin auch nicht imstande, die Grenze zwischen Herzlichkeit und in Herzlichkeit verpackter Höflichkeit auszumachen; so ziehe ich die Grenze lieber selbst, jetzt und hier, sofort. Das gelingt mit vielen Danksagungen über genossene Gastfreundschaft so einigermaßen, aber ich werde noch immer nicht entlassen. Wen ich denn schon nicht das Dinner nehmen möchte, so solle ich mich doch wenigstens von Horace in dem frisch geputzten Auto zurück nach Dungarvan bringen lassen. Es sei doch so weit, der Samstags-Bus sei schon durch. Aber ich bestehe auf Fußmarsch und brauche eine Menge Argumente, ihn durchzusetzen: schönes Wetter, gute Luft, viel Zeit (was ja eigentlich nicht stimmt), Gegend kennenlernen wollen, Förde bei Ebbe sehen, schöne Aussicht auf Dungarvan, usw. Letztes Winken. Die knappe Stunde mit Phoebe und Horace wird mir unvergeßlich bleiben.

<hr />

♣

LISMORE

An einem Wochentag bin ich in Lismore, wo ich eine ganze Vormittagsstunde umherstromere und nicht einem einzigen Menschen begegne. Läden geschlossen; Tourist Office auch. Des Rätsels Lösung: alle, alle dienen ihrem Gott in der großen Kirche mit dem italienisch wirkenden Glokkenturm. Zwei Kathedralen gibt es in Lismore, beide sind St. Carthage geweiht. Eine gehört der Church of Ireland, ist also protestantisch; die andere, die jetzt so besuchte, ist römisch-katholisch. Die Diözese jedoch ist lange schon der von Waterford angegliedert. Ein Bischof zelebriert hier nur noch einmal jährlich.

Lismore Castle, dramatisch auf Steilfelsen über dem Blackwater River auferbaut, ist »strictly private«, sieht weitgehend unbewohnt aus. Einige zerbrochene Fensterscheiben lassen Wind ein. Nachmittags darf man wenigstens in die Gärten. Der Herzog von Devonshire, dem das Ganze gehört, läßt am Eingang, dem Riding House von 1683, ein Irisches Pfund kassieren, dann taucht man im Lower Garden ein in ein Grünparadies.

Vom schwärzesten Grün der Allee aus dichten uralten Eiben, deren Stämme dick wie Kathedralpfeiler sind und deren Wuchsstruktur auch ähnlich gebündelt aussieht, kommt man ins Helle, wo man im tieferen Grunde staunenswert viele Varietäten von Rhododendren mit ihrem blankledrigen Blattwerk entdeckt. Daneben findet man breit ausgewachsene Magnolien, die spät blühende Sorte Magnolia grandifolia. Sie öffnen gerade ihre birnengroßen Knospen zu Blüten von Suppentellerausmaß. Ich habe gelesen, daß Millionen Narzissenknollen da vorn unterm Rasen im Boden liegen. Ob man sich wohl all die Frühlingsfarbenpracht vorstellen kann, wenn man für ein Weilchen die Augen schließt? – Jetzt im Spätsommer hat der Garten andere Qualitäten. Massen absonderlich geformter Fruchtkörper, halbreif herabgefallen von Bäumen und Sträuchern, bedecken die kleedurchsetzten Rasenmatten. Alles zusammen ist ein unerhört intensives Grün-Festival! Lusitanische Akzente sind gesetzt von Palmen, weit sich dehnenden Zedern, Kamelien, Myrthen. Die Myrthen sind richtige Bäume, mit zimtfarbenen Stämmen, und sie sind über und über weiß betupft mit Mengen von betörend duftenden Blütchen. »Upper Garden«, erreichbar durch das Obergeschoß von Riding House, ist terrassenartig angelegt. Rosen umranken die schützenden Umfassungsmauern, Baldrian wuchert in Weiß, Rosa und Rot aus allen Ritzen, Weinstöcke haben, sortenweise getrennt, eigene Glasdächer. Von der obersten Terrassenstufe muß man zurückschauen: genau im Ausschnitt des

LISMORE

Treppenaufstiegs reckt sich der spitze Turm von St. Carthage's protestantischer Kathedrale den jagenden Wolken entgegen.

Wie die steile Lende hinab zum Blackwater River ausgenutzt ist für die gärtnerische Gestaltung, hätte unseren fürstlichen Landschaftsgärtner fasziniert. Sicherlich hätte er die Anlage im Gedächtnis behalten, um etwas davon eventuell in einen seiner eigenen Parkentwürfe einzubringen. Aber an diesen Ort hier hatte seine Kutsche ihn nicht geführt.

Daß es das Pflänzlein Lobelia, Männertreu, nicht nur wie bei uns in mittlerem Blau gibt, sondern auch in Weiß, vielen hellen und kräftigen Blautönen bis hin zur Farbe dunkelster Saphire, aber auch in Lila-, Rosa- und Mauvetönen, wäre ihm gewißlich eine begeisterte Nachricht an seine ferne Gattin wert gewesen.

❧

GLENGARIFF UND BANTRY

In Glengariff treffe ich nun wieder auf Pücklers Spur. Er lobte die ganze Gegend mit Enthusiasmus:

„Eine Stunde vor Glengariff Bay wird die Landschaft eben so üppig und Park ähnlich, als sie vorher kahl und wild ist. Hier ragen die Felsen in den allerwunderlichsten Formen aus hesperischen Gebüschen von Arbutus, portugiesischem Lorbeer und anderen lieblichen, süß duftenden Sträuchern hervor. Manche dieser Felsen erheben sich, gleich Palläster, glatt wie Marmor, ohne Fugen und Unebenheiten, andere bilden spitze Pyramiden oder lange fortlaufende Mauern. In dem Thalgrunde glänzten einzelne Lichter, und ein leiser Wind bewegte die Kronen hoher Eichen, Eschen und Birken, mit schönem Holly untermischt, dessen hochrothe Beeren selbst im Mondlicht sichtbar wurden. Die prächtige Bay aber schimmerte, von den zitternden Mondesstrahlen durchwebt, schon in der Nähe, und ich glaubte mich wirklich im Paradiese, als ich kurz darauf ihre Ufer erreichte und mich an der Thür des freundlichsten Gasthauses glücklich angelangt fand."

Und vom Park des Mr. White, Bruder des Grafen Bantry, sagte er:

„Freilich konnte er auch nirgends einen dankbareren Erdfleck für sein Wirken auffinden, aber selten geschieht es, daß Kunst und Natur sich so vollständig die Hand bieten. Es sey genug, zu sagen, daß die erste sich nur durch die vollständigste Harmonie bemerklich macht, übrigens in der Natur ganz aufgegangen zu seyn scheint; — daher kein Baum noch Busch mehr wie absichtlich hingepflanzt sich zeigt; die Aussichten nur nach und nach, mit weiser Oekonomie benutzt, sich wie nothwendig darbieten; jeder Weg so geführt ist, daß er gar keine andere Richtung, ohne Zwang, nehmen zu können scheint; der herrlichste Effekt von Wald und Pflanzungen durch geschickte Behandlung, durch Contrastiren der Massen, durch Abhauen einiger, Lichten anderer, Aufputzen oder Niedrighalten der Aeste erlangt worden ist — so daß der Blick tief in das Walddunkel hinein, bald unter, bald über den Zweigen hingezogen und jede mögliche Varietät im Gebiet des Schönen hervorgebracht wird, ohne doch irgend wo diese Schönheit nackt vorzulegen, sondern immer verschleiert genug, um der Einbildungskraft ihren nöthigen Spielraum zu lassen; — denn ein vollkommner Park, mit anderen Worten: eine durch Kunst idealisirte Gegend soll gleich einem guten Buche wenigstens ebensoviel neue Gedanken und Gefühle erwecken, als es ausspricht."

Bei der Beschreibung des Wohnhauses erweist sich unser reisender Gentilhomme diesmal als Romantiker:

„Das Wohnhaus, durch einzelne Bäume und Gruppen malerisch unterbrochen und nicht eher sichtbar, als bis man eine ihm gegenüberliegende Anhöhe erreicht, wo es auf einmal aus den Waldmassen, mit Epheu, wildem Wein und Rosen überrankt, hervorbricht, ist ebenfalls vom Besitzer nach eignen Plänen erbaut. Es ist weniger im gothischen als in einem alterthümlich-pittoresken Style aufgeführt, den ein feiner Takt sich ganz der Gegend gemäß ausdachte. Auch die Ausführung ist vortrefflich, denn es ahmt Altertum täuschend nach. Die Zierrathen sind so sparsam und passend angebracht, das Ganze so wohnlich und zweckmäßig gehalten und dem scheinbar ältesten Teile das Ansehen von Vernachläßigung und Unbewohntheit so gut gegeben, daß ich vollkommen der Absicht des Erbauers entsprach, indem ich die Gebäude für jetzt erst bewohnbar gemachte, und, soweit es unsere Gewohnheiten verlangen, modernisirte Überreste einer alten Abtey ansah.‟

Schade, unser reisender Gartenliebhaber hat bei seinen mehrfachen Aufenthalten in Glengariff nicht die vorgelagerte Insel »Garinish Island« besucht. Er war zu sehr mit der Familie White und deren diversen Anwesen in der Gegend beschäftigt. Er hatte zwar die vielen Seehunde auf den schroffen Klippeninseln gesehen, sich aber nicht zu einer kleinen Bootsfahrt ermuntert gefühlt.

Heutzutage ist eine solche kurze Seereise, wenn man nun mal in Glengariff ist, fast ein Muß. In einer vielgegliederten, von Halbinselarmen abgeschnürten Bucht, die rundum von überhängenden Baumästen beschattet wird, »Blue Pool«, ist eine Anlegestelle für Tuckerboote installiert. Lebhafter Betrieb herrscht hier. In der Saison starten die Bötchen alle paar Minuten, zwängen sich durch die

Engstelle und halten auf das gepriesene Eiland zu. Die Seehunde scheint's nicht zu stören. Wohlig rekeln sie sich auf den sonnenwarmen Felseninselchen.

Weswegen wollen all die Feriengäste, Bustourenteilnehmer, Tagesausflügler, Gelegenheitsanwesende denn nun eigentlich hin zur Garinish-Insel? Ich glaube, sie wollen Irisches in Kombination mit Mediterranem erleben. Es gib ja kaum einen Irland-Prospekt, auf dem nicht auf die Insel verwiesen ist. Ein Pavillon im italienischen Stile ist dabei immer abgebildet, wie er da, üppig umblüht, in einem Seerosenteiche sich spiegelt, wie die rosig-grauen Säulen schöne Landschaftsausschnitte rahmen, wie er vor der großzügigen Kulisse des »Sugar Loaf« (eines weiteren!) unter strahlend blauem Himmel die Illusion vermittelt, man sei hier am Golf von Neapel! Diese Verheißung ist es — vermutlich —, die jeden Touristen das hohe Fährgeld und das noch höhere Eintrittsgeld willig zahlen läßt.

Vorweg sei gleich gesagt, warum wohl Pückler sich nicht zu dem Ausflug aufschwang: zu seiner Zeit war Garinish Island (auch Ilnacullin genannt) nur eine unbewohnte, felsig schroffe Einöde. Nicht viel mehr als hartes Gras und Heidekraut gediehen stellenweise. Inmitten der Insel gab es ein kleines Torfmoor, das in einer Schüssel aus Felsgestein sich gebildet hatte. In den ersten Jahren des neunzehnten Jahrhunderts hatten die Engländer aus Furcht vor einer napoleonischen Invasion auch hier einen sogenannten Martello-Tower bauen lassen, einen von den zahlreichen entlang Britanniens und Irlands Küsten. Daneben war eine Soldatenbaracke; kein Platz, der Pückler irgendwie interessant hätte sein können.

GARINISH

Im Jahre 1910 kaufte Annan Bryce, ein Parlamentsmitglied, die ganze Insel der Militärverwaltung ab und ging daran, einen Traum zu verwirklichen, den Traum vom Gartenparadies. Er ließ hier und da Felsen hinwegsprengen, schiffsladungsweise verschiedene Erdesorten in die entstandenen kleinen Ebenen einbringen. Das ohnehin golfstrommilde Klima wollte er für exotische Gewächse noch zuträglicher machen und zu diesem Zwecke wurde rund um die fünfzehn Hektar große Insel ein breiter, schützender Koniferensaum gepflanzt. Nun kam der englische Architekt Harold Peto, Spezialist für Gärten in italienischem Stile, zum Zuge. Er plante das dreiteilige Herzstück der Anlage: »Casita« mit »Casita Lawn«, »Italian Pavilion« mit »Italian Garden« und »Clock Tower« mit »Walled Garden«. Um diese drei Kompartimente mit formalem Charakter wurden außen herum die »Robinsonian Wild Gardens« gepflanzt, also natürlich erscheinende, parkartige Anlagen: der Moorgarten zum Beispiel, der das naturgegebene Torfbett ausnutzte, der Zedernpark, der »Jungle«, das »Happy Valley« mit einem Bächlein, das zu zwei kleinen Seen angestaut wurde. Verschlungene Wege führten vorbei an über siebenhundert Baum- und Straucharten aus aller Welt, die hier − wie vermutet − prächtig gediehen, und endeten bei besonders schönen Stellen.

Zwischen der Landestelle im Nordwesten der Insel, dem Martello-Tower im Osten und »Temple« im Südwesten war ein Werk entstanden, das den Ausspruch von Pücklers langjährigem Gartenmeister in Muskau − »Gartenkunst ist Architektur mit pflanzlichen Mitteln« − noch im zwanzigsten Jahrhundert und im fernen Irland zu bestätigen schien.

Ein anderer großer Gartenkünstler, Humphrey Repton, behielt auch recht mit seinem Satz: »Parks anlegen ist eine soziale Tat«, denn neben den zahlreichen sozialen Bezügen, die hier gemeint sein können, sticht hervor, daß der anlegenden Generation und auch den nachfolgend pflegenden Generationen Arbeitsplätze und Verdienstmöglichkeiten geschaffen wurden.

1953 wurde die Insel dann der irischen Nation vermacht. Seither ist sie der Öffentlichkeit zugänglich; auch das ist ein sozialer Aspekt. Was hätte Ida Gräfin Hahn-Hahn, die sich erklärtermaßen aus Parks nichts machte, hier angesichts dieser Pracht wohl gesagt? Wäre sie auch hier dabei geblieben, daß sie »nun einmal keine Freundin von einer so vortrefflich arrangierten Natur« sei? Ich bin's und genieße die Stunden auf der isola bella bis zur Abfahrt des letzten Bootes. Nach und nach verlöschen alle Farben. Die Stimmung, die Pückler, drüben auf der Landuferseite, wiedergibt, kann ich gut nachempfinden:

„Wir spazirten bis in die Nacht umher, sahen den hohen Sugarloaf nach und nach vom Dunkelblau in's Rosa übergehen und ergötzten uns am klaren Spiegel des Meeres, am Hüpfen der Fische auf seiner Oberfläche und den friedlichen Spielen der Fischottern."

Am nächsten Tag mache ich mich auf die Suche nach einigem, das Pückler beschrieben hat. Ob ich den Gebirgssumpf wohl finden werde?

„Diese Sümpfe sind voller kleiner Erhöhungen, die durch Haidekraut gebildet werden und wie so viel Maulwurfshügel in geringer Entfernung von einander darin vertheilt sind. Nur indem man von einer dieser Erhöhungen auf die andere springt, kann man den Sumpf passiren. Verfehlt man sie in der Hitze der Jagd und findet nicht gleich eine andere in der Nähe, so ist man sicher, in dem grundlosen Moraste zu versinken. Das einzige Rettungsmittel bleibt zuletzt noch, schnell die Arme auszubreiten oder sich mit dem horizontalliegenden Gewehr zu halten, bis endlich Hülfe kommt oder es Einem gelingt, den nächsten Hügel zu erfassen."

So wandere ich hinaus aus dem Schatten waldiger Bachufer in immer schönere Gegenden. Pückler sah das hier so:

„Dies ist eine Gegend, wie für einen Roman erfunden! Was die abgeschiedenste Einsamkeit, die schönste Vegetation, das frischeste Wiesengrün, von Bergen und Felsen umschlossen, Täler, an deren Seiten sich zuweilen 1000 Fuß hohe steile Wände erheben, dick bewaldete Schluchten, ein über Felsblöcke rauschender Fluß mit malerischen Brücken von Aesten und Stämmen, sonndurchglänzte Haine, in denen die kühlen Wellen Tausende von Waldblumen mit ihrer stets klaren Fluth erfrischen, zutraulich ge=

wöhntes Wild, horstende Adler und buntgefiederte Singvögel – alles durch die süßeste Heimlichkeit dem Dichterherzen lieb gemacht –, was solche Elemente bieten mögen, ist hier in reichem Maße vereint, um mit einer gleichgestimmten Seele alle Glückseligkeit genießen zu können, der diese Erde fähig ist."

Da sich mein fürstlicher Reiseführer zum Sugar Loaf aufgemacht hat, will ich in die gleiche Richtung. Ich gehe nur zu Fuß, er ließ sein Reitpferd kantern. Bis Shrone Hill will ich aufzusteigen versuchen. Das ist zu optimistisch gedacht; das Gelände ist schwierig, meine Zeit begrenzt. So freue ich mich, wenigstens Lady Bantry's Lookout zu erreichen. Ja, da hatte die Lady aber allerlei für Kreislauf und Kondition getan, wenn sie bis hier hinangestiegen war. Ihr Lohn war ein faszinierender Überblick über die Bantry Bay mit den vielen Inseln und den umliegenden Gebirgen.

Dies hier ist eine Feenstätte. Pückler berichtete, was das Volk zu seiner Zeit fest glaubte:

„Es giebt hier einen ‚Wilden Jäger‘, und kein Tallyho der Menschen darf da erklingen, wo sein Jagdrevier angeht. Sonst stürmt er mit dem ganzen wilden Heer herbei und reißt in dessen Wirbel die Unvorsichtigen mit sich fort. Bei alle dem ist er ganz anders wie sein deutscher Kamerad. Es ist ein Elfenkönig, klein wie Däumling, in Smaragdgrün prächtig gekleidet und von einem Gefolge begleitet, das auf Pferden, nicht größer als Ratten, über die Felsen wie über das Meer mit Windesschnelle galoppirt. Sugarloaf ist der Sammelplatz aller irländischen Feen. Die Höhlen sind voller See= muscheln und phantastischer Steingestaltungen, welche die Neugierde des Besuchers reizen, in denen aber, für alle Schätze der Welt, kein Einge= borner die Nacht zubringen würde."

So sehr ich spähe, die Feen wollen sich mir nicht zeigen.

Ich bin nicht die Person, zu der Geisterchen kommen. Auch ist es wohl die falsche Tageszeit: Mittag. Durchsonnte, zitternde Luft. So hoch der Himmel; ein paar blendend weiße Stratusstreifen machen ihn nur noch schöner! Ein Platz zum Glücklichfühlen. Ich verweile gern, auch ohne Feengesellschaft.

Das also sind die Gefilde, in denen Pückler mit Colonel White unermüdlich umherstreifte. Dabei erreichte er den merkwürdigen Wasserfall am Hungry Hill. 687 Meter ist der Berg hoch; leicht ist der Anstieg, schwierig der Abstieg. Wetter wechselt schnell und kann gefährliche Situationen herbeiführen. Mein Fürst hatte Glück, diesmal kam er nicht in Gefahr. Mit ihm ritt ja auch jemand, der das Gelände gut kannte.

„Für die Wasserfälle ist der viele Regen dieser Tage sehr vortheilhaft gewesen. Der Fall am Hungryhill verschwindet fast ganz in trocknem Wetter, übertrifft aber nach heftigen Regengüssen auf einige Stunden den Staubbach und Terni. Hungryhill (der Hungerberg) ist gegen 2000 Fuß hoch und eine fast ganz kahle ungeheure Felsenmasse. Von der Landseite bildet er zwei steile Absätze, zwischen welchen sich, auf dem Plateau, ein See befindet, den man natürlich von unten nicht sieht, wo das Ganze nur die fortlaufende Linie zwei colossaler Terrassen darbietet. Die obere besteht aus ganz kahlem Stein und wird in der Mitte durch eine vertikale, wie von der Kunst tief gegrabne Rinne getrennt; die untere Terrasse, obgleich auch ohne sehr sichtbare Unebenheit, ist doch an ihrem Abhang mit Haiden und grobem Grase bedeckt, wo gewöhnlich Hunderte von Ziegen weiden.

In der erwähnten obern Rinne nun ergießt sich von der höchsten Spitze des Bergs die Wassermasse herab, fällt in den auf dem Absatz befindlichen See und stürzt sich dann, diesen überfüllend, in vier getrennten Fällen von neuem in so großen Bogen auf die Thalwiese nieder, daß die Ziegen ruhig darunter fortweiden können, während die Wasserströme das Wiesenthal in der Tiefe bald auch in einen temporairen See verwandeln.

Da man unten stehend die Trennung des obern und der untern Fälle nebst den zwischen liegenden See, wie schon bemerkt, nicht sehen kann, erscheint dem Auge das Ganze nur wie ein ungeheurer Sturz, dessen Wirkung alle Beschreibung übersteigt."

Wie immer blieb meinem Fürsten aus Muskau genug Zeit, sich auch über den unmittelbaren Nahbereich des gastlichen Hauses zu äußern:

„Die Gegend bietet große Ferne, außerordentliche Varietät und dennoch ein am Horizont von Bergkolossen wohlgeschlossenes Ganze dar. Die Bayen von Bantry und Glengariff zeigen ein Meer im Kleinen, dessen Küsten, sich durch- und übereinanderschiebend, die Leere des großen Oceans nie erblicken lassen, landeinwärts aber scheint das wogende Gebürge fast ohne Ende. ... Unter den dem Park grade gegenüberliegenden Bergen ragt wieder ein Zuckerhut hervor, und an seinem Fuß erstreckt sich ein schmales Vorgebürge bis mitten in die Bay, wo ein verlassenes Fort malerisch seine Spitze bezeichnet."

Hier irrte Pückler. Von seinem Sichtpunkt aus hatte er Inseln nicht als solche erkennen können und sie dieserhalb für halbinselartige Vorgebirge angesehen. Was er »altes Fort« nannte, ist ein Martello Tower, am wahrscheinlichsten der von Garinish Island. — Es versteht sich fast von selbst, daß Pückler Gutes über die Parkanlage seines Gastgebers äußerte:

„Der Park nimmt die ganze eine Seite der Bay ein und begränzt an seinem schmalen Ende die von Bantry, wo das Schloß des Lord B. am jenseitigen Ufer den Hauptaussichtspunkt bildet. Nur zur Hälfte bepflanzt, ist die ganze Anlage überhaupt erst seit vierzig Jahren aus dem Nichts hervorgerufen worden. Ein solches Wirken verdient auch seine Kronen, und der würdige

Mann, der mit geringen Mitteln, aber großem Talent und gleich großer Ausdauer es schuf, sollte den irländischen Grundbesitzern, die ihre Schätze im Ausland vergeuden, als ein hoch zu ehrendes Muster aufgestellt werden."

Auf diesen Besitz hatte sich einst der 1. Earl of Bantry zusammen mit seinem zweitgeborenen Sohn zurückgezogen, als sein ältester Sohn, der nachmalige 2. Earl, daranging, das gegenüber am anderen Ufer der Bantry-Bay gelegene Haus umzubauen. Dieser, Richard White, hat das schon 1740 gebaute Schloß im Jahre 1820 erheblich erweitern lassen, um seinen überall auf dem Kontinent gekauften Kunst- und Möbelschätzen einen würdigen Rahmen geben zu können. Verständlicherweise war er stolz auf die gelungenen Anbauten und auf die Sammlungen, so daß ihm die Gelegenheit, all das einem deutschen Fürsten vorzuführen, wohl recht willkommen gewesen sein muß.

Warum Pückler als eifriger Parkbegutachter den gerade um Haus Bantry herum entstehenden Garten nicht erwähnte, wird klar, wenn man die Anlage sieht. Eine verhältnismäßig enge Talöffnung, die sich zur Bucht hin aufweitet, ist ausgenutzt zu einem steil in Terrassen angelegten Formalgarten in italienischem Stile. Auch zur Meeresbucht zu ist die auf diese Weise bestimmte Gestaltung fortgesetzt. Das wird dem kennerischen Pückler nicht so sehr gefallen haben, denn er war ja ein erklärter Liebhaber des englischen Gartenstils; großer Weitläufigkeit also, in der die Natur so behutsam geformt ist, daß die Hand des Gärtners, wenngleich sehr wirksam eingreifend, doch unauffällig bleibt.

Bis das Haus geöffnet wird, habe ich noch reichlich

Zeit. Ich werde also den Garten und die großartigen Ausblicke auf die Bucht in aller Ausgiebigkeit genießen. Vieles ist noch ungebahnt, bedarf nach langen Zeiten der Vernachlässigung des Zustutzens, Wegräumens. Aber zuerst wird das Haus restauriert, auch die hausnahen Gartenteile. Viel Arbeitsmaterial liegt umher. Da entdecke ich unter einem Tordurchgang die Formen, in denen die Dokken gegossen werden, die man hier für die großzügigen Ballustradenschwünge und die umlaufende Attika benötigt. Ältere sind da, aus Holz gekehlte; und neuere, leichtere, aus thermisch gepreßtem Fiberglas. Sie sehen gleich viel nüchterner aus.

Nun treibe ich mich zwischen reparaturbedürftigen Treillagen in fernliegenden Gartenteilen herum. Es gehört zu meinen Gewohnheiten, ein Gebautes erstmal großräumig zu umkreisen und von fern her Prospekte zu gewinnen; natürlich auch zu fotografieren. So auch hier. Da tritt plötzlich jemand aus einer verwilderten Heckenwand in meinen Weg, vor dem ich erschrecke. Es fährt mir durch den Kopf, daß der Mann definitiv so aussieht, wie man sich einen Kindermörder vorstellt. Unsinn, so sage ich mir: kein Kindermörder sieht aus wie ein Kindermörder! Der Mann kümmert sich um mich gar nicht, begegnet mir da hinten im Gelände aber noch zwei weitere Male. Ich fühle mich unbehaglich, suche die Nähe anderer Besucher, gehe näher ans Schloß.

Es ist noch nicht geöffnet, also bleibt man mit anderen Einlaßheischenden wartend im Vorfeld. Zu verrückt, aber es nistet sich der Gedanke ein, den Mann, der inzwischen auch herangekommen ist, irgendwann einmal beschreiben zu müssen. Ich sollte ihn mir deshalb wohl genauer ansehen. Verstohlen natürlich. Er ist etwa vierzig Jahre alt, groß, schlank, mit elegantem hellgrauen Anzug. Dazu trägt er aber abgetretene, ungepflegte Schuhe, ein nicht ganz sauberes Hemd, dessen zu lange Kragenecken nur unvollkommen von einem nachlässig gebundenen, etwas schäbigen Binder zusammengehalten werden. Er hat gut geformte Hände, die weichgelenkig baumelnd aus den Jackettärmeln heraushängen. Das Gesicht ist nicht eben häßlich, aber fahl; und die Augen? Hell, stechend und gehetzt zugleich. Was zu dem Anzug gar nicht paßt, ist der zerdrückte und durchgeschwitzte Hut, unter dem dünne, dunkelfettige Haare bis auf die Schultern herabhängen. Was macht er hier zwischen den Leuten, die in sommerlicher Freizeitbekleidung gekommen sind, um Bantry House von innen zu sehen? Er stöbert unruhig zwischen den abgestellten Autos umher, holt mit fahrigen Bewegungen einen Knitterzettel aus der Tasche, fragt einen anderen Wartenden irgend etwas. Ich höre nicht, was er fragt, nur seine seltsam hohe Stimme. Nicht nur ich gucke ihn an, auch die meisten anderen haben ihn im Visier. Da trollt er sich, verschwindet im Gartengrün. Ich möchte ihm nicht wieder begegnen. – Merkwürdig, dieser Mann paßte so gar nicht nach Irland.

Die Türen öffnen sich zum Einlaß. Gleich ein Heftchen kaufen! Man erfährt, daß das Haus über die weibliche Linie noch immer im Besitz von Mitgliedern der Familie White ist. Es werden große Anstrengungen unternommen, Haus und Garten zu restaurieren. Mein Eintrittsgeld, eins von Hunderten pro Tag, hilft dabei mit. Man darf sich im Hause frei bewegen und nach Dingen Ausschau halten, die mit einiger Sicherheit auch schon 1828 zum Inventar gehörten. Ernste Portraits an den Wänden zeigen Pücklers einstige Gastgeber. Dresdner Geschirr ist jetzt noch da; es mag den Fürsten heimatlich berührt haben. Zu seiner Zeit erleuchteten Kerzen in Waterford-Kandelabern die festliche Tafel in einem tiefblau dekorierten Speisesaal. Ein großes üppiges Obstmarkt-Stilleben von Frans Snyders war 1799 als ein Hochzeitsgeschenk von König Georg III. ins Haus gekommen. Ob all die symbolischen Anspielungen darauf von den Betrachtern immer verstanden worden sind, mag sehr fraglich bleiben. Nicht fraglich bleibt jedoch, daß die Rubens-Zuschreibung für die beiden darauf dargestellten Personen, Marktfrau und Kunde, unrichtig ist. Rubens' Mitarbeit wird in besagtem Heftchen zwar behauptet, denn solche Aussage macht sich ja immer ganz nett und auch werbewirksam, ob's stilkritisch auch paßt, ist nur für Kunsthistoriker interessant. In Wirklichkeit stammen die beiden Figuren ebenfalls von der Hand des Malers Frans Snyders. – Den kleinen Affen im Vordergrund des Bildes, Metapher für Torheit, Triebhaftigkeit und Unverstand, wird Pückler wohl nur drollig gefunden haben, sich sonst aber nicht weiter angefochten gefühlt haben.

Nach Stunden verlasse ich das schöne Anwesen. Ein merkwürdig verhangener Sonnenuntergang kündigt sich an. Rasch also hinauf auf die Anhöhe jenseits der fauligen Schlickbänke in der Hafenbucht, von wo aus der Blick ungehindert über die Länge der Bucht nach Südwesten schweifen kann. Rechterhand liegen zuvorderst Chapel

Island, dahinter Whiddy Island. Zum Glück von hier nicht sichtbar, sind dort große Öltanklager, denn da die Bucht ein idealer Tiefwasser-Naturhafen ist, wird Öl für Irland gebunkert. Jetzt ist aber ohnehin nichts sicher zu vermerken. Dunst liegt über den Wassern, die hell, erst austernfarbig, dann goldtopasfarbig, später rötlich, zuletzt in violetten Tönen erscheinen, als ein adäquater Widerschein des Himmels über mir. Da drüben, in Bantry House, gehen die Lichter an.

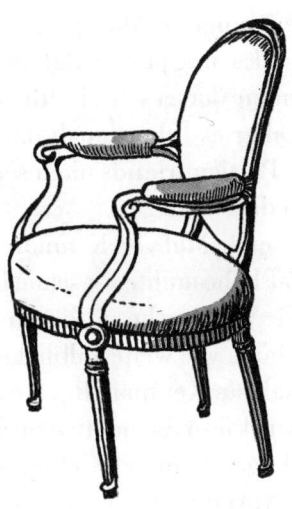

IN BANTRY HOUSE

❦

VON GLENGARIFF
NACH KENMARE

Pückler war ein notorischer Langschläfer; er erschien nach ausführlicher Toilette meistens erst in den frühen Nachmittagsstunden in den Empfangsräumen seiner Gastgeber. Wollte er über Land zu einem anderen Reiseziel gelangen, bevorzugte er die späten Abend- oder gar die Nachtstunden. Es mag ja sein, daß ihm spätes Aufbrechen einige Stunden der gesellschaftlich wichtigen Dinner-Zeit rettete, aber es führte auch dazu, daß er einige atemberaubende Partien Irlands nicht sehen konnte, weil er sie im Finstern durcheilte.

Daß er sich das erste Mal von Kenmare nach Glengariff nachts über die Paßhöhe mühte, ist schon berichtet worden. Daß gerade diese Wegstrecke zu den aufregendsten im ganzen Lande gehört, wie weite Talblicke man unterwegs von der Höhe hinab zur Kenmare Bay u n d zur Bantry Bay genießen kann, wie kühn die heutige Straße, den damaligen Landwegen folgend, an den Gebirgsschrofen entlang sich windet, wie variantenreich grün und grün Matten und Gründe in des Tages Sonne sich dehnen, wie tausend hurtige Wässerlein über Steine zu Tale rinnen, wie majestätisch die felsigen Höhen sich auftürmen, das alles sieht man nachts nicht! Und wer in so späten Stunden wandert, der schläft dann recht lange in den nächsten Tag hinein, verpaßt auf diese Weise wiederum dessen freudigsten Teil.

Unser ruhelos schweifender Fürst tat gar nicht gut daran, auch den Rückweg von Glengariff nach Kenmare — diesmal, da des Reitens überdrüssig, zu Fuß — wieder spät abends zu absolvieren. Er vollbrachte dabei eine anerkennenswerte sportliche Leistung, vorausgesetzt, sein Bericht darüber bleibt bei der Wahrheit. Er schaffte, wie er schrieb, die rund dreißig Kilometer in etwas mehr als sechs Stunden. Ein durchaus preußisches Marschtempo; und das auch noch im Regen, bei steinigem Weg, über eine Paßhöhe von über vierhundert Metern.

Nur am Anfang der Wegstrecke konnte er noch etwas sehen:

„Sowie ich Abschied von den neuen Freunden genommen und dem lieblichen Thale den Rücken gekehrt, umzog sich auch der Himmel und nahm bei dem Eintritt in das schauerliche Steinreich, das ich Dir gestern beschrieb, die Farbe an, die zu meiner Stimmung wie zur Umgebung am besten paßte. ...

Es fing sanft an zu regnen, ein Berg nach dem andern verschleierte sich, und ich wanderte melancholisch, sehnsüchtig nach dem verlornen Paradies, den Regionen zu, wo die Erde gleich einem Gerippe nur ihre Knochen erblicken läßt. Unterdessen ward der Regen immer stärker und einzelne Windstöße verkündeten bald ein ernstliches Unwetter. Ich hatte den hohen Berg zu erklimmen, der inmitten der ersten Wegeshälfte von hier aus liegt, und schon kamen mir Ströme Wassers entgegen, die gleich kleinen Cascaden in allen Bergfurchen herab schossen. Da ich den Luxus so badeartiger Durchnässung im Freien selten genieße, so watete ich mit wahrem Wohlbehagen in dem flüssigen Element umher, mich gewissermaßen in das Seelenvergnügen einer Ente versetzend. Der Beweglichkeit meiner Phantasie ist, wie Du weißt, nichts der Art unmöglich."

Ich bin heilfroh, daß ich meine eigene Fähigkeit, Gutes auch üblen Situationen noch abzugewinnen, jetzt mal nicht testen muß. Denn der Tag ist heiter, der Weg ist gut, der Bus ist bequem.

♣

GOUGANE BARRA

Auf seinem Wege nach Macroom mußte Pückler über den von Eiszeitgletschern ausgekehlten Pass of Keimaneigh, eine in früheren Zeiten ganz abgeschiedene Stelle.

„In der überaus wilden Gegend liegt, ohnfern von hier, ein großer See mit einer bebuschten Insel in seiner Mitte. Hier steht eine heilige Capelle, zu der alljährlich große Wallfahrten angestellt werden. Die vorgerückte Tageszeit erlaubte jedoch nicht, sie näher zu besichtigen."

Er hätte es tun sollen; es wäre ihm dann vielleicht allerlei erspart geblieben. Auf seinen diesbezüglichen Bericht muß aber noch ein wenig gewartet werden, denn erst will ich schnell sagen, was heutige Reisende in dieser Gegend erwartet.

Die Paßschlucht bei Gougane Barra ist jetzt nicht mehr so eng und finster und gefährlich wie damals. Dynamit hat eine breite Straßendurchfahrt ermöglicht. Nicht weit davon, im Quellgebiet des River Lee, ist der langgestreckte, wunderbare See an drei Seiten von fast senkrechten Felswänden umstellt. Zahllose Wasserfälle sprühen ihm gischtendes Wasser zu. Nach ergiebigen Regenfällen sind die Steilwände ganz mit einer schimmernden Wassergardine verhängt. Nur wenn man allein dort ist, hört man ihr Tosen; aber natürlich ist man nicht allein. Nicht, wenn irgendwo in Europa, USA, Japan oder Australien Ferien sind. Vertreter aus allen Weltteilen sind, Busladung nach Busladung, hierher geeilt zum Staunen. Sie staunen — aber keineswegs wortlos und keineswegs ohne zu picknicken. Bequeme Straßen sind eben nicht nur für einen selbst angelegt, sondern auch für alle anderen Menschen.

Die kleine Moränen-Insel, Finbar's Island, wie schön sie da in der Seefläche liegt! Aber nein, das ist ja gar keine Insel mehr; ein Damm verbindet sie mit dem Ufer. Millionen von Touristen sind auf ihm der kleinen rhododendrenumwucherten Kapelle nähergekommen. Moderne Wallfahrt.

GOUGANE BARRA

Das trauliche Kirchlein sieht beim ersten Blick alt aus, aber es ist erst in der ersten Hälfte des achtzehnten Jahrhunderts in einem Stil gebaut worden, der irische Romanik nachgestaltete. Viele Brautpaare wollen hier ihren Ehebund eingesegnet haben. Seitlich der Kirche ist eine ummauerte Gebetsstätte. Überraschend viele Menschen knien auf den Sockelstufen eines Kreuzes. Ich versuche zu erlauschen, was sie murmeln. Nein, heute betet niemand von ihnen in gälischer Sprache. Aber die Gegend ist ein kleines Gaeltacht; man pflegt und lehrt dort die altirische Sprache. Es gibt Orte, in denen noch vorwiegend das angestammte Idiom tagtäglich gesprochen wird. Das alles wird sehr unterstützt von der Gaelic League, der gälischen Vereinigung, die schon 1893 gegründet worden ist, und die durchaus auch politische Ziele verfolgt.

Pückler war, den Lee entlang stets talwärts, in einer »Diligence«, einer Schnellpost-Kutsche, unterwegs; und wenn er öffentliche Verkehrsmittel benutzte, hatte er oft Lästiges zu vermerken:

„Drei Frauenzimmer waren mit mir im Wagen und ein fünfjähriger großer Bengel, der sich sehr unnütz machte und von einer sonst recht hübschen und lebhaften Mama entsetzlich verzogen wurde. Obwohl er eine große Semmel und ein gleiches Stück Kuchen vor sich hatte, an denen er fortwährend speiste und den Wagen mit Krumen und Brocken anfüllte, wurde doch seine üble Laune bei jeder Gelegenheit rege. Das Geschrei, welches er dann erhob, und das Getrampel seiner Füße, das er oft, ganz unbekümmert, auf den meinigen spielen ließ, die Begütigungen der Mutter und ihr zu Hülferufen des Mannes, der auf der Imperiale saß, dann ihre beständigen Bitten, doch einen Augenblick anzuhalten, weil dem armen Wurme vom Fahren übel geworden sey, oder weil er trinken oder noch etwas anderes thun müsse, zuletzt gar eine sich verbreitende mephytische Luft, welche die Mama selbst zwang, die Fenster zu öffnen, die sie bisher aus Furcht, der Kleine möchte sich, ohngeachtet seines Pelzes, erkälten, stets hermetisch zugehalten hatte — es war eine wahre Geduldsprobe!"

Ja, da wird unser fürstlicher Reisender wohl die Idee verwünscht haben, statt des eigenen Wagens die Postkutsche benutzt zu haben. Er wird bereut haben, den stillen Frieden von Finbars Insel verlassen zu haben. — Heutigentags kann man ähnliches auch erleben; nicht so leicht in Bussen, die ja die Nachfahren der Postkutschen sind. Busfahrten gehen zu schnell, da entwickelt sich Ungezogenheit nicht so zwangsläufig wie bei langsamerem Reisen. Unartige Eltern mit unartigen Kindern erlebt man schon eher bei den vielstündigen Fährüberfahrten zwischen dem Kontinent und den britannischen Inseln, zu denen Irland geographisch gehört.

✤

CORK

Über Cork, das besonders im neunzehnten Jahrhundert als Verbindungshafen zu England und zum Kontinent eine der bedeutendsten Städte Irlands war, schrieb unser sonst so einfallsreicher Berichterstatter nur wenige Zeilen. Bei seiner Ankunft muß er im Halbschlaf gewesen

sein, die Augen fast geschlossen gehabt haben, behauptet
er doch, die Stadt liege

„in einer tiefen Schlucht, höchst malerisch, am Meer."

Wo hat er das Meer gesehen? Cork ist ja ein gutes Stück
davon entfernt. Es bedurfte und bedarf vom Stadtzen-
trum aus eines mehr als zwanzig Kilometer langen, win-
dungsreichen Kurses, ehe man das Meer erreicht. River
Lee weitet sich zu Lough Mahon, und dann zur nahezu
von Halbinseln geschlossenen Bucht Cork Harbour. Viele
Inseln verlegen diesen Wasserweg.

Pückler fand die Stadt altertümlich, mit vielen Häusern, die

„über und über mit schuppenartigen Schieferpanzern"

bekleidet waren. Einige dieser Häuser gibt es noch, wenige allerdings nur.

„Prachtvolle Gebäude sind die beiden neuen Gefängnisse, das der Stadt
und das der Graffchaft, wovon das eine im antiken, das andere im
gothischen Styl aufgeführt ist und einer großen Festung ähnlich sieht."

Und etliche Zeilen weiter, wo er Cork vom Lough Mahon her sah, vermeldete unser reisender Weltmann:

„Nach und nach tritt dann, von der Mitte des Gemäldes, die Stadt lang-
fam hervor und endet auf dem höchsten Berge, der den Horizont zugleich
schließt, mit der imponirenden Maffe der Militärbaracken."

Gefängnisse, Militärbaracken (gemeint sind Kaser-
nen); was war nur in ihn gefahren? Hatten seine Militär-
zeiten in preußischen, weimarischen und russischen Dien-
sten späte Spuren hinterlassen?

Will man Näheres darüber erfahren, was hinter den
antiken und gotischen Gefängnisfassaden vorging, wie
das ganze Rechtswesen beschaffen war, so muß man mehr
bei anderen Autoren nachlesen. Zwar gibt es auch bei

Pückler einige tadelnde Äußerungen, aber der ganze Komplex wäre doch einer tiefergehend kritischen Betrachtung wert gewesen. Düstere Schiffe, vollgeladen mit Menschen, die zur Deportation nach Botany Bay in Australien verurteilt waren – oft für ein Kleines an Verfehlung, und oft aus blanker Not zu dieser Verfehlung getrieben –, hätten nicht bloß als Staffage der Szenerie aufgefaßt werden sollen. Kurzes Schaudern, das war zu wenig! Die Realitäten waren unerträglich hart. Und Zehntausende waren von diesen Realitäten betroffen. Wieviel zuschanden gewordene Hoffnung, wieviel Verzweiflung! Deportation war auch ein probates Mittel der Unterdrückungspolitik. Wer weggeschickt war, konnte nicht mehr stören. Nun, rund einhundertsechzig Jahre später, sind solche niederdrückenden Verhältnisse natürlich längst Vergangenheit; vergessene Vergangenheit sogar. Nur bei Museumsbesuchen flackert zuweilen Erschrecken auf.

Von den beiden Gefängnissen gibt es erstaunlicherweise noch immer Überbleibsel. Aber ach, wieviele Meilen muß man suchend die Stadt durchstreifen, bevor man nach dürftigen, mehr vermuteten als wirklich gewußten Hinweisen vom Stab im Tourismusbüro das findet, was Pückler so hoch gelobt hat. Der gewaltige griechische Portikus des einen schließt ein Stück Universitätsgelände zum River Lee hin ab, eine leere Fassade, ohne Gebäude dahinter. Klage noch, und auch Anklage. Das im »gotischen« Stil erbaute Gefängnis wurde in Königin Victorias Zeiten passenderweise erst als Kaserne genutzt, später dann als Frauengefängnis. Jetzt liegt es wüst in Trümmern. Nur die festungsartige Südmauer, hoch über River

Lee, mit dem Eingangsportal, das aussieht, wie zu einer Burg gehörig, trotzt den Zeiten, manifestiert Dauerhaftigkeit. Häftlinge gibt es dem Vernehmen nach nicht mehr in Cork. Das Hauptstaatsgefängnis Irlands ist in Portlaoise. – Cork ist keine »Rebel City« mehr.

Schmuddelige kleine Steppkes kommen heran, sehen meine Kamera, bieten sich an, mich vor dem zugemauerten Gefängnisportal zu fotografieren. Sind sie nun eigentlich zutraulich oder doch schon zudringlich? Oder wollen sie nur ein paar »bobs« verdienen? Ich gebe ihnen lieber meine beiden Äpfel und ein paar deutsche Hustenbonbons, die ich bei mir habe. Ein heller Blick, ganz rasch. Nicht so helle Zähne werden beim breiten Dankgrinsen sichtbar; und schon sind sie fort.

Von hier oben kann ich die Stadt ganz gut überblicken. Sie wuchert und wuchert pilzartig in die Breite, landeinwärts mit endlosen Vorstädten, seeseitig mit Raffinerien, Öltanklagern, Industrieanlagen, Stahlwerken und anderen, die alle von wirtschaftlicher Prosperität sprechen.

Und die Militärbaracken? Weg sind sie! In den Himmel ragt heute da, wo sie wohl waren, Irlands höchstes Hochhaus: mit siebzehn Stockwerken die Verwaltung von Irlands größter Grafschaft, Cork County.

Was kann man abends machen? »The Dubliners« gastieren gerade in der Stadt. Karten? Ausverkauft seit Wochen! Also auf zum greyhound track in der Western Road! Dreimal wöchentlich geht's in Cork rund. Wieviele tausend Menschen sind wohl hier? Auf der Tribüne ist jeder Platz besetzt. Die Wettschalter sind umlagert. Acht Rennen gibt es heute. Flutlicht. Elektronische Anzeigetafel.

Kurzgeschorenes Grün im Oval. Eßbares, vornehmlich Frittiertes, ist an vielen Stellen erhältlich. Bier, viel Bier. »Murphy's«, nicht so sehr das aus Dublin.

Die Windhunde des ersten Rennens werden vorgeführt. Ihre Besitzer oder die Trainer haben sie eng angeleint. Sehnige Renner sind das; braune, graue, weiße, schwarze, gefleckte, gestromte. Sie zittern vor Rennfieber, sind eingezurrt in ulkige Westchen, auf denen ihre Startnummern stehen. Das Publikum schätzt sie ab mit kundigen Blikken. Wettende – und das sind hier fast alle – plazieren ihre Voraussage am Totalisator oder beim Buchmacher. All diese Sachverständigen wechseln Geld gegen kleine bunte Zettelchen. Manche kaufen ganze Blöckchen davon.

Jetzt werden die sechs whippets von ihren Herren in die Startboxen manövriert. Manche der Vierbeiner mögen das nicht, machen Schwierigkeiten. Es wird nun ganz still auf der Tribüne; erstaunlich still. Dann, ein Ruf, die Klappen der Boxen fliegen auf, die elektronisch regulierte Hasen-Attrappe saust los. Die Hunde preschen hervor und jagen – wie immer vergeblich – wie besessen dem Flederwisch nach. Gleichzeitig mit alledem bricht ein ohrenbetäubendes Anfeuerungsgeschrei los, hört nicht auf, bis der ganze Kurs durchrast ist. Geschmeidige, kraftvolle, weitausgreifende Bewegungen. Für die Normaldistanz von 525 yards brauchen die Tiere etwa dreißig Sekunden; Stundengeschwindigkeit fast sechzig Kilometer!

Es tritt eine Pause ein. Die nächsten sechs Renner werden vorgeführt. Nach der Besichtigung neuer Run auf die Wettschalter. Schließlich ist alles bereit für den zweiten

Adrenalin-Ausstoß, sowohl bei den sporttreibenden Hunden, als auch bei den zuschauenden Menschen. – Nach acht mal dreißig Sekunden, mit den Pausen nach insgesamt etwa zwei Stunden, ist alles vorbei. Die Gewinner machen Kasse. Das dauert! Alle anderen wandern... ja, wohin? Vielleicht nach Hause; wahrscheinlicher in ein pub. Man muß die Rennen ja besprechen, egal, wie heiser man sich geschrien hat.

Wo eben noch die vielen Rennbegeisterten waren, sieht's nun aus wie beschneit: Abertausende von Wettzettelchen bedecken den Boden. Die Hoffnungen des Abends sind bei vielen zerstoben, zerflattert, zertreten. – Hunderennen, das sind die Pferderennen des einfachen Mannes. Sie werden wichtig genommen. Manche Hunde sind bekannt wie Stars. Ein solcher Star war »Master McGrath«. Ihm ist in Dungarvan sogar ein großes Steindenkmal gesetzt; ihm, dem Sieger vieler Rennen.

Pückler konnte einen solchen Nervenkitzel nicht erleben. Windhundrennen gibt es in Irland erst seit 1927. Er delektierte sich anders:

„Obwohl ich glaube, daß wir den Engländern in der edlern Baukunst überlegen sind, so fehlen wir doch darin, daß wir bei unsern Gebäuden viel zu wenig die Umgebung und die Landschaft umher berücksichtigen. Diese aber ist es gerade, welche größtentheils für den zu wählenden Styl entscheiden sollte."

Diese Aussage machte mein vagierender Schloßeigner aus Muskau angesichts von Blackrock Castle, das unterhalb von Cork an die Südflanke von River Lee gebaut worden ist. So zutreffend Pücklers Feststellung zumindest hinsichtlich wünschenswerter Berücksichtigung von Umgebung und Landschaft beim Bauen ist, so verwunderlich erscheint es, daß er sie ausgerechnet angesichts der damals gerade erst erbauten Kunstburg von Blackrock Castle traf. Der Bau wird ganz zu Recht von allen Reisehandbüchern und sogar von den örtlichen Informationsblättchen schamhaft verschwiegen. Pückler irrte sich da ganz einfach, sowohl in der stilistischen Einordnung, als auch in der Beurteilung des Ganzen.

✿

COVE/COBH

Pückler hat seiner geliebten Julie, wie er seine Gattin wohlweislich verschlüsselt anredete, zumeist ganz getreulich berichtet. War er auch keiner, der ganz genau hinguckte, und keiner, der kühl und scharf analysierte, so hatte er doch die Gabe des intuitiven Erfassens, was den spezifischen Charme seiner Briefe ausmacht. Dazu kam die Fähigkeit zu interessanter Darstellung. Zuweilen jedoch flunkerte er ganz unbedenklich. Er liebte es, Effekt zu machen, und um schöner Effekte willen vergaß er gelegentlich die Pflicht des Berichterstatters zur Wahrhaftigkeit. Besonders auffällig wird das bei den paar Seiten über Cove. Der irische Name ist nun wieder Cobh; das wird aber genauso ausgesprochen wie der anglisierte Name. Unser phantasievoller Reisegenießer konnte wohl auch darauf vertrauen, daß niemand so bald darauf kommen werde, wo bei ihm Wahrheit aufhörte und Dichtung anfing. Wer reiste damals schon nach Irland? Und wer würde nach ihm so bald ein Buch über das bereiste Land veröffentlichen?

So konnte er durchaus riskieren, um eines besonders schönen Effektes willen in seinen Briefen die Topographie der reichgegliederten Bucht von Cork Harbour kurzerhand abzuändern. Einfach so.

„Wir segelten hierauf mit gutem Winde bei Passage, einem Fischerdorf, und Monkstown vorbei, das seinen Namen (Mönchsstadt) von einer im Walde darüber liegenden Klosterruine herschreibt. Hier fing der eine Zeit lang unterbrochene Regen wieder an, gab aber diesmal Gelegenheit zu einer herrlichen Naturscene. Wir wandten uns bei der Insel Arboulen in die enge Bay von Cove, die einen sehr schönen Anblick gewährte, denn ihren Eingang bildet links eine hohe Küste mit Häusern und Gärten, rechts die genannte Berginsel, auf der ein Fort, weitläufige Marinegebäude und Storehäuser stehen, die das Material für die Seemacht enthalten; vor uns aber, in der Bay selbst lagen mehrere Linienschiffe und Fregatten der königlichen Flotte nebst einem zweiten Deportirtenschiff vor Anker, und hinter diesen erhob sich die Stadt Cove, stufenweise am Berg aufgebaut. Indem wir dies alles eben ansichtig wurden, trat an einem feuergelben Fleck des Himmels hinter uns die dem Untergehen nahe Sonne unter den regnenden Wolken hervor, während vorn sich ein Regenbogen so vollständig und tiefgefärbt, als ich ihn nie mich erinnere gesehen zu haben, über den Eingang der Bay spannte, aus dem Meere emporwachsend und wieder in dasselbe herabsinkend gleich einer Blumenpforte, Himmel und Erde zu verbinden bestimmt. Innerhalb seines riesenhaften Halbkreises erschien das Meer und die Schiffe, die ein Berg in unserm Rücken schon vor der Sonne deckte, ganz schwarz, wogegen die abendlichen Strahlen über das höhere Amphitheater von

Cove eine solche Glorie von Licht ergoßen, daß die darin schwebenden Seemöwen wie klares Silber schimmerten und jedes Fenster in der den Felsen hinansteigenden Stadt wie glitzerndes Gold erglänzte. Dieser unbeschreiblich schöne Anblick hielt nicht nur in derselben Beleuchtung aus, während wir einfuhren, sondern kurz vor dem Landen verdoppelte sich der Regenbogen sogar, beide Bögen in gleicher Schönheit der Farben brennend, worauf aber auch beide, als wir noch kaum den Fuß ans Ufer gesetzt, fast im Augenblick verschwanden."

So also ist das nun nicht! Da, wo er die Regenbogenpracht beschreibt, ist nicht das Meer, sondern Great Island und dahinter das Festland, sofern man bei der Insel Irland überhaupt von Festland sprechen kann. Auch scheint er die nur schmale Öffnung der Bucht zum Meere hin woanders angenommen zu haben, als sie tatsächlich ist. Aber was macht das alles schon? Das Bild, das er uns mit Worten malt, ist einfach schön!

Wäre unser geschätzter Freund nicht auch diesmal wieder erst in der Dunkelheit der Nacht, jetzt auf dem viel weiteren Landwege, zu seiner Bleibe zurück nach Cork gefahren, er hätte etwas sehen können, das ihn brennend interessiert hätte: auf Foaty Island hatte die Smith-Barry-Familie nicht nur gerade ihr Haus im Regency-Stil – mit integrierter Fußbodenheizung! – fertigbauen lassen, sondern man war auch dabei, ein Arboretum anzupflanzen. Setzlinge, Sämlinge und Stecklinge von Bäumen und Sträuchern aus aller Welt würden im milden Klima von Südost-Irland gedeihen, so hoffte der Schloßherr und behielt recht. Die Pflanzung entwickelte sich erfreulich. Die erstaunlichsten Baumarten, wahre Baumschätze, sind hier versammelt, nun natürlich als bejahrte, würdige Baumriesen. Unverdienterweise sind wir die Erben dessen, was einstige Tatkraft und Kreativität schufen.

♣

BLARNEY CASTLE

Pückler hat gar manches auf seinen Reisestrecken nicht gesehen, ist ohne Wahrnehmung und ohne briefliche Notierung vorbeigefahren. Seine Route richtete sich ja weitgehend nach mündlichen Empfehlungen und nach ergangenen Einladungen. Reisehandbücher, die ihn hätten leiten können, wie sie heutigentags dem Irlandreisenden in großer Auswahl zur Verfügung stehen, gab es 1828 noch nicht. Karl Baedecker gab 1836 in Koblenz sein erstes Reisehandbuch heraus, aber es betraf nicht Irland. Und ob der so sehr zutreffende Satz von Samuel Johnson: »Nur wer sich mit Kenntnissen auf die Reise macht, kehrt mit Erkenntnissen zurück« bis zu Pückler gedrungen war, muß fraglich bleiben.

Wäre Pückler so gut unterrichtet gewesen, wie man heute ist, er wäre bei seiner Fahrt von Macroom hinab nach Cork ganz gewiß auf Blarney Castle so neugierig gewesen, wie es seither wahre Heerscharen von Touristen waren und noch sind. Er hätte sich nicht nehmen lassen, den Blarney-Stein zu küssen, verheißt solches Tun doch seit eh

und je Steigerung der Beredtsamkeit. Eine solche Selbst-
gradation ist nicht ganz leicht zu erreichen, denn diesen
mit magischen Kräften begabt geglaubten Stein kann
man nur mit erheblichen Anstrengungen küssen. Erst
muß man eine enge Wendeltreppe hinan bis zum obersten
Söller. Dort entdeckt man, daß das zu küssende Objekt
unterhalb des Fußbodenniveaus so in die Außenmauer gefügt ist, daß man sich rücküber verrenken muß. Auch be-

BLARNEY

nötigt man einige Sicherheitsassistenz, wenn man die eigene Lippenfeuchte auf die von andern Küssern dort bereits hinterlassene schichten will. – Ich laß' es lieber bleiben, denn so gewiß man als älterer Besucher Gefahr läuft, einen Hexenschuß damit zu provozieren, so ungewiß ist es, welche Art von Eloquenz herbeizitiert wird. Am Ende wird's nur Geschwätzigkeit. Denn schließlich ist man ja vorgewarnt durch die in der englischen Sprache wegwerfend gemeinte Bemerkung: »That's all blarney«, was denn meint: »Alles nur Geschwätz!« – Schmus-Blabla.

♣

MITCHELSTOWN

Angesichts des damals gerade neu erbauten Schlosses in Mitchelstown wurde unser kritischer Plauderer, Fürst Pückler, richtig böse:

„... so wie die Lobeserhebungen, welche ein früherer Reisegefährte mir von dem neu erbauten gothischen Schlosse zu Mitchelstown gemacht, bewogen mich, mitten in der Nacht die Mail zu verlassen und hier den Morgen zu erwarten. Um 7 Uhr weckte man mich, um das gepriesene Wunderwerk in Augenschein zu nehmen. Ich fand mich aber sehr enttäuscht, so wie einige andere Fremde, die derselbe Zweck hierher geführt hatte. Man zeigte uns allerdings einen großen und kostbaren Steinhaufen, der den Besitzer 50 000 Pfund Sterling aufzuführen gekostet hatte, ein Haupt-Ingredienz war aber dabei vergessen worden, nämlich guter Geschmack. Das Gebäude ift erftens viel zu hoch für feine Ausdehnung, hat nur Confufion im Styl ohne Varietät, eine fchwerfällige Außenlinie, und macht überhaupt einen kleinen Effect mit großer Maffe. Dazu ftand es kahl auf dem Rafen, ohne irgendeine malerifche Unterbrechung, welche Schlöffer im gothifchen oder verwandten Styl grade am meiften bedürfen; auch der unanfehnliche Park befaß weder eine fchöne Baumgruppe noch eine erwähnenswerte Ausficht.

… Die innere Verzierung des Schloffes glich feinem Äußern; in fünf Minuten hatten wir völlig genug daran, und da man zwar von einer fchönen Ausficht auf der Höhe des Turms fprach, aber den Schlüffel dazu nicht finden konnte, fo kehrten wir alle verdrüßlich in den Gafthof zurück."

Wer das alles überprüfen will, nachsehen möchte, ob unser blaublütiger Reporter recht hatte, oder ob er wegen des ungewohnt frühen Aufstehens nur einfach schlecht aufgelegt war, der kommt zu spät. Das Ganze ist 1922 im Bürgerkrieg niedergebrannt. Die verkohlte Ruine blieb bis 1957 stehen, dann wurden die Steine zum Bau des Mount Melleray-Klosters abtransportiert. Die geräumte Stelle gab Platz für den Bau einer großen Milchverwertungsfabrik. Hier wird der bekannte Galtee-Käse gemacht. – Diese zweite Abräumung mag, will man Pücklers Urteil folgen, nicht so bedauerlich sein, wie die erste von 1823. Da hatte nämlich George, dritter Earl of Kingston, eine altehrwürdige Burg aus dem dreizehnten Jahrhundert bis auf den letzten Stein tilgen lassen, um dann an deren Stelle das aufführen zu lassen, was unser Gewährsmann so ungewöhnlich scharf schmähte.

♣

HOLYCROSS-ABBEY

Von Mitchelstown aus ist Pückler dann nach Cahir und
Cashel gereist; zu Orten also, die ich, den Umständen
mich fügend, schon im vorigen Sommer besucht hatte.
Mein fürstlich unabhängiger Kutscheneigentümer konnte
sich da weit mehr Zeit lassen. Er folgte verschiedenen Einladungen, wie wir wissen, nahm an Jagden teil, war auch mal
einige Tage lang erkältungskrank, machte sich aber auch
auf, die Holycross-Abtei südlich von Thurless zu sehen:
„Von ganz anderem Charakter ist Holycroß. Cashel steht in einsamer Größe
da, Alles Felsen und Steine, Alles kahl und schwarz — nur hie und da
scheint ein verlornes Epheupflänzchen schüchtern an einer Spalte hin-
anzukriechen. Holycroß hingegen liegt im Thal, an den Ufern, des Suir, in
Laubholz begraben und von solchen wuchernden Epheustämmen um-
schlungen und umrankt, daß man kaum eine Mauer vor ihnen erblicken
kann; und selbst das hohe Kreuz, das letzte, welches der Abtei noch übrigbleibt, ist so inbrünstig von ihnen umklammert, als wollten sie es vor jeder
profanen Berührung schützen. Im Innern sieht man mehrere prachtvolle
gewölbte Decken, das zierliche Monument auf dem Grabe Donough
O'Bryens, Königs von Limerick, der im Anfang des 12. Jahrhunderts die
Abtei erbaute, und einen wunderschön gearbeiteten Steinbalbachin, unter
welchem die Leichen der gestorbenen Aebte ausgestellt wurden — sämmtlich so gut erhalten, daß ihnen mit wenig Ausbesserung das Ansehn der
Neuheit gegeben werden könnte."

Wie anders sieht das jetzt alles aus! Sauber geputzt liegen die grauen Ruinenreste und die wiederhergestellte

Kirche bei einem rührigen Dörflein, dessen Bewohner den Pilger- und Touristenströmen, und damit sich selbst, in vielfältiger Weise zu dienen wissen. Kein mauersprengendes Pflanzenwürzelchen wird mehr geduldet, nirgendwo kriecht heimlich Verfall voran. Die Kirche, die bereits Ruine und Begräbnisstätte gewesen ist, wurde mit viel Sorgfalt gottesdienstlichen Zwecken kürzlich wieder verfüglich gemacht. Die edlen Maßwerke sind nun ergänzt. Moderne, sehr wohlgelungene, sind in andere Fensteröffnungen eingestellt. Passend eingewölbt sind die breiten Kirchenschiffe, wertvolle Liturgie-Ausstattung wurde gespendet. So entstand eine Kirche für die Gemeinde und für Pilger an einem Platz, wo einst fromme Zisterzienser auf gnadenvolle Schauung hofften, mit Gebet ihrem Heil zustrebten. Religionsausübung war, abgesehen von den allerfrühesten Zeiten, immer schon organisiert. Heute geschieht das in anderer Weise als zur Zeit jener Mönche. Aber der Brauch, Wallfahrten nach Stätten zu unternehmen, die als heilig gelten, belebt sich zunehmend, oder wird wieder belebt. Hierher, nach Holycross Abbey, wird jeden Samstag gepilgert, im Sommerhalbjahr jedenfalls. Für größere Besuchermassen ist im Freien ein Altar errichtet. Und man hat einen Meditationsgarten, Gebetsgarten, geschaffen. Ein Passionsweg mit künstlerisch wertvollen Kreuzwegstationen ist angelegt worden. An den Papstbesuch in Irland, 1979, erinnert eine sehr naturalistisch gestaltete bronzene Halbstatue. – Devotionalien aller Art können gekauft werden.

Von Pücklers romantisch erfühlter Stimmung ist nichts mehr da; kann nichts mehr da sein.

KILDARE UND KILKENNY

Ich will meinem Fürsten für kurze Zeit noch mal entwischen, will Kilkenny und Jerpoint Abbey besuchen. Von Thurless aus gibt es nach offizieller Auskunft einen Bus, der am Bahnhof abfahren soll. Ich sitze dort auf einem Bänkchen und warte. Warte über die Abfahrtzeit hinaus: Kein Bus! Der Mann am Bahnschalter, der mir gestern abend die Auskunft erteilt hat, muß es wissen: wann und an welcher Stelle genau wird der Bus nach Kilkenny abfahren? »Bus nach Kilkenny? Ist heute nicht Freitag?« »Freitag, ja.« »Freitags geht kein Bus nach Kilkenny, leider.« Ärgerlich. Hätte er mir das nicht gestern abend richtig sagen können, als ich mich erkundigte? Ich wäre mit dem Zug gefahren; ungern zwar, weil man einen Riesenumweg über Kildare machen muß, aber immerhin. – Nun gut, es gibt heute ja noch einen Zug. In zwei Stunden. Ich ziehe mich wieder auf das Bänkchen zurück, krame meine Kladde hervor und beschäftige mich mit Schreiben.

Nach einem kleinen Weilchen steht der Schaltermann plötzlich vor mir, wirft Schatten auf mein Heft, sagt zu mir, es tue ihm leid, daß ich seinetwegen so viel Zeit verliere, hält mir eine Broschüre hin, die ich nehmen soll, damit ich beim Warten etwas zu lesen habe. Nett, richtig nett! Kann man da noch grollen?

Nun also nach Kildare. Aber gleich hinter Thurless

passiert man erst mal Brittas Castle. Es ist ganz überwuchert von Kletterpflanzen, so düster-grün. Hier war
einmal ein Schloß geplant, aber mehr als die Eingangshalle ist nicht vollendet worden, denn der Bauherr, Major
Henry Langley, wurde, als er den Fortgang der Arbeiten
begutachten wollte, von einem herabstürzenden Balken
erschlagen. Ende! Das war bald nach Pücklers Reise,
1833.

Umsteigen in Kildare. Ich lasse meinen Koffer am
Bahnhof, besichtige die Stadt, die Kathedrale, den Rundturm; trinke einen Tee. Für all das ist reichlich Zeit, bis
der Zug nach Kilkenny kommt.

Wenn ich auch überzeugt bin, daß Pückler an der ge-
schichtsreichen Stadt Kilkenny gar nicht vorbeigekommen ist, so ist das doch kein Grund für mich, den Abste-
cher dorthin zu unterlassen. Wenn mein Edler geahnt
hätte, daß in dieser Stadt gerade ein für ihn recht interessanter Umbau der Burg der mächtigen Dukes of Ormond
in ein komfortables Schloß bewerkstelligt wurde, gewiß
hätte er diesen Umweg befohlen. Interessantes und auch
Kritisches hätte er anzumerken gehabt. Das mächtige
graue Schloß liegt inmitten der sehr reichgestaltigen alten
Stadt auf dem Steilufer von River Nore. Es ist nicht nur
groß, sondern auch großartig. Schade, daß er sich das hat
entgehen lassen.

Weiter südlich, bei einem anderen Thomastown, liegt
Jerpoint Abbey an einem Nebenbächlein von River Nore.
In seinen Briefen erwähnt Pückler die Abtei nicht. Ob er
sie bei seinen vielen Ausritten von Cashel aus gar nicht zu
sehen bekommen hat? Wer weiß? Der Kreuzgang mit den

JERPOINT ABBEY

schönen Reliefs zwischen Doppelsäulen wäre auch für ihn des näheren Ansehens wert gewesen. Es gibt Orte der Stille und der Schönheit, an denen man sich aufladen kann; wo zerstörerische Selbstabnutzung aussetzt; wo man inne wird, zu welch bedeutenden Leistungen Menschen, auch bei einfachsten Voraussetzungen, schaffend fähig sind. Die Abtei von Jerpoint ist ein solcher Ort.

♣

ZURÜCK NACH DUBLIN

Am Nachmittag des 23. Oktober 1828 fuhr Pückler in seinem eigenen Wagen von seinem Standquartier in Cashel mit dem Ziele fort, nun erneut Dublin zu erreichen.

„So lange es Tag war, sahen wir gewiß an zwanzig verschiedene Ruinen fern und nah liegen. Eine der schönsten steht am Fuß eines isolirten Hügels, Killoughhill, der Garten Irlands, genannt, weil auf ihm, der Sage nach, alle in Irland einheimische Pflanzen wachsen. Der Grund dieser Fruchtbarkeit ist, daß Killoughhill einst der Sommeraufenthalt der Feenkönigin war, deren Gärten hier prangten. Der überirdisch magnetisirte Boden behält daher noch immer einen Theil seiner wunderbaren Kräfte. Die erwähnte Ruine hat abermals einen jener rätselhaften schmalen runden Thürme ohne Öffnung, die von fern einem von allen Neunen allein stehengebliebenen ungeheuren Königskegel gleichen. Bei einigen wenigen sieht man zwar die Öffnung einer Thüre, aber nicht unten, sondern in der Mitte. Kein romantischeres Schilderhaus hätte für die Wache des Feenhügels gewählt werden können.“

Für Touristen ist an Irlands Rundtürmen heutzutage außen meistens eine leichte Treppe installiert, damit Neugierige wenigstens schon mal bis zum Eingang emporsteigen können. Für ein kleines Eintrittsgeld geht's dann weiter, über Leitern von Zwischenboden zu Zwischenboden. Zugig ist's da, ein Luftstrom geht wie durch einen Kamin. In Kriegszeiten war alles vollgestopft mit Vorräten, und dazwischen hatten Menschen ihre drangvoll enge, ungemütliche, windigkalte Angstbleibe. Aber wer denkt jetzt noch daran, wenn er doch eigentlich nur die schöne Aussicht von oben genießen will?

Bezüglich dessen, was Pückler im Umfeld von Killough Hill gesehen zu haben angibt, muß unser wieder sehr spät aufgebrochener Reisender allerlei Irrtümern erlegen sein. Er berichtete noch, wie mild und außerordentlich schön der Abend war, wie hell hernach der Vollmond in die Kutsche schien. Dennoch, er muß ziemlich schläfrig gewesen sein. Er sagt ja auch:

„Demohngeachtet verschliefen wir einen guten Theil der Nacht."

Ein bißchen besser hingeschaut hatte er noch zu Anfang der Reise, keine zehn Kilometer nördlich von Cashel. Tatsächlich, da liegen inmitten der flachen Ebene die Killough Hills. Sie sind heutzutage recht beträchtlich von Kalksteinbrüchen angeknabbert. Aber weit und breit ist da keine Ruine, und schon gar kein Rundturm. Oder sollte er etwa die Ruine von Holy Cross Abbey gemeint haben? Sie liegt rund fünf Kilometer nordwestlich der »Feenhügel«. Aber die kannte er doch! Wieso hat er sie dann nicht erkannt? Als er dort entlangkam, herrschte doch noch hinlänglich gutes Tageslicht. Noch rätselhafter steht es mit den Rundtürmen. Der erste an seiner Strecke steht erst rund dreißig Kilometer weiter auf Dublin zu: Ferragh Tower, 27 Meter hoch. Und nach weiteren fünfunddreißig Kilometern hätte er vielleicht Timahoe Round Tower aufragen sehen können, aber es war mittlerweile schon Nacht, als er die Stelle passierte. Beim Niederschreiben am nächsten Tage werden dem passionierten Nachtfahrer möglicherweise die unterschiedlichen Seheindrücke, die er während einiger Wachphasen hatte, alle ineinandergeflossen sein. Da er hinterher das alles gar nicht mehr so sehr genau wußte, blieb ihm nichts anderes übrig, als das Wahrgenommene im Namenlosen zu belassen.

Älteren Ausgaben von Pücklers Reisebriefen sind zuweilen Routenskizzen beigegeben, bei denen von der Annahme ausgegangen ist, er sei an jenem Abend von Cashel aus in einem östlichen Bogen um Kilkenny herum, weiter über Carlow und Naas nach Dublin kutschiert. Pücklers Text gibt aber ganz und gar nichts her, das diese Annahme stützen könnte. Bei diesem sehr viel weiteren Umweg wäre er gar nicht an Killough Hill vorbeigekommen. Und gerade diese Erhebung ist bei ihm schließlich die einzige präzise Ortsangabe. – Ich plädiere dafür, sich daran zu halten.

♣

WIEDER IN DUBLIN

Pückler traf am 24. Oktober 1828 wieder in Dublin ein. Es war der lieben Daheimgebliebenen nun nicht mehr so sehr viel zu berichten. Die meisten Sehenswürdigkeiten der Stadt hatte er ja schon am Anfang seiner Reise geschildert. So blieb ihm in den mehr als sieben Wochen, die er noch in Dublin verbrachte, viel Zeit, sich brieflich über politische Fragen, religiöse Probleme, hausgemachte »Stubenphilosophie«, soziale Belange und Nachrichten aus der Gesellschaft ausführlich auszulassen. Auch Pferde, Rechtswesen, Pekuniäres, Körperertüchtigung und allerlei mehr wurden ihm zum Thema. Er verschmähte nicht einmal ganz banalen Tratsch. Fast könnte man meinen, er habe sich bei aller Betriebsamkeit nun ein wenig gelangweilt. Der Eindruck, er sei eigentlich reif gewesen für die Heimreise, verstärkt sich beim Lesen der letzten Briefe immer mehr. Das alte Feuer war erloschen; die vitale Spritzigkeit, wo war sie geblieben? Immer elegischer wurde sein Ton. Pückler bespiegelte sich selbst und betrachtete als »Weisegewordener« die Welt um sich her: „Aber so ist die Welt, und es wäre darüber selbst närrisch zu werden, wenn man sich nur beim einzelnen aufhielte und uns Nachdenken nicht bald belehrte, daß für die weise Natur das Individuum nichts, die Spezies Alles ist. Wir leben für und durch die Menschheit, und in ihrem großen Ganzen compensirt sich auch alles. Dies kann jeden Vernünftigen vollkommen beruhigen, denn jede Saat geht auf, wenn gleich nicht immer für dieselbe Hand, die sie in die Erde legte, doch schlimme wie gute, der Menschheit geht keine verloren."

Kaum Zweifel, unser Gewährsmann fühlte sich marode, unwohl zumindest, war nun auch reisemüde. Seitenlang schrieb er am 14. Dezember in larmoyantem Tone an seine »Julie«-Lucie, redete gar vom Sterben: „Denn sterben ist doch nur eine Naturnothwendigkeit und folglich nichts Uebles — es scheint uns nur so in Bezug auf unsre hiesige Existenz, das heißt, der Selbsterhaltungstrieb muß den Tod fürchten, die Vernunft aber, die ewig ist, sieht ihn in seiner wahren Gestalt, als einen bloßen Übergang von einem Zustand zum andern."

Schon früher hatte Pückler hier und da Gedanken dargelegt, die über das Alltägliche hinausgingen; aber sie blieben doch immer mehr oder weniger positiv gestimmt, waren auch entschieden seltener. Aus Tralee hatte er sich über Ehrgeiz geäußert:

„Gewiß, von allen Träumen dieses Lebens ist dieses der schattenartigste! Liebe befriedigt zuweilen, Wissenschaft beruhigt, Kunst erfreut, aber Ehrgeiz — Ehrgeiz giebt nur den qualvollen Genuß eines Hungers, den nichts stillen kann, oder gleicht der Jagd nach einem Phantom, das immer unerreichbar bleibt."

Sich selbst bezeichnete Pückler als einen Misanthropen. Aus Cork brachte er die Einsicht mit:

„... denn alles Irdische hat seine zugemessene Zeit. Ist der Culminationspunkt erreicht, so geht ohnfehlbar die Rückkehr an."

In Cashel empfing er Anregung zu staatsphilosophischen Gedankengängen:

„Einst muß der Staat das Gesetz allein regieren wie in der Natur. Religion wird Trost im Unglück und noch höhere Steigerung des Glücks nach wie vor gewähren, aber herrschen und regieren darf sie nicht. Nur das Gesetz über unabänderlichen Zwang, überall sonst aber walte unbeschränkt Freiheit. Dies kann der gebildete Theil der Menschheit auf der Stufe fordern, auf welcher er angelangt ist und die er durch so viel Blut und Jammer erkauft hat. Welcher Wahnsinn, den Menschen vorschreiben zu wollen, was selbst nach ihrem Tode aus ihnen werden oder was sie darüber glauben sollen! Schlimm genug, daß hier auf Erden die besten Institutionen, selbst die weisesten Gesetze noch mangelhaft bleiben müssen; man lasse wenigstens die unsichtbare Zukunft Jeden nach eigenem Ermessen sich ausbilden. Und doch haben große, kluge und gute Männer sich zu solchem geistigen Despotismus berechtigt geglaubt. Dies ist die menschliche Gebrechlichkeit. Derselbe Mensch kann in eilf Dingen erhaben und im zwölften als ein Idiot erfunden werden!"

Bei seinem Aufenthalt in Bansha schließlich beschied

er auf Besorgnisse, die seine Frau brieflich geäußert hatte:

„Lernen und Wissen erweitert unsere Existenz, gebiert aber auch manche Sorge, manches nur eingebildete Uebel, das im einfacheren Wirkungskreise unbekannt bleibt."

Man sieht, Pückler machte Pfeile aus jedem Holz.

In seinen letzten Dublin-Wochen füllte Pückler nun aber Seite um Seite mit melancholischen Betrachtungen. Sie bezeugen seine mollgestimmte Befindlichkeit. Hier nur einige kürzere Passagen als Musterauslese dafür, daß die gewohnte Urteilsschärfe doch noch keineswegs ganz verschwunden war.

„... denn wie oft begegnest Du nicht in der Welt Solchen, die das Glück bannen durch Betrug – beiläufig gesagt, die unglücklichsten aller Spekulanten. Ihre Beschäftigung ist das wahre Wasserschöpfen mit einem Sieb, das Aufsammeln stets leerer Nüsse. Denn was ist Genuß ohne Sicherheit, und wie kann äußeres Glück helfen, wo das innere Gleichgewicht fehlt!"

An anderer Stelle:

„Menschen unter sich selbst heben sofort das positive Moralprinzip auf, sobald eine von ihnen für competent angesehene Macht das Gesellschaftsverhältniß partiell aufhebt. Sowie der Krieg erklärt ist, mordet der tugendhafteste Soldat seinen Mitbruder ex officio, wäre es auch nur im gezwungenen Dienst eines Despoten, den er im Herzen für einen Abschaum der Menschheit ansieht. Oder – der Papst entbindet Kraft der Religion der Liebe von allen Gefühlen der Treue, des Rechts und der Menschlichkeit. Sofort brennt, sengt, mordet, lügt der Fromme con amore und stirbt zufrieden und selig mitten in der Erfüllung seiner Pflicht und zu Gottes Ehre!"

Oder die kurze Sentenz:

„Etwas Unerforschliches suchen, heißt leeres Stroh dreschen."

Seine eigene Meinung über »allgemeine Meinung« lautete so:

„Unter dieser verstehe ich nicht: den Wahn Vieler, sondern die Meinung der Besten."

Bei Gelegenheit gewann er seine positive Grundeinstellung zurück:

„Was mich aber oft bitter verdrießen kann, ist, die Leute über das elende Leben hier klagen und die Welt ein Jammerthal nennen zu hören. Dies ist nicht nur die himmelschreiendste Undankbarkeit (menschlich gesprochen), sondern auch die wahre Sünde gegen den Heiligen Geist. Ist nicht offenbar Genuß und Wohlseyn durch die ganze Welt der positive Normal-Zustand, Leiden, Böses, Verkrüppeltes nur die negative Schattenseite? Ist nicht das Leben ein ewiges Fest für das gesunde Auge, im Anschauen dessen und seiner Herrlichkeit man anbetend selig werden kann! Und wäre es nur der tägliche Anblick der Sonne und der mächtigen Sterne Glanz, der Bäume Grünen und Blüthen und der tausend Blumen Schmelz, der Vögel Jubelgesang und aller Geschöpfe üppige Fülle und reiche Sinnenlust – es wäre schon viel, um sich des Lebens zu freuen –, aber welches mehr wunderbare Reich entfaltet in unerschöpflichen Schätzen unser eignes Gemüth, welche Fundgrube öffnet Liebe, Kunst, Wissenschaft, die Beobachtung und die Geschichte unsres eignen Geschlechts und in der tiefsten Tiefe das fromme, ahnende Anschauen Gottes und seines Weltalls! Wahrlich, wir wären nicht so undankbar, wenn wir weniger glücklich wären, und Leiden bedürfen wir oft nur zu sehr, um dies recht gewahr zu werden."

Manches von dem paßt mehr auf heute als auf das unvorstellbare Elend seinerzeit in Irland.

In all diesen Textsplittern zeigt sich nun ein Mann, den nicht nur vordergründig interessierte, was er sah, erlebte, genoß. Er verarbeitete nachhaltiger, reifte an seinen Erfahrungen. Der anfängliche »Hallodri« entwickelte sich zu einem erwachsenen und reiferen Menschen.

Aber merkwürdig, ein gewisses Bedauern stellt sich ein. Man hätte erwartet, Pücklers Irlandreise würde furioso, oder wenigstens in gewohnter Weise vivace ausklingen, nicht jedoch so diminuendo.

Das scheint, fürchte ich, irgendwie ansteckend zu sein. Auch für mich bleiben nur Nachträge. Ein paar Unternehmungen, die im vorigen Jahr nicht unterzubringen waren, können jetzt noch durchgeführt werden.

HOWTH

Die Fahrt nach Howth will ich noch unternehmen. Wie einfach das jetzt zu bewerkstelligen ist! Von Nord nach Süd, von Howth nach Bray, verkehrt entlang der ganzen Bucht von Dublin eine zuverlässige Schnellbahn. Die Strecke ist achtunddreißig Kilometer lang. Da, wo einst die allererste Eisenbahn in Irland verkehrte, nämlich von Dun Laoghaire zur Pearse-Station in Dublin, ist nun in erweiterter Form ein modernes Verkehrssystem in Betrieb: DART, Dublin Area Rapid Transit. Hier ist der Anschluß an Weltstadterfordernisse geschafft! Die Zugfolge ist eng, sehr eng; die Fahrpreise sind erstaunlich niedrig. Der Kilometerpreis beträgt rund neun Pfennige, während man hierzulande im Nahbereich dreißig zu zahlen hat. Unsere wohlhabende Nation bringt nicht fertig, was das viel ärmere Irland schafft: soziale Fahrpreise, zumindest bei DART.

Die Wagen sind sauber, bequem, gedämpft grün. Irgendwie wirken sie deutsch auf mich. Und tatsächlich, sie sind, wie ich nachträglich herausbekomme, in einer Waggonfabrik in Salzgitter entworfen und gebaut worden. Raucherabteile gibt es nicht. Kein bösartiger »leprechaun«, ein Wicht, der unter anderem Raucher »begeistert«, ist hier zugelassen. Entlang der Strecke sind die alten Bahnhöfer behutsam restauriert und den neueren Erfordernissen angepaßt worden; neu gebaute sind unaufwendig, zweckmäßig. Es ereignet sich, was vorauszusehen war: die Bahn wird angenommen! Fahrgäste massenhaft, mehr als hunderttausend tagtäglich.

Wer sich für Martello-Towers interessiert, die aus Furcht vor einer Invasion durch Napoleons Truppen an den britischen und irischen Küsten gebaut worden waren, kann hier im Vorfeld von Dublin gleich an zwanzig dieser dauerhaften Wehrbauten aufsuchen. Viele sind von den DART-Zügen aus gut zu sehen, wie sie da in schmuckloser Strenge ihre Nutzlosigkeit verwarten.

Nach Howth Castle war Pückler mehrmals eingeladen, auch gelegentlich zur Hirschjagd:

„Von Zeit zu Zeit ist diese Jagd ein hübsches Vergnügen; wie man aber jedes Jahr sechs Monate hindurch und wöchentlich drei mal sich dieser doch sehr geistarmen Unterhaltung widmen kann und sie immer mit gleicher Leidenschaft treiben kann, bleibt mir unbegreiflich. Was überdem die Hirschjagd in England für mich weit weniger angenehm macht als anderswo, ist, daß die dazu gebrauchten Hirsche nur zahme sind, die man wie Rennpferde völlig dazu trainirt. In einen Kasten gesperrt, werden sie auf den Platz des Jagd=Rendezvous gebracht und dort erst herausgelassen. Wenn sie einen gehörigen Vorsprung haben, geht die Jagd an, und ehe man sie endigt, werden die Hunde abgerufen und das Thier wieder im Kasten aufbewahrt. Ist das nicht entsetzlich prosaisch und kaum durch das Agrément aufge= wogen, daß man sich den Hals über einem breiten Graben brechen oder den Kopf an einer hohen Mauer einstoßen kann?"

Solche aufkratzenden Meinungen waren in seiner Zeit ganz und gar ungewöhnlich. Auch über das Haus von Lord Howth mokierte sich unser unorthodoxer Briefe- schreiber. Ihn störte, daß ein einigermaßen dem gotischen Stile nachempfundenes Haus ein griechisches Portal be- kommen hatte. Es ist noch da und sieht sonderbar genug aus. Der graue Baukomplex, bei dem die gotisch gemein- ten Teile unangenehm krude den alten echten Teilen ange- fügt sind, ist dem nur schaulustigen Publikum nicht zu- gänglich, wirkt auch von außen ein wenig vernachlässigt. Die kostbare Bibliothek, die das Haus, das jetzt Hotel ist, einst barg, ist 1890 in London versteigert worden. Welche Menge von Buchschätzen das war, mag daraus ersehen werden, daß die Versteigerung fünf Tage dauerte.

Riesige Golfgelände laden zum gesunden Fußgänger- sport ein. Die Iren selbst, oft Vater und Sohn, holen nach Feierabend jeder einen Schläger aus ihrem Auto, und los geht's auf den grünen Kurs. Mit dicken Golfsäcken kom- men Deutsche und allenfalls Amerikaner als Gäste des Golfclubs. Sie leihen dann zweirädrige Wägelchen, denn zum Tragen ist ihre vielseitige Equipierung viel zu schwer. Jedenfalls erweisen sie sich als für jede Situation ganz fabelhaft ausgestattet. Sie fallen sofort auf durch viel mehr Brimborium und Show, sie wählen umständlich unterschiedliche Schläger, verwerfen die Wahl wieder, zeigen Ärger, Ehrgeiz, schimpfen auf diese und jene Bodenwelle. Iren ziehen viel gleichmütiger von Green zu Green; man sieht, es ist ihr Feierabendvergnügen. Sie legen so in aller Ruhe einige Kilometer zurück, werden hungrig für die Abendmahlzeit. Ein Green ist aber übrigens nicht so grün wie all das übrige Grün drum herum. Ein Green wird nämlich zweimal täglich geschoren, ganz ganz niedrig abrasiert, so daß hier und da schon der helle Erdboden durchschimmert.

Der Blick von den Anhöhen der Halbinsel Howth zurück auf die sanfte Bucht von Dublin ist sehr schön. Vielleicht auch deswegen, weil abendliche Luftfeuchte das Wahrnehmen aller Einzelheiten verhindert. Manches ist mildtätig verschleiert. Im diffusen Spätlicht flutet die See im Spiel von Opalfarben. Da, das Leuchtfeuer von Dublins Hafen flammt als wegweisende Kennung eben auf; und weiter südlich das von Dun Laoghaire.

Zur offenen Meeresseite hin liegt der Hafen von Howth, in dessen einem Becken Fischereikutter Heimatrecht haben. Im anderen liegt, bunt bewimpelt, der Mehrwert der Nation in Gestalt von ungezählten Segelyachten. Der feine Yachtclub hat am Kai an markanter Stelle ein Haus in Form einer Schiffskommandobrücke. Hellblau und sektfarbig ist es gemustert, ein Anstrich-Kuriosum.

Die Hafeneinfahrt ist durch einen sehr wirkungsvollen Natur-Wellenbrecher, die kleine Insel »Ireland's Eye«, geschützt. Einstens war Howth der Hafen für die große Atlantik-Liner und für bedrückende Mengen von Auswandererschiffen. Zu Hunderttausenden verließen Iren ihr Land. Aus nackter Not erduldeten sie ein »grünes Martyrium«, was meint, eine Herauslösung aus allen Bindungen an Familie und Freunde. In noch schlimmere Gefühlslage wurde man durch Deportation, Ausweisung, gebracht. Das spielte sich neben anderen Hafenstädten auch hier in Howth ab, bis... ja bis der Hafen unaufhaltsam versandete und ab 1833 von Dun Laoghaire überflügelt, abgelöst wurde. Pückler ist noch von hier am 15. Dezember 1828 nach Holyhead in Wales abgesegelt, neuen Abenteuern in England und Frankreich entgegen. Es war wirklich keine gute Jahreszeit, um auf einem Paketboot die Irische See zu befahren. Kein Wunder, daß wieder ein Wetter herrschte, das jedermann seekrank machte.

Ich will noch bleiben. Mein Hunger auf Irland ist noch nicht gestillt. Wird er je gestillt sein?

🍀

BRAY

Der südliche Endpunkt von DART ist der Bahnhof von Bray. Hierher eilen bei schönem Wetter beträchtliche Prozentteile der einen Million Dubliner, die es zur Zeit gibt. Bray hat sich darauf eingestellt, alles zu bieten, was der Wochenendausflügler zu brauchen meint. Und noch ein bißchen mehr. Man ist also versorgt. Die mehr als ein Kilometer lange Esplanade ist ein angenehmer Spazierweg, Flanierweg. Es stehen viele Sitzbänke da. Man hat die Auswahl: Blick zum Steilabfall von Bray Head im Süden, Blick zum Sugar Loaf im Südwesten, Blick zur kleinen Bray-Bucht und Dun Laoghaire im Norden, Blick auf die Irische See im Osten und Nahblick auf die barfüßig auf dem Kiesufer spielenden Kinder.

Ein noch schönerer Überblick muß von der Höhe, von Bray Head, zu gewinnen sein; hingewandert also! Ein ausgebauter Klippenpfad führt auf halber Höhe am Meeressaum entlang. Zwischen Weg und Wasserlinie sind noch die Bahngleise nach Wicklow eingezwängt. Die Züge müssen durch etliche Tunnel. Der Klippenweg ist lang. Man könnte auf ihm hinwandern bis Greystones – und weiter nach Wicklow, Arklow und immer weiter nach Süden! Aber ich kehre um, nachdem ich mich an dem Anblick der nächsten sanftgeschwungenen Bucht satt genug gesehen habe. Schäumend, sich überschüttend, zerschellen die Brecher am Kliff unter mir. Mit eintönigem Knirschen verrichtet das Meer seine Sandarbeit, zerreibt den Fels.

Pückler erreichte Bray zu Pferde und war an diesem Tage besonders glücklicher Stimmung:

„Von hier bis Bray prunkt eine üppige Cultur voller Landhäuser und Gärten der reichen Städter. Der Weg führt nahe am Fuß des großen Sugar-Loaf's vorbei, deſſen weißgrauer, nackter Felſenkegel von aller Vegetation entblößt iſt. Ich ſah einige Reiſende, die ihn eben erſtiegen hatten, wie Schachfiguren darauf umher ſpaziren und beneidete ſie um die erhabne Ausſicht, denn der Tag war herrlich und der Himmel völlig klar geworden. An einer einſamen Stelle lagerte ich mich gegen Abend unter

Felbblumen am Bache hin unb träumte, Gott banfenb, in bie schöne Welt hinein, wie ein fahrenber Ritter mein zahmes Thier neben mir grafen lassenb. Ich bachte viel an Dich unb vergangne Zeiten, ließ Lebenbe heran= fommen unb Tobte auferstehen unb blickte, wie ein Spiegel, über bas ge= schwundene Leben hin — manchmal wehmüthig, manchmal auch heiter lächelnb —, benn burch alle Torheiten unb Eitelfeiten biefer Welt, burch Irrthum unb Fehler zog sich boch e i n reiner Silberfaben hin, noch starf ge= nug, für lange auszuhalten — finblich liebenbes Gefühl unb hohe Empfäng= lichfeit für Freuben, bie Gottes Güte Jebem erreichbar läßt."

Er konnte sorglos lagern, denn in Irland gibt es — angeblich — keine Schlangen und auch keine Stechmücken.

Zurück von Bray Head, sitze ich auf einer Bank, lese diese Textstelle und fühle Übereinstimmung mit meinem traitablen Lebensgenießer. Da schnauft ein kleines Muttchen heran. Sie stützt sich unsicher auf ihren Stock, sucht Halt an der Banklehne, läßt dabei ihr Leichtgewicht von Tasche und den Stock fallen; schließlich sitzt sie. Man hat ein bißchen geholfen, Stock und Tasche wieder zugereicht. Sie schiebt die verrutschte Brille zurecht, sieht nun wohl besser ihre Umgebung und konstatiert: »Lovely day...« Wenn das artig bestätigt ist, ist alles geregelt, was eine Unterhaltung in Gang bringen kann.

Ich erfahre, wie lange die Lady schon in Bray wohnt, was hier im Ort gut ist und was schlecht, und was früher besser war. Kinder, Kindeskinder und Urenkel werden beschrieben, jeder Ausbildungsweg, jedes Examen wird gewürdigt. Dann kommen die Gebrechen und die Operationen an die Reihe. Sie zeigt das geschwollene Knie, den nach einem komplizierten Bruch verwachsenen Unterarm, schimpft auf die Staroperation und auf die

Brille. Diese Unterhaltung ist ziemlich einseitig, denn die Dame ist fast taub. Es erweist sich als vollkommen ausreichend, öfter kopfnickend oder kopfschüttelnd Anteil zu bekunden. Man erfährt, daß sie Winifred O'H... ist, die einst bessere Tage in ihrem Haus in Dublin gesehen hat. Nun ist Winifred, 86 Jahre alt, halb blind, halb taub, dreiviertel lahm, zu ihrem Enkel in Bray verschlagen. Ihr Gehirn und ihre Sprechwerkzeuge funktionieren aber tadellos. Ich bekomme den Namen und die Anschrift eingetrichtert – offenbar wird Post von mir erwartet. Zuletzt kommt Winifred von der Bank nicht so recht hoch. Mehrere Versuche führen letztlich zu einem etwas wackeligen Stehen. Also, das sehe ich gleich: für den Heimweg ist Unterstützung sehr vonnöten. Unterwegs scheint sie jeden zu kennen, vor allem andere alte Damen. Einer jeden werde ich als ihre »neue Freundin« aus dem fernen Deutschland vorgestellt, die etwas über einen »German Prince« zu erzählen hat. Und immer wieder sagt sie freudestrahlend, daß heute ein ganz besonders guter Tag ist, denn sie habe sich überhaupt nicht gelangweilt.

Derartiges verpflichtet! Ich hätte sie also tatsächlich bis an ihre Haustüre geleitet, wenn nicht ihr Enkel, Lebensmittelhändler, schon aus seinem Laden gekommen wäre und besorgt nach seiner Oma gesucht hätte, weil sie heute gar so lange auf ihrer Bank geblieben ist. »Good bye, good bye, and please write soon!«

Wer noch drei Kilometer Fußmarsch, vorbei an deutschen Firmen-Niederlassungen, bewältigen kann, findet im südwestlichen Vorfeld von Bray, am Fuße von Little

Sugar Loaf, Kilruddery House. Wie unser reisender Ästhet dort behandelt wurde, meldete er mit einiger Frustration:

„Begleitet von dem jungen Theologen, der eine Zeitlang denselben Weg mit mir verfolgte, verließ ich am andern Morgen Bray schon früh um 5 Uhr. In einer ausgezeichnet schönen Gegend paſſirten wir Kilrubbery, ein neuerbautes Schloß des Grafen Meath, im Geschmack der Häuser aus den Zeiten der Königin Elisabeth, welches aber, um einen guten Effect zu machen, größere Maſſen verlangt hätte. Der Park iſt nicht ſehr ausgedehnt, lang und ſchmal, die altfranzöſiſchen Gärten werden gerühmt, wir wurden aber, wahrſcheinlich unſres beſcheidenen Aufzugs wegen, ſehr unhöflich abgewieſen, als wir ſie zu ſehen wünſchten. In England iſt dies etwas Gewöhnliches, in Irland aber Seltnes, was daher auch keinen vortheilhaften Schluß auf die Humanität des Beſitzers machen läßt.“

Ich habe da entschieden mehr Glück. Zwar sind Haus und Garten im Juli und im August für Besucher geschlossen, aber ich versuche eine telephonische Anfrage und werde freundlicherweise eingeladen.

Das jetzt bestehende Haus ist nicht das erste, das die Brabazon-Familie, Earls of Meath, an dieser Stelle hat errichten lassen. Ein vormaliger Bau war 1645 im Kriege zerstört und durch einen neuen ersetzt worden. Um 1820 bestand ein Bedürfnis nach Modernisierung, Veränderung; so wurde durchgreifend umgebaut. Das ist der Grund, warum Pückler das Haus für ganz neu hielt. In der Mitte unseres gegenwärtigen Jahrhunderts fand man es zu groß; so riß man baufällig gewordene Teile wieder ab, den Nord- und den Ostflügel. Was jetzt da steht, ist also nur ungefähr die Hälfte der ursprünglichen architektonischen Struktur aus dem siebzehnten Jahrhundert. Pückler sah noch das renovierte Ganze: eine vierflügelige Anlage rund um einen Hof.

Die Treppenhalle, jetzt auch viel kleiner als einst, bekommt farbiges Licht durch ein großes Bildfenster. Da sieht man König William I., den England-Eroberer, und an seiner Seite Jacques le Brabacon, den man »The Great Warrior« nannte. Er war bei der Invasion von 1066 des Normannenherzogs Mitstreiter und Waffengenosse gewesen. Fortan gehörte die Familie zur Herrenschicht in England, und einer von ihnen, Sir William, bekam 1534 in Irland ein hohes und einträgliches Amt im Steuerwesen. Königliche Huld hatte sich bis zu ihm hin weitervererbt. Dieses Fenster kann den Iren also in mehrfacher Hinsicht gar keine Freude machen. Ein Wunder, daß es noch unversehrt ist.

Das Haus ist mit erstaunlichen Stuckdecken, wertvollen Kamin-Ummantelungen, kostbaren Möbeln und vielen, vielen Kunstwerken ausgestattet. Manches stammt noch aus dem siebzehnten Jahrhundert. Die modernen Axminster-Teppiche, die eigens für die Räume angefertigt worden sind, werden zwar sehr gepriesen, wirken aber fremd in diesem Ambiente.

Dem Vorbild des Londoner Crystal Palace hat man hier im kleinen nachgeeifert und in der Mitte des neunzehnten Jahrhunderts an der Gartenseite eine sogenannte Statue Gallery angebaut. Üppiges Grün rankt sich durch die gußeisernen Konstruktionen und fühlt sich im glasgeschützten Raum offensichtlich wohl. Die marmornen Büsten, teils Originale aus Italien, teils Kopien antiker Werke, stehen außerhalb der Gehzone; die Damen scheinen sich gegenseitig zuzulächeln, die Herren bilden eine ernste Gesprächsrunde.

Kilruddery House ist von einem angenehmen kleinen Park umgeben, der zum wichtigsten Teile ebenfalls aus dem siebzehnten Jahrhundert stammt. Es ist der einzige aus dieser Zeit, der in Irland erhalten geblieben ist. Nach französischem Vorbild dient ein Doppelkanal als Spiegelfläche für das vielfältig gegliederte Haus – sehr schön in der Wirkung.

Unser hochadliger Gartenliebhaber, mehr noch, der Fürst unter den Gentleman-Gärtnern, er hätte sich hier wohl gefühlt! Wenn man ihn doch nur eingelassen hätte!

❦

DUN LAOGHAIRE

Den Rückweg von Bray nach Dublin nahm Pückler über Dun Laoghaire, das damals zu Ehren von König George IV. Kingstown hieß.

„Kingston ist ein größtentheils aus Landhäusern der Reichen bestehendes Städtchen, wo auch der Lord Lieutenant zuweilen residirt. Seit der König Irland besuchte, ist der Hafen hier errichtet, an dem fortwährend gebaut wird. Wegen der Seichtigkeit der Dubliner Bay ist er von bedeutendem Nutzen, dient aber jetzt hauptsächlich als ein Mittel, den armen Klassen Arbeit zu verschaffen. Die vielen ingenieusen Erfindungen, die man hier angewendet sieht, die vierfach nebeneinander hinlaufenden Eisenbahnen, wo ein Pferd die größten Lasten zieht, die Kettenwinden, womit die ungeheuren Blöcke wie kleine Quader gehandhabt und in die Dämme eingemauert werden, und anderes der Art mehr – sind ungemein lehrreich und interessant. Es lagen bereits verschiedene große Schiffe in dem noch unvollendeten Hafen, wo sie doch schon hinlänglich Tiefe und Schutz finden."

Auch ich unterbreche die Rückfahrt in Dun Laoghaire. Ich bin sehr begierig zu erfahren, was aus dem Obelisken geworden ist, über den sich unser couragiert urteilender Autor lustig gemacht hat:

„Man hat dem König wegen seiner denkwürdigen (das heißt wegen ihrer Erfolglosigkeit denkwürdigen) Reise nach Irland am Eingang des Hafens ein Monument gesetzt, das mit der gewöhnlichen Geschmacklosigkeit, die in Großbritannien fast auf allen öffentlichen Bauten wie ein Fluch zu ruhen scheint, entworfen und ausgeführt ist. Es zeigt einen kurzen, lächerlichen Knüppel von Obelisk, der auf die Kante eines natürlichen Felsens dergestalt auf vier Kugeln gesetzt ist, daß es aussieht, als müßte jeder Windstoß ihn in die See rollen. Man kann sich nicht enthalten zu wünschen, daß dies je eher, je lieber geschehen möge. Wie ein Kelchdeckel ist oben die Königskrone über die Spitze gestülpt und das Ganze gegen die grandiosen Dimensionen des Hafens und der umgebenden Gebäude so klein und mesquin, daß man es wohl als Spielerei eines Privatmannes, aber gewiß nicht für ein Nationalmonument ansehen kann. Vielleicht war der Architekt ein Mauvaisplaisant und gebrauchte es nur satirisch. Als Epigramm ist es dann auch zu loben."

Gleich Pückler hatte sich auch Thackeray 1842 über das Monument mokiert: »Ein häßlicher Obelisk, auf vier dicken Kugeln thronend und mit einer Krone verziert, die auf einem Kissen liegt (vielleicht keine schlechten Symbole im Hinblick auf den Monarchen zu dessen Ehren man sie errichtete), erinnert an den geheiligten Fleck, wo George IV. Irland verließ.«

Es sei gleich gesagt: der Obelisk ist nicht ins Meer gerollt, er ist noch da! Er hat sich seinem labilwirkenden Aussehen zum Trotz doch als standfest erwiesen. An prominenter Stelle, gleich gegenüber dem Terminal, wo alle Fährschiffe von und nach Wales an- oder ablegen, steht er, unangefochten vom ununterbrochenen Autoverkehr und vom Strom müßiggehender Fußgänger, in gelassener Unabänderlichkeit. Der englische König aus dem Hause Hannover, George IV., ist mit Inschrift geehrt, der vormalige Vizekönig Richard Wellesley natürlich auch, und an die Grundsteinlegung der Hafenmolen ist erinnert.

Von 1817 bis 1859 ist an den Hafendämmen gebaut worden. Sie wurden projektiert, als erkennbar wurde, daß die Becken von Howth unrettbar versanden würden. Die Rosbeg Sands sind dort zu nahe! Bei Ebbe ist überhaupt die ganze Bucht eine Wattzone. Sie wird dann hartnäckig durchwühlt. Kaum, daß sich die Wasser zurückgezogen haben, sind auch schon Schatzsucher mit Metalldetektoren und Spaten unterwegs und graben und graben, stochern und stochern im feuchtglänzenden Schlicksand. Was da wohl gefunden wird? Eine befreundete Historikerin gab mir Antwort auf diese Frage: gelegentlich durchaus Wertvolles, Museumsgut sogar.

Die langen Molenarme greifen zangenartig hinaus ins Meer. Ganz da vorne, am Kopf des Dammes, ist die Sicht freigegeben auf die weitgedehnte Bucht von Dublin. Ihre Arme scheint sie empfangend auszubreiten. – Kein Trick will gelingen, das mitten im Blickfeld liegende Kraftwerk zu übersehen. Die beiden schlanken, rot-weiß-gebänderten Schornsteine recken sich empor aus düsteren Blöcken

von riesigen Ausmaßen. Es gibt noch weitere Schornsteine, plumpe darunter, mehrere Öltanks, farbig gestri-
chene Verladekrane, massive Silos. eine dicknasige Blüse
ist ans Ende des Dubliner Piers gesetzt, alles in allem
höchst nützlich, höchst effizient. Und höchst unschön!

Was Pückler wohl zu dieser Verschandelung einer sonst
so anmutigen Weltstelle gesagt haben würde? Und dazu,
daß die einstige Seefahrerkirche von Dun Laoghaire nun
ein lebhaft besuchtes Schiffahrtsmuseum ist? — Doch, ja,
viel hat sich verändert seit 1828!

♣

WICKLOW MOUNTAINS

Von Dublin hatte sich Pückler für einige Tage ganz gelöst
und ist in die Wicklow Montains aufgebrochen; zu Pferde.
Gepäck hatte er per Postkutsche vorausgeschickt. Es ging
erst mal verloren, so daß er in Bray, vergeblich darauf wartend, eine Nacht verbringen mußte. Folgen wir seinen Pfaden, zuerst auf der alten Militärstraße, und lassen wir ihn
vom nächsten Tage berichten:

„Hier verließ mich mein Reisekaplan, und ich ritt allein weiter nach dem
Thal von Dunvan, wo in einem engen romantischen Passe ein Felsen von
80 bis 100 Fuß Höhe steht, der die groben Umrisse eines Menschen darstellt und daher von den Landleuten, die manche Mährchen von ihm erzählen, der Riese genannt wird. Nicht weit davon findet man Ruinen

eines so ganz mit Epheustämmen überwachsenen Schlosses, daß man nahe davorstehen muß, um es von den umgebenden Bäumen unterscheiden zu können. Am Ende des Thales wendet sich der Pfad, über Wiesen, nach einer bedeutenden Anhöhe, vor der eine der überraschendsten Aussichten sich er= schließt. Fast mit Heimwehgefühlen erblicke ich hier wieder im blauen Duft über dem Meer, die Berge von Wales.

Nachdem ich mich in einem ländlichen Gasthofe ein wenig mit Milch und Brod erfrischt, setze ich meinen Weg nach The Devil's Glen (der Teufels= schlucht) fort, die ihren Namen mit Recht trägt. Die wilde Naturscene be= ginnt mit einem gothischen Schloß, dessen von Rauch geschwärzte Mauern aus dem Walde hervorragen, dann vertieft man sich seitwärts in ein Thal, dessen Wände nach und nach immer höher werden, sich immer dichter zusammenziehen, während im dunklen Dickicht der pfeifende Luftzug heftiger und das Brausen des Stroms immer furchtbarer wird. Mühsam auf dem schlüpfrigen Boden fortreitend und unaufhörlich von den über= hängenden Aesten belästigt, sieht man plötzlich den Weg durch eine pracht= volle Cascade geschlossen, die gleich einem weißen Ungeheuer, über hohe Ab= sätze sich niederstürzt und in der Tiefe wühlend verschwindet. Ist es nicht der Teufel selbst, so ist es wenigstens Kühleborn.

Zu einer sehr angenehmen Abwechslung dient es, daß auf diese schauer= volle Schlucht das liebliche idyllische Thal von Rosanna folgt, wo ich unter dem Schatten hoher Eschen mein Mittagsmahl einnahm."

Es wird beim Leser gewiß kein lebendigeres Bild entste-
hen, wen ich nun noch meine eigenen Eindrücke dazutue.
Nur dies sei ergänzt: Für die Versorgung der Stadt Dublin
mit Trinkwasser sind seither hier oben mehrere Stauseen
angelegt worden. Es wäre müßig, deswegen unzufrieden
zu nörgeln, es seien für die Reservoire schöne Täler geopfert worden. Die Seen sind nun mal da; und sie werden gebraucht! Ich finde sie auch schön, eine zusätzliche Be-

reicherung für das ohnehin reiche Landschaftsbild. Unser fortschrittsaufgeschlossener Fürst hätte das, glaube ich, ebenfalls gebilligt.

In diesen Tälern sieht man auch noch einige der berühmten Eichen, die besonders feinporiges, festes Holz liefern. Man sagt, es faule nicht. Früher machten die Iren daraus unter anderem ihre Schlagwaffen, die Shellelaghs, von denen Pückler berichtete. Das Eichenholz aus den Wicklowbergen war aber vor allem gut als Dachbalken. Sie stützen die Deckung der Patricks-Kathedrale in Dublin und der Westminster-Halle in London.

Weite Wege hatte Pückler an jenem Tage noch vor sich; nach einer Erholungspause für den Reiter und das Roß ging es weiter:

„Um sieben Uhr stieg ich wieder zu Pferde und galoppirte zehn Meilen auf der großen Heerstraße fort, bis ich noch vor Sonnenuntergang das wunderherrliche Avondale (Thal von Avon) erreichte. In diesem Paradiese ist wirklich alles Reizende vereinigt. Ein endlos scheinender Wald, zwei prächtige Flüsse, vielformige pittoreste Felsen, die frischesten Wiesen, alle Arten von Laub= und Nadelhölzern in höchster Ueppigkeit; fortwährend eine mit jedem Schritt abwechselnde, aber nie geringer erscheinende Natur."

Ausnahmsweise ging unser tüchtiger Reiter einigermaßen früh zu Bette, damit er für die Unternehmungen, die er für den nächsten Tag vorhatte, gestärkt sei. Sein nächster Bericht kam aus Roundwood. Aber bis er sich an diesem Ort zur Ruhe begab, hatte er Meeting of the Waters, Arklow, Shelton Abbey, Avoca, Glenmalure und Glendalaugh gesehen; eine imponierende Reitstrecke.

„Gestern ritt ich 8 deutsche Meilen, heute 9 — und meine Brust befindet sich eben nicht schlechter dabei. Aber Vergnügen thut viel, und ich sah so viel verschiedene Gegenstände, daß mir die paar Tage wie soviel Wochen vorkommen.

Ich hatte gut geschlafen, obgleich das zerbrochne Fenster meiner Kammer nur mit einem Kopfkissen zugestopft war. Dem ärmlichen Nachtlager folgte ein besseres Frühstück, und auch mein Pferd fand ich vortrefflich abgewartet. Ich reise wie ein Araber, Gallop oder Schritt, dies fatiguirt am wenigsten, und man kommt am weitesten damit."

Damit umständliches Nachschlagen unterbleiben kann, soll jetzt etwas zu Pücklers Entfernungsangaben gesagt werden. Wie lang war denn nun eigentlich eine deutsche Meile damals? Und wie unterscheidet sie sich von einer englischen Meile? — Eine deutsche Meile war siebeneinhalb Kilometer lang. Dieses uns so krumm erscheinende Maß ist ein wenig aufgerundet angelehnt an ein Fünfzehntel eines Äquatorgrades. Die deutsche Meile war also ein geographisches Maß. Sie war bedeutend länger als die englische Meile (1609 Meter). Diese englische Meile ist ein Schrittmaß und zugleich ein Naturmaß. Die Römer, die sich 453 Jahre lang in Britannien tummelten, hatten ihr Maß und die Bezeichnung dafür dort eingeführt: tausend Doppelschritte, milia passuum, das ist eine Meile/one mile. Und da ein Doppelschritt ungefähr zwei mal achtzig Zentimeter schafft, kommt man mit tausend auf 1600 Meter. Daß diese Distanz auch ein Naturmaß ist, hat damit zu tun, daß etwas so Naturgegebenes wie ein menschlicher Fuß eine gewisse Länge hat. Ein englischer Fuß hat 30,48 Zentimeter lang zu sein. Wenn man ein bißchen mogelt, dann sind fünftausend

Fußlängen rund eine englische Meile. Iren hatten offenbar viel größere Füße, denn die irische Meile war 2048 Meter lang.

Für die Strecke von Bray nach Avoka gibt Pückler also umgerechnet sechzig Kilometer an; dabei läßt sich leicht feststellen, daß der Weg kaum länger als vierzig Kilometer ist. Da fragt man sich, wieso er hier sechzig abgerittene Kilometer vermeldet, was ja eine tüchtige Leistung darstellt. Sollte er wieder ein wenig aufgeschnitten haben? Vermutlich nein. Er galoppierte ja nicht stracks durch auf direktem Wege, sondern er machte Umwege, erkundete Seitentäler, ließ sich verlocken, auf Anhöhen hinaufzureiten, der erhofften Aussicht und der notwendigen Orientierung wegen, verlor gelegentlich auch den Pfad. All das summiert sich. Als altgedienter Kavallerist, der er war, wird er die Tagesleistung wohl doch ziemlich zutreffend eingeschätzt haben.

„Meine erste Exkurſion war nach dem berühmten Ort, The Meeting of the Waters (die Begegnung der Wäſſer) genannt, wo ſich die beiden Flüſſe Avonmore und Avonbeg vereinigen und die maleriſcheſte Gegend zu ihrem Hochzeitsfeſte gewählt haben. Auf einem Felſen jenſeits ſteht Caſtle Howard mit vielfachen Thürmen und Zinnen; es ſind jedoch leider nur eben fertig gewordne – die in der Nähe nicht mehr imponiren.“

Nun aber das Flüsse-Treffen, »Meeting of the Waters«. An dieser Stelle wollen sich mir keine Elegien einstellen, etwa im Tone von Thomas Moore, der hier an den flinken Wassern unter einem Baum gesessen und gedichtet hatte. Der Baum ist noch da: totes Geäst, aber vor Andenkenjägern durch einen Zaun geschützt. Der Boden ist ganz blankgetrampelt von Millionen Schuhen, kein grünes

Hälmchen ist am Flußufer. Aber glasflügelige Libellen schwirren in der Sonnenluft.

Da drüben, ein Landgasthaus. Es herrscht ein Betrieb, schlimmer als im Hofbräuhaus. Die Landstraße ist fast verstopft von Bussen und Autos, denn hier wird Pflichthalt gemacht. Meeting of the Waters muß einfach sein bei einer Wicklow-Tour! – Man denkt schon: Himmel! Ist das etwa so ein Gräßlichort, so eine Touristenabspeiserei? Doch es kommt alles ganz anders.

Im Vorgarten, gleich neben der Brücke, baut jetzt am hellen Mittag jemand eine Musikmaschine und zwei Verstärker auf. Minutensache. Dann eine launige Ansage, zustimmender Jubelschrei aus vielen Kehlen, und dann geht's los! Ein schwungvoller reel tönt laut aus den Kästen über die Straße, den Parkplatz, die Brücke, den Flüsse-Treffpunkt, fährt Hunderten von Leuten quecksilbrig in die Füße. Wo sie gerade gehen oder stehen, auch mitten auf der Straße, wird getanzt, mitgesungen.

Irische Tänze sind lebhaft und lang, also anstrengend. Und man muß sie kennen und können. Die hier Versammelten können. Männer, Frauen, Kinder sortieren sich zu je zwei und zwei Paaren, bewegen sich kunstvoll umeinander herum. Ich glaube, wenn man ihren Kurs aufzeichnete, käme als Spur am Ende so ein keltisches Knotenornament zustande. Alle sind fröhlich, erhitzt, atmen rasch, sehen ganz hingegeben aus an Musik, Rhythmus, Bewegung. Zu dieser Musik müssen sie tanzen! Sind Weidenbäume in der Nähe? Es wird ihnen nachgesagt, in ihrem Schatten überkomme die Menschen unbeherrschbarer Drang zu tanzen. Aber was ein rechter Ire ist, der fragt nicht viel nach Weidenbäumen. Er tanzt, wo immer sich Gelegenheit bietet.

Unser Busfahrer hat eine der Amerikanerinnen, eine dieser Heimweh-Irinnen, vif am Handgelenk zu den Tanzenden gezogen und wirbelt seine Beine nun in höchst verzwickten Bewegungsfolgen. Autoverkehr, der vorher schon mühsam war, erliegt ganz. Niemand will jetzt mehr fahren, alle quellen aus den Türen, wollen nur noch eins: mittanzen! – Ich gehe nach da hinten, an die Fels-Steilwand zwischen parkende Autos, und versuche, ein bißchen verstohlen noch, auch solche Hüpfschritte zu vollführen. Das, ja das will ich hier in Irland noch lernen; unbedingt! Muß darüber mal mit meiner Freundin Deirdre reden.

Mit kurzen Pausen folgt Tanz auf Tanz; kaum wird mal ein ruhigerer, konventioneller eingelegt. Die Beteiligung ist dann geringer. Zeit für ein Bier. – Nach einer kleinen Stunde hat unser Busfahrer Mühe, seine Fahrgäste wieder in den Bus zu bekommen. Er hupt und hupt, taktgemäß. Noch eine jig im Dreiertakt, noch ein reel! Aber leider, irgendwann muß es weitergehen. Bloß, wie soll der Bus aus diesem Menschengequabbere herauskommen? Es geht nur zentimeterweise, und nur, weil der Fahrer den Bus mittanzen läßt. Er tippt aufs Gaspedal, ganz leicht, im Rhythmus der Musik da draußen, läßt den Bus wippen. Lange, lange. Kann irgendjemand dabei stillsitzen im Bus? Oh nein, allen pulst das Blut nach der Zaubermusik, zwingt Arme und Beine zum Mitbewegen. Als der Bus endlich durchgedrungen ist, und vorsichtig ein bißchen Fahrt aufnimmt, tönt draußen ein vielstimmiger Abschiedsschrei. Arme sind hochgerissen. Als Schleppe haben wir eine ganze Reihe Autos hinter uns. Aus jedem Seitenfenster winken Arme im Takt. »Tja, das geht nun so bis tief in die Nacht, jeden Tag im Sommer«, sagt unser Busfahrer.

Warum nur hat der, den man sonst den »tollen Pückler« nannte, diese Tänze »unsinniges Hüpfen und Springen« genannt? Warum hat dieser vitale und lebenslustige Mensch nicht einfach mitgemacht bei solchen Gelegenheiten?

Pückler strebte nun bei seiner Wicklow-Mountain-Erkundung seinem südlichsten Punkt zu: Arklow.

„Eine vortrefflich unterhaltne Straße führt von hier nach dem entire vale und dem Park von Bally Arthur. Dieses Tal hat das Eigenthümliche, daß die Berge auf beiden Seiten so unburchbringlich dicht mit Buchen bewaldet sind, daß kein sichtlicher Zwischenraum der Maſſen bleibt und es wirklich scheint, als könne man auf den Baumgipfeln herabsteigen. Ich verließ hier die Straße und folgte einem Fußsteig ins Dickicht, der mich zu einer sehr schönen Aussicht führte, wo am Ende der langen Schlucht die Türme von Arklow, wie in Rahmen gefaßt, erscheinen."

Er wandte sich dann wieder nordwärts und ritt durchs Glenmalure.

„Das Land, welches ich jetzt durchritt, glich auffallend den flacheren Gegenden der Schweiz, immer allmählich ansteigend, bis ich mich den höchsten Bergen Wicklows gegenübersah, deren Häupter wieder gleich dem Snowdon, von Wolken verhüllt erschienen. Das Thal von Glenmalure hat den Charakter einer todten Erhabenheit, mit dem das trübe Wetter vortrefflich harmonirte. In der Mitte deſſelben steht, wie ein verwünschtes Schloß, eine große, verlaſſene und schon baufällige Caserne, weder Baum noch Strauch ist dabei zu sehen und die Seiten der hohen Berge sind nur mit zerbröckelten Steinen bedeckt. Blos unterirdisch ist dieses Thal belebt, und selbst dieses Leben bringt Tod. Es befinden sich nämlich große Bleibergwerke hier, deren ungesunde Ausdünstungen man auf den bleichen Gesichtern der Arbeiter wahrnimmt. Ich fuhr, in einen schwarzen Kittel gehüllt, in die Felsenschachten ein — eine düstre, schaurige Fahrt! Die Gänge waren kalt wie Eis, tiefe Dunkelheit herrschte in ihnen, und ein schneidender Wind wehte uns mit Grabesdüften entgegen. Von der niedrigen Decke, die zu gekrümmter Stellung zwang, tropfte mit hohlem Klang taktmäßig Wasser herab, und die unerträglichen Stöße des Karrens, den ein Mann langsam über den holperigen Felsenboden hinzog, vollendeten das Bild einer schrecklichen Existenz."

Es ist merkwürdig, die Abraumhalden wollen und wollen sich nicht begrünen. Nackt liegt in allzu steilem Böschungswinkel das Geröll da, fahlrötlich und totgelb. Die kruden Aufbrüche reichen stellenweise fast bis zur Kammhöhe. In ihrer Verkommenheit häßliche Reste einstiger Verarbeitungsanlagen stehen in abschreckendem Kontrast zur Schönheit der paradiesischen Natur ringsumher. Pückler sprach von Bleibergbau, aber es war vornehmlich Kupfergewinnung, die hier betrieben wurde. In einigen Gebieten gab es auch Gold. Was im Dubliner National-Museum an Goldschmuck zu bewundern ist, lag einst hier als Rohmaterial im Schoß der Erde. Narben vom Abbau sieht man halt bis heute. Es ist ja überhaupt das erzreichste Gebiet der ganzen Insel. Das bedeutet, daß bis heute hier Industrie-Anlagen angesiedelt sind. Von Romantik kann ein Land nicht leben; gewiß. Luarcharmáns, hier als gerissen-böse Geister, Schatzhüter, müssen noch irgendwo hinter den skandalösen Schutthalden ihr Wesen treiben.

Gegen Abend strebte Pückler dem Tal der sieben Kirchen zu: Glendalough.

„Die Aussicht von der Höhe war weit und herrlich und doch in einem sehr verschiedenen Charakter von dem bisher Gesehenen, wozu die glücklichste Beleuchtung viel beitrug, indem die Sonne hinter schwarzen Wolken hervorblitzte. Nichts gibt fernen Gegenständen eine größere Klarheit und ein verklärteres Licht. Die Strahlen legten sich in breiten Streifen wie eine Glorie über die vielfach sich durchkreuzenden Bergflächen, und die zwei Sugarloafs (Zuckerhüte) standen, alles überragend, dunkelblau in dieser Helle am Horizont. Der Weg, den Berg hinunter, ist so allmählich in Schlangenlinien geführt, daß ich ihn bequem hinabgaloppiren konnte. Demohngeachtet war es schon voller Abend, ehe ich in das letzte der während der heutigen Tagesreise zu besuchenden Täler, das der Sieben Kirchen, kam. Hier stand vor mehr als tausend Jahren (sic fabula docet) eine große Stadt mit sieben Kirchen, welche die Dänen zerstörten. Noch ist ein schönes Thor fast ganz erhalten, obgleich ihm der Schlußstein fehlt, den aber die Zeit durch einen dicken Epheustamm ersetzt hat, welcher die ganze Wölbung zusammenhält. Sieben einzelnstehende Ruinen sind, dem Volksglauben nach, die Überbleibsel der heiligen Kirchen, welche dem Thale den Namen geben. Nur eine davon trägt diesen Charakter unzweifelhaft und ist merkwürdig durch einen der höchsten jener seltsamen mysteriösen Thürme ohne Thür und Fenster, welche man bei vielen Klosterruinen in Irland antrifft und deren eigentliche Bestimmung noch immer unbekannt geblieben ist. Weiter hin ruhen, im tieferen Grunde und heiliger Stille, zwei dunkle Seen, berühmt durch die Abentheuer des heiligen Kevin. Die Felsen sind hier ungewöhnlich steil und an manchen Stellen wie Treppenstufen geformt. In dem einen ist eine schmale und tiefe Spalte, die ganz einem gewaltsam gemachten Einschnitte gleicht. Die Sage erzählt, daß der junge Riese, Fian Mac Comhal — als seine Cameraden befürchteten, er sei noch zu schwach zu dem Kriege, in den sie eben verwickelt waren —, um ihnen eine Probe seiner

Kraft zu geben, mit seinem Schwerte biesen Felsen spaltete und so jedem ferneren Zweifel ein Enbe machte. Weiter hin entbeckt man in einem jenseits über bem See hängenben Felsen, gleich einem schwarzen Loch im Gestein, bie Höhle St. Kevins. Hier verbarg sich ber Heilige vor der ihn verfolgenben Liebe ber schönen Königstochter Cathelin und lebte lange in tiefster Einsamkeit, von Wurzeln und Kräutern. In einer Verhängniß vollen Stunde entbeckte jeboch bie von ber Leibenschaft umhergetriebene Schöne ben Flüchtling und überraschte ihn im Dunkel ber Nacht auf seinem Mooslager. Mit süßen Küssen erweckte sie ben ungalanten Heiligen, welcher, seine Tugend verloren sehend, sich kurz entschloß und Cathelin über Borb warf, wo in ben kalten Fluthen bes Sees Liebe und Leben sie zugleich verließ. Doch fühlte ber Mann Gottes nachher ein menschliches Rühren und legte einen Zauber über bie Gewässer, baß fortan Niemanb mehr sein Leben in ihnen verlieren solle, welche Beschwörung noch heut zu Tage in Kraft geblieben ist, wie mein Cicerone bezeugte."

So nonchalant erzählte Pückler die alte Geschichte, und man fragt sich, wie sie sich wohl in Lucies Salon angehört haben mag, wenn die Briefempfängerin selbst oder Freund Varnhagen sie den anwesenden Gästen in diesem Wortlaut vorgelesen haben. Ob wohl trotz des leichten, schon fast frivolen Tons etwas vom tiefreligiösen Ernst der heiligen Stätte im Tal die feine, gebildete Gesellschaft in Muskau angeweht hat?

Ich bin nicht nur auf Pücklers Worte angewiesen; ich kann das alles selber sehen! Aber es wird mir schwergemacht; die äußeren Bedingungen sind nicht so, daß auch ein inneres Bild, die Imagination des Einst, sich einstellen könnte. Das Wetter ist zu sonnig, zu heiter; die Masse Menschen zu quirlig; der Geschäftsgeist zu ausgeprägt; alles ein bißchen zu laut, zu fröhlich, zu jahrmarktsmäßig.

Schnell, schnell...; ich muß einfach schneller sein als die anderen Fünfzig im Bus. Sie werden, so hoffe ich, erst einmal bei den angebotenen Schafsfellen, den Aran-Pullovern, den Postkarten, bei all den touristischen Garnierungen oder bei Eßbarem hängenbleiben. Das muß ich ausnutzen und den steinernen Relikten aus einer fast ganz versunkenen großen Vergangenheit allein mich nähern. Aber, vergeblich ist dieses Bemühen: andere Busse waren

GLENDALOUGH

schon vor unserem angekommen. So wieselt es zwischen allen Grabsteinen und Kreuzen, Kapellen, Oratorien, Mauerresten, Zellen umher; eine unruhige Invasion, ein internationales Kunterbunt. Wie sehr anders erscheint der Ort, als man gedacht hatte, gehofft hatte. Schließlich finde ich doch einen abgelegeneren Platz, an dem ich mit halbgeschlossenen Augen mich konzentrieren kann, ein Gefühl für die Erhabenheit des Ortes, für den Weltverzicht der einstigen Heilssucher in mir zu bereiten wenigstens versuchen kann. Etwas vom Geist, der einst hier waltete, möchte man erspüren, beschwören. Es gelingt nur unvollkommen, leider. Aufmerksam sehe ich hernach alles an, aber es geht nur ins Gehirn, nicht in die Seele. Zu anderem sind, gleich mir, die meisten Menschen heute wohl nicht mehr gemacht. Ich weiß, es ist ungerecht, und auch gar nicht konsequent, aber ich grolle, grolle dem wohlorganisierten Ausflugswesen; klage innerlich die entgangene Faszination ein.

Zur festgesetzten Zeit strudelt wieder alles zum Bus hin. Alle Kameras werden wieder in ihre Hüllen geknöpft, die eingekauften Souveniers gegenseitig vorgezeigt, erzählt, wo man auf den Tee lange warten mußte und wo schnell bedient wurde. Mit einem Blick auf die Armbanduhr wird abgeschätzt, wann wir wohl wieder in Dublin sein werden. Die Gedanken der Mitfahrenden sind schon gar nicht mehr hier.

Übrigens erweist sich das Zeit-Kalkül hinsichtlich des Eintreffens in Dublin als falsch, denn es gibt noch einen unvermuteten Aufenthalt. Im Programm ist noch ein Stop bei einer Handweberei vorgesehen. Werkräume unten,

Verkaufsraum und Teestube oben. Nur ein einziger der Webstühle klappert jetzt am Spätnachmittag noch. Aus Körben leuchtet schön gefärbtes Wollgarn, an der Wand stapeln sich die fertigen Ballen mit Stoffen in fein abgestimmten Streifenmustern oder dezenten Karos.

Doch dann rollen wir hinab auf Dublin zu; wie es da vor uns im rötlichen Abendglosen wohlig hingebreitet liegt! Wir alle im Bus wissen, daß gute Betten bei guten irischen Wirtsleuten auf uns warten. Was aber fand unser verwöhnter Fürst in der Nacht nach diesem strapaziösen Tage in Roundwood vor?

„Um zur Nachtruhe in einen leiblichen Gasthof zu gelangen, mußte ich von hier aus, bei Mondschein, noch zehn Meilen über einen endlosen Torfmoor reiten, den gewöhnlichen Aufenthalt allerlei Spucks, von dem mich jedoch nur einige einsame Irrlichter, vorbeigleitend, mit ihrer Gegenwart beehrten.

Als ich im Dorfe ankam, waren beide Gasthöfe schon von Touristen besetzt, und ich erhielt nur mit großer Mühe ein kleines Vorzimmer eingeräumt, wo ich auf Stroh schlafen werde. Thee, Butter, Toast und Eier sind aber vortrefflich, und der Hunger würzt überdem das Mahl. Ich kann Dir nicht sagen, wie angenehm mir dieses Leben ist! Mit allen Entbehrungen fühle ich mich doch wahrlich hundertmal mehr á mon aise als encombrirt und belästigt von tausend unnöthigen Bequemlichkeiten. Ich bin frei wie der Vogel in der Luft, und das ist ein hoher Genuß. Uebrigens, Ehre, dem Ehre gebührt. Wenig Menschen würden nach solchen Fatiguen sich mit religiöser Ordnung alle Abend hinsetzen, um Dir so langen Rapport von den Tagesbegebenheiten abzustatten. Erfreut es Dich nur, so bin ich hundertfach belohnt."

♣

NACH CARLINGFORD

Gemeinsam mit meinem fürstlichen Reisebegleiter kann ich nun nichts mehr unternehmen. Er hat sich in einen melancholischen Grübler verwandelt. Anscheinend wartet er nur noch auf seine Abreise, unternimmt jedenfalls kaum noch etwas. Wir haben gelesen, was ihm im letzten Viertel seines Buches so alles einfiel an Erwägungen und Erörterungen. Mir aber bleiben noch einige Tage; und so will ich ein paar Gegenden sehen, für die ich bisher keine Zeit gefunden hatte.

Eine Schlange hat sich vor dem Schalter gebildet, an dem man Bustouren buchen kann. Brav stelle ich mich an, studiere in dem Faltblättchen, das die Möglichkeiten anpreist, überlege mir einen Terminplan. Zuerst nach Norden, nach Carlingford. Die Fahrt ist preiswert. Für den ganzen Tag kostet sie nur 10 Irische Pfund.

Es näßt ein wenig bei der Abfahrt. Nein, Regen ist das nicht eigentlich, nur feuchte Luft. Kühl. – Angenehmes Flugwetter kann man das nicht nennen. Aber selbstverständlich, vom Flugfeld Dublin Airport, westlich der N 1, erhebt sich dröhnend ein Jet, fliegt über unsere Straße hinweg ostwärts, ist unheimlich schnell in den tiefhängenden Wolken verschwunden. – Erster Fotostop in Swords. Rundturm, Burg; weiter! In Lusk wäre man gern ausgestiegen, aber der Anonymus, der den Ablauf solcher Touren in seinem Büro festlegt, fand einfaches Durchfahren

besser. Also bleiben Burg, Rundturm und Kirche, für diesmal jedenfalls, unfotografiert. Ein Weilchen geht die Fahrt
direkt am Küstensaum nordwärts. Inseln liegen wie
schwimmend dicht vor der Küste im Dunst. Es wird zunehmend nebliger. Der Martello Tower auf Shenick's Island sieht, so eingewattet, schon gar nicht mehr streng
aus.

Bei der Annäherung an Drogheda beginnt es zu regnen;
je näher, desto mehr. Als wir über die Boyne-Brücke rollen, fallen die Wassermassen so dicht, prasseln so stark
auf die Busfenster, daß man von dem berühmten Eisen-
bahnviadukt, der weiter rechts den Fluß überspannt, gar
nichts sehen kann. Kurz danach soll ausgestiegen werden.
Eine Stunde Lunchpause. Kluge bleiben im Bus, Unkluge
wie ich wollen etwas von der Stadt sehen, steigen aus, mal-
trätieren den Schirm, daß er sich schneller öffnen möge,
ziehen den Kopf zwischen die Schultern, springen über
Pfützen und Rinnsale. Ich habe mir schon im Bus einen
kleinen Plan zurechtgelegt, will auf dem Meath-Ufer der
Boyne zum Millmount aufsteigen und von dort oben diese
Stadt überblicken, die zum Inbegriff für tragische Geschichte, Geschlagenheit, Geschundenheit, wurde. Der
für mich interessantere Teil liegt auf dem Louth-Ufer. Er
müßte vom Millmount aus gut zu übersehen sein. Außerdem
ist da oben, so habe ich gelesen, in alten Kasernenbauten
ein Stadtmuseum eingerichtet worden. Da könnte man
mehr über die schlimmen Geschicke der Stadt erfahren.

Aber ich muß meine Idee aufgeben. Der Regen wird so
wütig, daß ich mit Mühe und Not nur einen schnellen
Streifblick auf das St. Laurence-Tor werfen kann; dann

flüchte ich ins Trockene, in St. Peter's Church. Inzwischen klatscht mir der nasse Rocksaum ungut um die Beine; der Schirm hat entgegen meinen Befürchtungen glücklicherweise standgehalten.

Die riesige Kirche ist ein deprimierender Ort. Cromwell – bei diesem Namen bekreuzigen sich die Bewohner von Drogheda – ließ, seinem eigenen Haß-Bericht zufolge, im Jahre 1649 in dieser Kirche Hunderte von Einwohnern, Kinder sogar, einschließen und verbrennen. Das irische Gedächtnis vergißt das nicht! – Auf einem Seitenaltar wird das mumifizierte Haupt von Oliver Plunkett verehrt. Er war, eine Generation später, der Verschwörung angeklagt und 1681 am Galgen zu Tyburn in London hingerichtet worden. – Und heue, gerade jetzt, geht auch Bedrückendes vor: ein Mann ist aufgebahrt, seine Aussegnung wird vorbereitet. Fahnen sind gehißt, Blumen werden arrangiert, schwarze Samtschabracken werden zurechtgezupft, viele viele dicke Kerzen werden angezündet. Die ersten Trauergäste erscheinen, die meisten Herren mit Bowler-Hüten oder Zylindern. Nach dem ganzen Aufwand zu urteilen, muß der Tote dort vor dem Altare eine wichtige Person sein. Die Orgel beginnt zu präludieren. Hier kann ich, wie ich einsehen muß, nicht länger bleiben.

Also wieder hinaus ins Wetter; es höhnt jeder Beschönigung. Nach ein paar Schritten finde ich mich dort ein, wo viele aus unserem Bus warm und trocken aufgehoben sind, in einem Café. Und so kommt es, daß ich allerlei über den guten Tee und das gute Hausgebackene sagen könnte, aber wenig über Drogheda.

Bevor die Fahrt fortgesetzt wird, sucht man noch rasch nach der Tür, an der »Mná« steht. Da hinten, im Sanitärbereich, werde ich noch gleich zweimal überrascht. Auf dem Spülkasten, flankiert von Geruchskillerspray und Reservepapierrolle, steht ein gerahmter Kunstdruck: Leonardos Mona Lisa lächelt mir traut entgegen. Und an der Wand gegenüber hängt in bequemer Lesehöhe ein bedenkenswerter Ausspruch von Carl Schurz: »Ideals are like the stars: we never reach them, but we chart our course by them.«

Die nächste Station, zehn Kilometer weiter, soll Monasterboice sein. Irlands schönste Hochkreuze sind da zu studieren. Bloß, wie wird das sein in diesem Wetter? ... Aber ... ist der Regen jetzt nicht ein wenig leichter geworden? Man prüft die Himmelsgräue; hofft. Und wirklich, der Bus fährt hinaus aus dem Regenloch. Bei unserer Ankunft ist es etwas heller, Tropfen fallen nur noch vereinzelt. Später bricht sogar mal ein Sonnenstrählchen ganz zaghaft durch, gibt fotofreundliches Streiflicht auf die Hochkreuze. Für die, die nicht nur fotografieren, sondern auch ein bißchen lernen möchten, erklärt der Busfahrer gekonnt, und sogar auch engagiert, was zu erklären ist. Er sagt, daß diese Hochkreuze keine Grabkreuze waren, sondern Andachtkreuze oder auch Stätten, von denen aus Mönche unter freiem Himmel predigten. In der Frühzeit waren die Kreuze wohl aus Holz geschnitzt. Die ersten Steinkreuze des 7. und 8. Jahrhunderts waren ornamental verziert. Die Deutung bleibt schwierig. Vom 9. bis zum 11. Jahrhundert skulptierte man Bibelszenen-Bilder, so daß die Kreuze selbst durch ihre Bildsprache eindringli-

che Predigtfunktion hatten. Im 12. Jahrhundert schließlich standen einzelne Gestalten – Christus selbst, Heilige
und Bischöfe – im Vordergrund. In Monasterboice gehören das Muireadach-Kreuz und das sogenannte West-
Kreuz dem Bibelkreuz-Typ aus dem 10. Jahrhundert an.
Etwas abseits davon steht das ältere, schlichtere Nord-
Kreuz mit seinen rätselhaften Spiralen-Mustern.

Wie alle alten Klosterstätten ist auch diese hier, als sie
aufgegeben worden war, durch Jahrhunderte als Begräb-
nisplatz benutzt worden. Dicht bei dicht liegen Grabstätten: zertrampelt, rücksichtslos okkupiert von Fotomotiv-
sammlern. Was ist das nur für eine merkwürdige Zweiglei-
sigkeit? Da wird geschwärmt von »heiligen Orten«, man
zeigt sich ergriffen von der Würde der Stätte, vertieft sich
willig in fromme Ikonographie, seufzt der irischen Reli-
giosität, der vergangenen und der gegenwärtigen, in
einem Tone nach, als sei man der eigenen unverdienter-
und bedauertermaßen verlustig gemacht worden; man
gibt sich gefühlig, sehnsüchtig nach verlorener Ganzheit,
und hastet im gleichen Augenblick bedenkenlos über
fremde Gräber. Wohin? Na dort hin, wo man die kitsch-
bunten, banalen Plastikblumen, die man wie in einer
Klarsicht-Konfektschachtel wetterfest verpackt auf frischen Gräbern liegen sieht, vors Objektiv nehmen kann.
Klick!

Die N 1 führt, bliebe man auf ihr, direkt weiter bis ins
Herz von Belfast. Auf britischer Seite heißt die Straße
dann selbstverständlich A 1. Aber wir verlassen diese
Route bald hinter Dundalk und erleben eine geisterhafte
Fahrt. Dicker Nebel liegt nun nämlich über der ganzen

Carlingford-Halbinsel. Anfangs wechselt noch die Dichte der weißen Front; sie öffnet, für Momente nur, die wallenden Schleier, schließt sich dann wieder zu undurchdringlicher Opazität. Die feuchten Massen quellen, wälzen sich in jede Senke. Die Busfenster sind wie Milchglas. Der Fahrer fährt im Schritt-Tempo. Die Sichtweite beträgt auf den Höhen vielleicht sechs Meter, in den Tälern nicht mal drei. Es geht sehr kurvig. Der Fahrer ist rührend: Er erklärt unter fortwährendem Bedauern, was wir links und rechts sehen würden, wenn... ja, wenn...! Hier wäre ein atemberaubender Fernblick in schöne Täler, dort ein Küstenüberblick bis Cooley Point, da hinten eine Burgruine, fernerhin die dunkle Masse der Mourne-Mountains, die schon im britischen Teil von Ulster liegen; die schön gegliederte Bucht von Carlingford, Brutbett vieler »cockles and mussels« ein Leuchtturm, das Narrow Water Castle, die weiten Talwiesen, der Blick auf Newry, Klöster, Kirchen, Dörfer, Dolmen wie gigantische Pilze, Inschriftsteine. Man folgt seinen zeigenden Gebärden, starrt ins Weiße, sieht nichts, ist zurückgeworfen auf bloßes Vorstellen.

Plötzlicher Stop auf einer Anhöhe. Wo sind wir? Jede Orientierung fehlt. Durch hohes Gras, das dicht behängt ist mit schweren Tropfen, stapfen wir dem Führer nach in einen eibenumstellten Friedhof. Edward Bruce – der Bruder von Schottenkönig Robert Bruce – fand 1318 bei Dundalk kämpfend sein Ende; aber bevor man ihn hier ins Grab bettete, wurde er erst noch bestraft: der Tote wurde gehenkt und geviertelt. Nun ruht er hier; durch seinen Tod erst wird er uns existent.

Ein heiliger Brunnenquell, St. Brigid's Well, ist nur wenige Schritte entfernt. Brigid, »die Hohe«, wurde als Tochter des keltischen Himmels- und Fruchtbarkeitsgottes Dagdae angesehen. Aus keltischem Adels-Clan stammte die reale St. Brigid. (In Faughart war sie 435 geboren, gestorben im Jahre 524.) Der erste Februar, Tag des keltischen Frühlingsfestes Imbolg, ist ihr geweiht. Das Quellwasser gilt als heilkräftig; der Born wird verehrt, mit Blüten und Bändern geschmückt. – Dies ist »ihr« Platz: Faughart. Es war eine frühe Klostersiedlung, jetzt ist es ein Ort resignativer Einsamkeit. Das Handbuch meldet, die Aussicht von hier oben sei großartig. Der Blick südwärts, in die Ebene, in der der Sagenheld Cu Chulainn aufwuchs, ist uns heute jedoch verwehrt, verhängt. Die Aussicht ist zurückgenommen auf ein paar verwitterte Grabsteine und triefende Eiben. Auch von Omeath, der grenznächsten Hafen- und Fischerstadt, haben wir in diesem Nebel nichts. Man kann nicht einmal das gegenüberliegende britische Ufer sehen. Unser Busfahrer erzählt allerlei Ungutes, erklärt die Kompetenzverteilung der Wachtschiffe in der Bucht, beklagt Grenze und Teilung des Landes. Ich, als Berlinerin, kann seinen Gram verstehen.

Annäherung an Carlingford. Das traurige Auswandererlied, das »The Dubliner« in der Welt verbreitet haben, will einem nicht aus dem Sinn gehen. – In der kleinen Stadt Carlingford ist man plötzlich nicht mehr in unserer Zeit. Die trutzigen Mauern von King John's Castle, die vor sich hinträumenden Relikte der einstigen Dominikaner-Abtei, die kurzen, engen Gassen, die Reste der Stadtbefestigung, alles verweist aufs Ehegestern. Brombeerranken und wuchernde Baldrianpflanzen nehmen den zerbröckelnden

Mauern die Strenge; der uralte Turm der Kirche, die befestigten, abweisenden Wohntürme, die üblicherweise auch Castles genannt werden, erzählen von Vergangenheit. Kriegerischer Vergangenheit. Da ist nichts heiter Anekdotisches. In der jetzt herrschenden Beleuchtung ist alles ganz besonders ernst und schwermütig. Ich bin gern an solchen Orten, lasse mich willig mit dem Einst konfrontieren. Auf einem nebelfeuchten Mäuerchen sitze ich ein Weilchen und durchmesse beim Nachlesen die wechselvolle Geschichte der Stadt. Kelten, Heilige, Wikinger, Normannen, Eroberer, Unterdrücker, Mönche, Kaufleute, Freiheitskämpfer, alle, alle waren hier. Schon Descartes hatte dieses Spüren in Worte gebracht: »Reisen ist beinahe wie Gespräch mit Menschen aus anderen Jahrhunderten.«

Rückfahrt über die N2. Geradeaus, nur immer geradeaus, und hinein in ein fulminantes Abendrot über Dublin. Nebel? In Dublin gab's den ganzen Tag lang nichts davon.

CARLINGFORD

♣

BOYNE VALLEY

Pückler war ein in seiner Gegenwart freudig lebender Mensch, ein Genießer, ein Bonvivant eben. Geschichte interessierte ihn weitgehend nur als Bedingung des Jetzt; das Jetzt, das er erlebte. So wundert es nicht, daß die Vor- und Frühgeschichte Irlands in seinen Briefen kaum mal Erwähnung fand. Er fühlte sich auch nicht sehr angezogen von so geschichtsbelasteten Gebieten wie dem Tal des Boyne-Flusses. So nah es an Dublin ist, dorthin ritt er nicht. Ich aber möchte gern Tara Hill, Bective Priory und Mellifont Abbey, die Städte Navan, Trim und Slane und die Ganggräber um Newgrange sehen. Für 9 Irische Pfund machte ich eine Exkursion ins Boyne Valley mit.

Zuerst Tara Hill, gegründet von »Te«, einer Frau! Zauberberg der Mythologie, Stätte von Frühgeschichte. Ein schmales Straßenband führt sacht hinan. Der Hügel ist gar nicht hoch, 156 Meter nur. Und dennoch hat man einen unvermutet großen Blick in die umgebenden Ebenen, ins machtvolle Grün.

Der irische Dichter Francis Ledwidge (1891–1917), geboren in Slane, gefallen in Flandern, sprach von »seas of moving green«, als er von der Anhöhe hinab in die Boyne-Ebene schaute. Die deutsche Übersetzung »ein Meer von bewegendem Grün« kann die schöne Mehrdeutigkeit des Wortes »moving« nur unzureichend wiedergeben.

Kaum Ansiedlungen, nur Weiden, Wiesen, Felder, Hekken, Büsche, Bäume, einzeln oder in lockeren Gruppen oder Reihen. Getreidefeimen, Strohballen. Grasübersamtete Bodenwellen, wolkengeliebtes, windliebkostes Land. Ein königliches Aussichtspanorama. So schön, so friedlich ist es hier! Landschaft in ruhiger Selbstgelassenheit. Aber das Gedächtnis erweist sich auch hier als unerbittlich. Es fällt einem ein, was die Mythen raunen, die Geschichte weiß: Ströme von Blut haben den Boden durchsickert, wieder und immer wieder. Der Platz ist uralt; in ferngrauer Vorzeit schon war hier der Sitz von nacheinander 136 heidnischen und hernach noch sechs christlichirischen Hochkönigen. Temir hieß er, noch nicht Tara. Hier wurde Rat gehalten und Intrige gesponnen, Recht gesprochen und Unrecht geheckt, Treue geschworen und Verrat geübt, Macht statuiert und Macht gebrochen, Musik geliebt und Kampf gebrüllt, Sehern und Dichtern gelauscht und doch auch Mord geplant, Kunsthandwerk gepflegt und doch auch Land zu verwüsten beschlossen, geliebt und, mehr noch fast, gehaßt.

Die Überlieferung, wie Grainne den hier vom königlichen Vater bestimmten Gatten verschmähte, sich von dem Ungeliebten befreite, selbst den Mann erwählte, den sie lieben konnte und lieben wollte, läßt etwas über die Position der Frau in jenen fernen Tagen ahnen. Grainne war eine, die sich in eigener Entscheidung entband und band.

Auf dem Hügel von Tara, hier, hier war eine der Wiegen irischer Kultur, das Herz, die Mitte Irlands: Meath. Und hier entschied sich oft und oft das Schicksal des Landes. — Ich absolviere mein »deiseal«, den Rundgang um die

Kuppe, rechts herum, wie der Lauf der Sonne: einst eine feierlich-magische Umschreitung. Dann setze ich mich auf den warmen Boden, da wo der Eingang zu Tara Hall früher war, prüfe mit den Augen ab, wie lang sie wohl einst war. Links und rechts zeugen nur holprige Erdwälle davon, wo damals ihre Tragewände aufragten.

Wenn unter den tüchtigsten Gebietsfürsten ein neuer all-irischer Hochkönig erkoren war, wurde »feis« hier gefeiert. Der neue König verband sich in einer mythischen Hochzeit mit Irland. Maeve, die Göttin des Herrschertums und Erdgöttin zugleich, war beschworen von allen Druiden und Vates. Barden und Filid schmückten das Fest mit Preisliedern und Heldengesängen. Temir, das war der Mittelpunkt der altirischen Welt.

Das »Book of Leinster« und das »Yellow Book of Lecan« geben uns Kunde von der Hofordnung zu Tara. Streng nach Rang und Bedeutung war die Sitzordnung festgelegt. Nach uralten Sagen wissen wir auch von der selektiven Fleischzuteilung bei den Festmahlen. Wem die guten Stücke zukamen, stand nicht in Zweifel; und wer sich mit Flomen, Schwarten und Knochen begnügen mußte, ebenfalls nicht. All das war Gegenstand eifersüchtiger Überwachung, und mancher durch Generationen reichende Zwist hatte darin seine Wurzel. Etwas so Verletzliches wie Ehre war im Spiel. – Jedenfalls war's ein erheblicher Wandel von jenen Bräuchen bis her zur Gleichberechtigung am Snackbüfett.

Wenn die Postkarten und das Informationsblättchen, das Auskunft über den einstigen Hochkönigssitz gibt, gekauft sind, wenn ein neuer Film in die Kamera eingelegt ist, geht die Fahrt weiter nach Bective Abbey. Reste einer leidlich erhaltenen Zisterzienser-Abtei sind noch zu sehen. Das große Kloster- und Kirchenmorden unter König Henry VIII. verwandelte auch diese Stätte der Frömmigkeit in einen traurigen Ruinenort. Aber jetzt, im Sonnenglanz, im zitternden Goldduft des hohen Mittags, wird das Traurige nicht so deutlich.

Größerer Halt für ein Lunch in Trim. Als der letzte Hochkönig von Irland, Roderick O'Connor, 1170 seine Macht verlor, Taras Bedeutung niederging, fing Trims dornige weltliche Geschichte an. Die Burg von Hugh de Lacy, auf Befehl von Henry II. erbaut, war 1173 fertig. Von Trim ging die Macht der neuen landfremden Herren aus. Aber belegt so eine Zwingburg denn wirklich nur Macht und Stärke? Sagt sie nicht auch, man habe Angst gehabt? Die Geschichte von Trim Castle ist eine Geschichte von Rache. Die Tat, besser gesagt, die Untat des einen zeugte Rache des andern, und diese wieder Rache des ersten, und so fort durch die Zeiten. – Jetzt geht es da geregelter zu: Ein Golfgelände umgibt die klobigen Mauern. Rache ist nun reglementiert und traut sich nur noch als sportliche Revanche hervor.

Aufbruch nach Kells (heute: Ceanannas Mór), zur Gründung des heiligen Columbkille. Aus allen altirischen Königreichen liefen hier die Straßen zusammen, und so hat der Rundturm von Kells statt der sonst meist üblichen vier Auslugöffnungen deren fünf. Ein wichtiges Kloster mit mehreren tausend Mönchen stand hier, eine Hochburg von Gelehrsamkeit, eine Pflegestätte der Schreibkunst. Die Brüder lebten in geistiger, nicht aber in räumlicher Gemeinschaft. Jeder hatte seine Hütte, abgesondert stand sie von den Hütten der anderen. Das Buch, das ich in Dublin in der Bibliothek des TCD bewundert habe, und das »Book of Kells« heißt, ist vermutlich aber gar nicht hier entstanden, sondern nur durch Jahrhunderte treulich gehütet worden. Wunder genug, daß es in all den unruhigen Zeiten gelang, diese Weltkostbarkeit trotz Raub und Brand und Krieg zu bewahren. – In Kells ist auch noch eine Steinhütte, St. Columbkille's House, mit dem haltbaren Dach aus geschichteten Steinen zu sehen. Und fünf kunstvolle Hochkreuze beweisen die handwerkliche Ge-

WACHTTURM VON TRIM

schicklichkeit, künstlerische Inspiriertheit und religiöse Inbrunst derer, die sie schufen.

Viele Flüsse in Irland heißen Blackwater. An einem entlang folgen wir seinem Lauf bis zu der Stelle, wo er in die Boyne einmündet. Da liegt die kleine Stadt Navan; klein, aber dennoch die größte im County Meath. Die bedeutendsten Blei- und Zinkminen West-Europas liegen an der Straße. – Kleine Teepause. Gelegenheit auch, auf die Motte von Navan zu steigen und von oben her Einblick zu nehmen ins Stadtgenist.

Doch dann, gestärkt, geht's ostwärts, Richtung Slane. Seit über sechstausend Jahren wird hier gesiedelt. Nördlich des Städtchens ein Hügel, Slane Hill, auf dem im Jahre 433 ein Fanal aufflammte: St. Patrick soll getan haben, was zu tun allein dem Priesterkönig auf Tara zukam, das sakrosankte Hügelfeuer zu entzünden. Bis dahin war das als Signal für einen neuen Frühling, neue Fruchtbarkeit, als ein heliozentrischer Ritus geschehen. Patrick aber setzte es als Osterfeuer, als ein Zeichen des Triumphs der neuen Lehre, als Licht der Welt an sich. Das Feuer von Slane Hill strahlte bis nach Tara hinüber: ein unerhörter Affront. Patrick wurde vor König Laoghaire zitiert, hatte den Tod zu gewärtigen. Aber sein unerschrockenes Auftreten bewahrte ihn davor. Mit beschwörender Predigt erreichte er, daß der Hochkönig weitere Missiontätigkeit zu dulden und nicht zu hindern versprach. Taufen allerdings ließ er sich nicht. Nun aber hob an, was Patricks Biographen, St. Abba und St. Declan, so ausdrückten: »Et perexit Patricius et baptizavit et perexit.«

Archäologen mühen sich, der Vergangenheit ihr hartnäckig bewahrtes Geheimnis zu entreißen. So sind sie auch tätig an den Ganggräbern nördlich von River Boyne. Bei Knowth ist eine kleine Plattform errichtet, so daß Besucher bei den bedachtsamen Arbeiten der Wissenschaftler zusehen können. Dabei lernen sie wenigstens die Gerätschaften und Werkzeuge der Ausgräber kennen und sehen sie im Einsatz. Mehr Erkenntnisse kann es beim bloßen Zuschauen nicht geben.

Weiter nach Newgrange. Da sind die Archäologen mit ihrer Arbeit bereits fertig. Leider, muß ich sagen. Nicht, weil nun so viele Besucher anwesend sind, sondern weil der Anblick früher viel schöner, geheimnisvoller, fast möchte man sagen, auch weihevoller war. Alte Fotos hatten mir einen faszinierenden Platz versprochen, aber was sich jetzt darbietet, ist jeglicher Faszination feindlich. Der große Tumulus ist restauriert und für Interessierte zugänglich gemacht worden. Es gibt Führungen, partieweise. Solange eine Gruppe drin ist im Kunstberg, wird der nächsten Gruppe draußen schon ein Einführungsvortrag gehalten. Zeit genug, beim Zuhören den spiraligen Mustern auf dem riesigen Eingangsstein Aufmerksamkeit zu widmen. Wie haben die Menschen vor rund fünftausend Jahren nur so präzise arbeiten können? Und was bedeuteten ihnen diese rätselvollen Zeichen? Ein unherkömmlicher Gedanke blitzt auf: Ob wohl der kurvige Linienduktus, wie er so auffällig zum Beispiel bei den Präraffaeliten und im Jugendstil in Erscheinung tritt, letztendlich in keltischer Gestaltungspotenz, nachwirkend bis heute, seinen Ursprung hat?

Man schaut sich um, während man der vom langen

NEWGRANGE

Tagewerk des Erklärens schon heiseren Stimme der Lady lauscht: von den einst fünfunddreißig aufrecht stehenden Menhiren, die die steinzeitliche Grablege als magischer Zirkel zur Abwehr von bösen Geistern umstanden, sind nur noch zwölf aufrecht.

In etwas gebückter Haltung kommen jetzt die Menschen aus dem dunklen Eingangsloch hervor. Sie haben gesehen, was sie hatten sehen wollen und worauf das gezahlte Eintrittsgeld ihnen Anrecht gab. Nun sind wir dran. Warnung: »Mind your head«. Ja, man muß bereit sein, sich klein zu machen. Dann geht's rund zwanzig Meter weit hinein in den engen Gang. Elektrisches Licht ist da, muß da sein für diesen holperigen Pfad; es paßt aber nicht in die Tonart des Ganzen. In Vorzeiten war es ganz finster hier. Nur an einem einzigen Tag, dem Winter-Sonnwendtag, erleuchtet seit eh ein Sonnenstrahl rund fünfzehn Minuten lang die Grabkammer; setzte ein Signal im zyklischen Geschehen der Natur: Aufbruch zu neuem Leben, neuem Frühling.

In der engen Kammer drängen sich dreißig Menschen und mehr, hindern sich gegenseitig, auch die Nebenkammern richtig sehen zu können. Ist das nun wirklich die Nekropole der Tara-Könige, spiritueller Ort auch zugleich? – Bleibt der Blick nach oben. Das einfache Kraggewölbe schließt sich in ungefähr sieben Metern Höhe.

Zum Totenbezirk gehört auch noch das Ganggrab von Dowth, aber das Busmanagement hat nicht vorgesehen, dort anzuhalten. So gelangen wir bald an die Stelle, wo über den Fluß Boyne hinweg das Schlachtfeld von 1690 zu sehen ist. Da unten verblutete für lange Zeit die Hoffnung der Iren auf Freiheit und eine Zukunft im (katholischen) Glauben.

Ein taktisch geschicktes Täuschungsmanöver hatte die irischen Streitkräfte von Oldbridge weggelockt. So siegte der Protestant Wilhelm von Oranien über seinen Schwiegervater James II. Die englisch-protestantische Herrschaft war mithin für über zweihundert Jahre konsolidiert. Über tausend Tote hatte die irische Seite zu beklagen. Die Sieger errichteten für ihren gefallenen General Schomberg einen Obelisken. Die Nachfahren der Besiegten sprengten ihn 1922 hinweg.

Was am Fluß Boyne an jenem schwarzen 1. Juli geschah, setzte fort, was schon viel früher begonnen hatte, 1169 mit der normannischen Invasion. Aber Geschichte ist nie nur Anfang, auch nicht nur Fortwirkung; sie beinhaltet auch Folge. Die Folge der Schlacht am Fluß Boyne war: die Iren wurden zu »underdogs« gemacht. Sie verzeihen das bis heute nicht. Am Gedächtnistag für die

Schlacht, der im britischen Teil Irlands gefeiert wird, dem Orange Day, fließt zumeist Blut.

Letzte Station des Tages ist Mellifont Abbey. Das Kloster mit dem erfreulichen Namen (Mellifont bedeutet Honigborn) war das erste, das uneingeschränkt und von seiner Gründung 1142 an römisch-päpstlicher Obedienz unterstand. Die feste Gemeinschaftsordnung nach der Zisterzienserregel bedingte eine ganz neuartige Bauanlage. Hier bestand nun nicht mehr eine Ansammlung von einzeln stehenden Eremiten-Hütten, wie in den älteren Klostersiedlungen, sondern es gab gemeinschaftliche Schlaf- und Essensräume; eine Abtwohnung und Beratungsräume, Krankensaal und Kirche gehörten zur Gesamtanlage. Die Grundrisse sind bis heute an Fundamentspuren und Pfeilerstümpfen ablesbar; viel mehr ist nicht mehr vorhanden. Nur die Mauern eines achteckigen Lavabos ragen noch auf und bezeugen, daß sogar die Körperpflege gemeinsam betrieben wurde. Das alte Anachoretentum war aufgegeben worden zugunsten einer geistlichen Kommunität.

Genug für heute! Auf der stupide geradeaus führenden N 2 geht es zurück nach Dublin. Unser Fahrer, der den ganzen Tag so unermüdlich im Erklären war, sagt nichts mehr. Auf dieser Strecke ist auch nichts zu sagen.

♣

ZUR MITTE IRLANDS

Dem River Shannon, dieser Hauptarterie des Landes, will ich noch mal näherkommen; jetzt dem Mittellauf. Ich buche eine Zwölf-Stunden-Fahrt für 13 Irische Pfund. County Meath wird nur am äußersten Südrand berührt, aber von den Counties Westmeath, Offaly und Kildare werden mir bei dieser Fahrt Eindrücke zuteil.

In westlicher Richtung geht es hinaus aus Dublin. Die N 4 bleibt auf längere Strecken dicht am Royal Canal. Er wurde am Ende des achtzehnten Jahrhunderts gebaut und sollte Irlands Ostküste mit seiner Westküste in der Weise verbinden, daß der Shannon als Transportweg mit ausgenutzt wurde. »Royal Canal« war der nördlich an Dublin vorbeiführende Wasserweg; der vielfältig verzweigte »Grand Canal«, eröffnet 1785, bekam sein Bett weiter südlich von Dublin. Die Idee zweier Wasserstraßen von Küste zu Küste trug bis in die Jahre nach dem Zweiten Weltkrieg. Mit dem Ausbau guter Straßen gewann Lastwagenverkehr mehr und mehr an Bedeutung. Der Transport auf den Kanälen erwies sich wegen der Notwendigkeit häufigen Schleusens als zu umständlich und zu zeitraubend. So kam es, daß die Kanäle nicht mehr als Stolz der Nation angesehen wurden, jetzt bieten sie sich nur noch als Freizeitgewässer an.

Leixlip mit seiner Burg wird nur durchfahren; ein wenig flußaufwärts ist der Lachssprung, dem diese Schlafstadt von Dublin schon von Wikingerzeiten her den Namen verdankt. Ein paar Fahrminuten weiter ist Maynoth gelegen. Schade, daß kein Aufenthalt vorgesehen ist. Eine von Pugin gebaute Kirche, ein mittelalterlicher Burgfried, einst den Fitzgeralds, Earls of Kildare und Dukes of Leinster, gehörig, und ein kirchliches Museum würden gewiß besichtigenswert sein. In Maynoth gibt es noch mehr Geistliche als allerorten in Irland, denn hier ist seit fast zweihundert Jahren das Seminar ansässig, in dem Irlands Priester ausgebildet werden. Außerdem gibt es noch eine katholische Universität.

Mehr noch bedauert man, daß ein Besuch von Carton House nicht im Programm ist. Zwar hat Pückler das Haus nicht erwähnt, also wohl auch nicht gesehen; aber für mich bleibt es ein Wunschziel.

Der erste Halt in Kinnegad ist dafür ein ungenügender Ersatz. Vielleicht tue ich dem Ort Unrecht, aber mir sagt er nichts. Eben waren wir doch noch an der Stelle vorbeigefahren, wo einst St. Finians Kloster lag. Hätten wir nicht wenigstens da halten können, wo in der Kirche von Clonard das alte Taufbecken, das aus jenem Kloster stammt, zu sehen ist? Zum ersten Male beneide ich meinen alerten Reisefürsten. Wenn er etwas Bestimmtes sehen wollte, dann war er mit Pferd oder Kutsche frei genug, sein Ziel zu erreichen. Ich hingegen habe es zwar komfortabel im Bus, aber wo gehalten wird, bestimmen die Planer in der Transport-Gesellschaft CIE.

Immerhin, der halbe Weg nach Athlone am Shannon ist nun geschafft. Nach Mullingar, Hauptstadt von County Westmeath, geht es durch ebenes, dünnbesiedeltes Weideland. Die Stadt ist alt, eine Normannengründung. Mehrere Klöster aus dem 13. Jahrhundert gewannen Bedeutung. Das im Umland gezüchtete Rindvieh wird in Mullingar vermarktet. Der Royal Canal, der einst viel zum Aufschwung der Stadt beigetragen hatte, macht um den Kernbereich einen Bogen und schließt ihn von drei Seiten ein. Schließlich ist da noch die 1939 geweihte Kathedrale im Neo-Renaissancestil. Die vergoldeten Kreuze auf beiden Türmen blinkern in der Sonne. Eindrucksvolle Mosaike im Innern machen, daß man ein wenig an Ravenna zu denken hat. Kann man in der Lunch-Pause auch noch das Stadtmuseum oder das Kathedral-Museum aufsuchen? Nein, leider keine Zeit mehr. Es wäre nicht nett, die anderen Busgäste warten zu lassen.

Am Weg nach Athlone liegt nördlich der R 390 bei Killare der Doppelhügel Uisneagh Hill. Wieder kann man wie von Tara Hill einen atemberaubend weiten Blick rundum in die seenreichen, vibrierenden Ebenen senden. Ein Kontinent von Grün! Es wird versichert, an guten Tagen könne man von hier aus sogar das O'Connell-Monument auf dem Glasnevin-Friedhof von Dublin sehen. Nun, heute ist doch viel zu viel Dunst in der Luft, als daß eine 88-Kilometer-Sicht noch möglich wäre. Zwanzig der zweiunddreißig gesamtirischen Grafschaften soll man von diesem Hügel aus ins Blickfeld bekommen. Vom Volk war geglaubt worden, hier sei der Mittelpunkt aller fünf altirischen Königreiche: Ulster im Norden, Munster im Süden, Leinster im Osten, Connaught im Westen und Meath in der Mitte. Der walisische Mönchsgelehrte aus königlichem Hause, Geraldus Cambrensis, sprach vom

»Nabel Irlands«. Jedoch scheint die Mittelpunktfindung schwierig gewesen zu sein, denn andere Orte erheben ebenfalls Anspruch darauf, der Omphalos des Landes zu sein; besonders das »Dorf der Rosen« Glasson, in dessen Mitte ein »Pinnacle« genanntes Ding errichtet worden ist, das die punktgenaue Stelle markieren soll. Irgendjemand hat sich wohl doch geirrt; aber ist das denn nun nicht ganz unwichtig? Der Uisneagh Hill hier war jedenfalls ein Königssitz, hatte Tara als Hochkönigsstätte einst für zwei Jahrhunderte abgelöst.

Am südlichen Abhang fällt ein etwa sechs Meter hoher Findlingsblock auf, der aus mancher Sicht wie ein riesiger Bienenkorb, aus anderer wie eine Katze aussieht. Daher nennt der Volksmund ihn »Catstone«, Katzenstein. Der irische Name klingt fremdartig: Ail na Mearainn. Man ahnt: das war ein magischer Ort, ein Identifikationspunkt für Keltisches. Heidnische Feste, das Maifest Beltane zum Beispiel, wurden hier begangen. Später waren kultische Opferfeste mit Märkten und Viehhandel, Gauklerauftritten, lebhaftem Treiben aller Art, auch Reigentanz verbunden. – Den Maimarkt gibt es bis heute hier, und bis heute ist es Brauch, einen Viehkauf wie im schriftlosen, vorchristianisierten Irland mit mehrfachem Hand-an-Hand-Schlagen rechtsgültig zu machen.

♣ ATHLONE

Einige Kilometer nördlich von Athlone werden wir aus dem Bus entlassen und zu einem Ausflugsschiff hindirigiert. Aha, es beginnt die versprochene Bootsfahrt auf dem Shannon! Kaum sind alle an Bord, tuckert das Motorschiffchen hinaus aus seiner geschützten Bucht, wendet sich Athlone zu. Ein kleines Stück der 368 Flußkilometer von Irlands größtem Strom wird befahren. Das Boot heißt »Sionan« nach der Göttin des Flusses, die ihm auch den Namen lieh. Man kann an Bord Tee und auch harte Getränke bestellen.

Die Stadtsilhouette wird von den Doppeltürmen einer mächtigen Kirche bestimmt. Sie wirkt spanisch, barock, aber sie ist doch neueren Datums, 1937 gebaut. Es muß eine weitere Burg von König Johann in der Nähe des Ufers sein, aber alles ist so zugebaut, daß davon so gut wie nichts zu sehen ist. Weiter stromabwärts, bald hinter der Brücke, kann man nur geschleust werden. Eine Art Flußschnelle ist es, die unseren Kapitän zum Umdrehen zwingt. Der Shannon ist und war die Grenze zwischen den altirischen Provinzen Leinster und Connaught. Als der Fluß noch nicht so eingedämmt und reguliert war, wie er es jetzt im Stadtgebiet von Athlone ist, hatte er an dieser Stelle eine Furt. Sie bot weit und breit die einzige Übergangsstelle vom reicheren Ost-Irland zum ärmeren West-Irland. An dieser strategisch wichtigen Stelle entstand Athlone.

Wir lassen bald die Häuser der Stadt hinter uns und sehen die Flußufer zurücktreten. Der Shannon weitet sich zu einem See: Lough Ree. Rund fünfundzwanzig Kilometer dehnt er sich vor uns aus, reflektiert hell den heiteren Himmel mit den rasch ostwärts stürmenden Wolken. Die Ufer sind flach, hier und da bewaldet. Reiher kann man beobachten, schwarze und weiße Schwäne. Sie sehen und an die verzauberten Kinder des Lir denken, ist eins.

Lir war Angehöriger des Herrschergeschlechts des vorkeltischen Volkes der Tuatha De Danaan. Der Sage nach wurden seine drei Söhne und seine Tochter nach dem Tode seiner Gattin von der Stiefmutter in Schwäne verwandelt. Dreihundert Jahre dauerte es, bis sie erlöst wurden. Der heilige Mochaomhog pflegte sie und brachte sie zu König Lairgen von Connaught. Er ordnete an, sie sollten immer gut gefüttert werden. Durch die reichliche Nahrung gewannen sie allmählich ihre menschliche Gestalt zurück. Aber durch die Länge der verflossenen Zeit waren sie hinfällige Greise geworden. Der Heilige taufte sie rasch, ehe sie hinstarben. Die böse Stiefmutter wurde zur Strafe in eine Lufthexe verwandelt. — Diese Geschichte dokumentiert ein ganz bemerkenswertes Ineinandergehen von Volksmythos und Heiligenlegende.

Unsere Fahrt geht weiter, nordwärts. Schön zu sehen, daß nun die Ufer gar nicht mehr bebaut sind. Keine Dörfer, erst recht keine Städte! Und nicht mal Villen. Es ist hier alles einfach viel zu sumpfig. Zahlreiche kleine bebuschte Inseln erheben sich aus der Wasserfläche, auch größere, wie Hare Island, die Hasen-Insel. Hinter Yew Point umrunden wir die Inchmore-Insel. Friedsame Land-

schaftsbilder; nichts Aufregendes, was als ein Lob gemeint ist.

Nach der Rückkehr an den Anlegepunkt ereignet sich
Unliebsames. Unser Busfahrer ist verschwunden. Niemand von uns Mitfahrern weiß Bescheid, ob wir Zeit haben, nach Athlone zu wandern, die Stadt zu besehen. Jeder fragt den anderen, ob der Fahrer einen Abfahrt-Zeit-
punkt genannt hatte; Achselzucken. Haben wir denn etwa
alle nicht aufgepaßt, was er gesagt hat? – Es ist eine Gast-
stätte in der Nähe. Auch dort suchen wir ihn, fragen und
fragen. Da uns kaum etwas anderes übrigbleibt, entschlie-
ßen wir uns zum Warten bei Tee oder Kaffee. Dies Warten
währt zwei Stunden. Ärgerlich. Hätte man das gewußt,
hätte man in Athlone in die Kathedrale und ins Museum
gehen können, statt die Zeit hier im Sitzen zu vertrödeln.
Aber brav, wie wir sind, bleiben wir in der Nähe des Fahr-
zeugs. Mit einer jungen Studentin gehe ich ein wenig spa-
zieren, den Bus immer hübsch im Blickfeld. Plötzlich
kommt da Leben auf! Der Busfahrer ist wieder zur Stelle.
Einsteigen, einsteigen; Weiterfahrt nach Clonmacnoise.
Was als Entschuldigung beziehungsweise Erklärung gegeben wurde, habe ich nicht gehört. Bin wahrscheinlich
selbst schon ein bißchen irisch geworden: nutzlos verwar-
tete Zeit regt ja im fernen Irland nicht mehr auf.

Auf die berühmte Klosteranlage Clonmacnoise fahren
wir direkt zu. Ein schönes Bild ist das, wie die grauen Ruinen von St. Ciaran's monastischer Gründung weit verstreut an der sanften Shannon-Biegung liegen. Es hat sich
da ein eiszeitlicher Kieswall verfestigt und Baugrund geboten, während sonst weit und breit die Flußebene so

CLONMACNOISE

sumpfig ist wie das Land um Lough Ree. Das Kloster
wurde im Jahre 545 gegründet. Es war zunächst wieder
nur eine Ansammlung von Holzhütten, in denen die Mönche, jeder für sich, ein asketisches Leben führten, ein »weißes Martyrium« auf sich nahmen, was denn bedeutete:
Beten, Fasten, Buße. Es gab viele Kirchen, die so nach und
nach im Klosterbezirk errichtet wurden. Noch jetzt sind
acht Kirchen und eine Kathedrale vorhanden; auch zwei
Rundtürme und drei Hochkreuze. Das Besondere sind
zweihundert Grabplatten, von denen jetzt einige aufrecht
stehend in eine neuzeitliche Mauer eingefügt sind. Man
hat sie zeitlich geordnet; die ältesten tragen Inschriften in
Ogham-Schrift. Ich krame mein Notizheft hervor, in das
mir eine befreundete Historikerin die zwanzig Zeichen

eingetragen hat. Das System ist verblüffend simpel. Alle Zeichen wachsen wie Äste an einem Baumstamm aus senkrecht gemeißelten Kerben hervor. Und wie der Wuchs eines Baumes von unten nach oben geht, so wird auch Ogham in dieser Richtung gelesen. Die Anfangslaute von gälischen Baum- und Pflanzennamen bilden die Buchstaben, zum Beispiel a = ailm = Ulme, b = beith = Birke, etc.

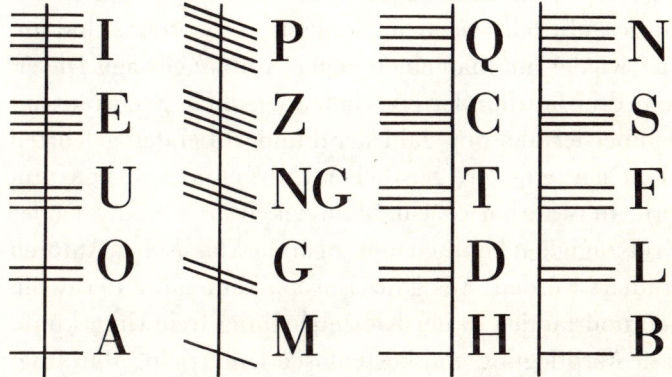

Dieses Kerbenalphabet ist nach dem keltischen Gott des Schreibens, Ogmios, benannt. Es war in Gebrauch vom 4. bis zum 7. nachchristlichen Jahrhundert. Dann wurde es allmählich abgelöst von einer Art Halb-Unziale. Das jetzt übliche irische Alphabet hat achtzehn Buchstaben. Es fehlen j, k, q, v, w, x, y und z. Groß- und Kleinbuchstaben sind nicht in der Form, nur in der Größe unterschiedlich. Wenn man sich ein wenig an den Duktus der Buchstaben gewöhnt hat, und wenn man seinem Reisehandbuch ein paar gälische Wörter entnommen hat, dann sind die Inschriften auf den Grabplatten ganz gut lesbar: »Ein Gebet für...«, während die alten Oghamsteine nur einfach melden, wer da bestattet ist: »...Sohn des...« Könige von Tara waren darunter. Die erste Schrift Europas außerhalb des Mittelmeerraumes soll Ogham gewesen sein.

In der ganzen Klosteranlage haben Archäologen Beweisstücke aus allen tausend Jahren ihres Bestehens gefunden. Vierundfünfzigmal ist sie überfallen, geplündert, ausgeraubt oder sogar niedergebrannt worden. Und immer wieder hat man einen neuen Aufbau gewagt. Die ersten drei Jahrhunderte verliefen friedlich. Sechstausend Schüler lernten ums Jahr achthundert bei den gelehrten Mönchen, eine Art geistlicher Universität war konstituiert. In wahrhafter Unabhängigkeit und vertrauender Großzügigkeit konnten hier sogar die klassischen Autoren studiert werden. Aus ganz Europa kamen die Lernwilligen und fanden in der Klostersiedlung freie Unterkunft, freie Verpflegung und kostenlosen Unterricht. Man fragt sich, ob wirklich Anlaß besteht, auf etwas wie BAföG- und Stipendiensysteme angesichts unserer allgemeinen Wohlhabenheit besonders stolz zu sein. Neu sind solche Bildungshilfen jedenfalls ganz und gar nicht. Iren haben sie uns schon vor mehr als einem Millenium vorgemacht. – Aber ab 841 kamen die Wikinger, vom zwölften Jahrhundert an die Anglo-Normannen. Zuletzt brach 1552 hier die endgültige Zerstörung herein.

Letzter Blick zurück auf die Stätte, von der die Glaubensträger aus sich selbst heraus den Antrieb zu gefahrvoller Wandermission empfingen, ein Eigenauftrag von imperativer Kraft. Die Wirkung ging weit, wie die Geschichte der irischen Mission in Europa beweist.

Auf dem Rückweg fahren wir nur wenige Meilen an Durrow vorüber, einer anderen Pflanzstätte des Glaubens. Man wünscht sich, ein wenig dort verweilen zu dürfen, wo einst, im 7. Jahrhundert, das wunderbare Buch von Durrow entstanden ist, auch wenn das Kloster selbst schon seit dem Mittelalter nicht mehr besteht. Nur ein Bibelkreuz und einige Grabsteine aus dem 10. Jahrhundert erinnern daran.

Ein Vorfahr aller modernen Denkmalschützer hat sich in Durrow äußerst energisch für die Erhaltung »erhaltungswürdiger Bausubstanz« eingesetzt, wie wir heute sagen würden. Jedoch waren seine Motive natürlich ganz andere, als jetzt postuliert werden; und seine rigorose Methode ist auch nicht zu empfehlen: er tötete 1186 mit der Axt den mächtigen Herrn von Trim Castle, Hugh de Lacy, der befohlen hatte, das Kloster Durrow als Steinbruch zu mißnutzen. Baumaterial für eine weitere Burg wurde gebraucht.

♣

COUNTY OFFALY

Tullamore, Hauptstadt des Landkreises Offaly, wird für wert angesehen, eine kleine Fahrtpause dort einzulegen; den Herren zuliebe, vermutlich. Denn wer hat nicht schon gehört von »Tullamore Dew« und dem hier bereiteten »Irish Mist«! Richtig, einige kommen nach geraumer Zeit etwas benebelt zum Bus zurück. Ob es dieser Zustand seiner Fahrgäste ist, der den Fahrer zu dem Vorschlag veranlaßt, die vor uns liegende Strecke bis Edenderry, die er als etwas öde bezeichnet, mit Gesang zu absolvieren? Er selbst will allerdings nicht singen, denn, wie er scherzhaft sagt, habe er mal bei einem früheren Singeversuch im Bus Panik ausgelöst, weil alle glaubten, ein Flugzeug stürze auf den Bus. So sind jetzt die Fahrgäste aufgefordert. Jeder ist eingeladen, das Mikrophon für Darbietungen zu benutzen. Während ich noch denke, daß wohl niemand so vermessen sein wird, sich da vorne zu produzieren, schwankt schon die erste Gestalt, an allen Griffen Halt suchend, zum Klappsitz neben dem Fahrer. Karierte Hosen, reichliches Embonpoint, rotbraune Gesichtsfarbe: ein Amerikaner. Mit der Technik der Mikrophonbedienung hat so einer keine Schwierigkeiten. Also legt er los mit dem zum eingenommenen Tullamore-Stoff passenden Song: »As I was going over the Kilmagenny mountain...« und den Refrain singen alle begeistert mit: »wack fol the daddy o, there's Whiskey in the jar«. Ja, da ist gleich Stimmung in der Kiste! Eine Lady, aus Texas, wie sie sagt, ist nun als nächste am Mikrophon. Sie unterhält uns mit »Cockles and mussels«, einem Lied traurigen Inhalts – die süße Molly Malone stirbt ja schließlich –, jedoch die Melodie kennen alle und fallen in den Kehrreim ein. So kommt noch mancher und manche an die Reihe, alles Nicht-Iren. Sie haben wohl zu Hause, genau wie ich, die Schallplatten und Cassetten mit den irischen »Ohrwürmern« verfüglich.

Diese fröhlichen, selbstbewußten Abkömmlinge einstiger irischer Auswanderer ermuntern sich lauthals gegenseitig. Sie haben vergessen, daß sie wohlhabende Leute aus Minnesota, Idaho und Texas sind; hier und jetzt sind sie wieder Iren.

Was, um Himmels willen, soll ich nur machen, wenn jemand auf die Idee kommt, mich um eine Probe deutschsprachigen Liedgutes zu bitten? »Bunt sind scho-on die Wälder, gelb die Sto-oppelfelder...« fällt mir ein. Schöne Melodie, schöner Text; Dichterworte. Doch nein, das paßt hier so gar nicht. Oder das sanfte Lied »Letzte Rose«, das aus irischer Volksmusik stammt und das Friedrich von Flotow in seiner Oper »Martha« verwendete? Viel zu hoch gegriffen! Wenn ich den Text auch noch weiß, würde ich das stimmlich wohl kaum mehr bewältigen. – Glücklicherweise will niemand etwas von mir. Sicherheitshalber mache ich mich im Sitz noch ein wenig kleiner.

Mit gesungener Unterhaltung geht es über die Moore von County Offaly. Patchwork-Land mit Steinmauern und Hecken hat nun aufgehört. Grün hat aufgehört. Unendlich weit, eben von Horizont zu Horizont, lagert sich die düster-herbe Masse. Im letzten Sonnenlicht sind die trockeneren Partien rotbraun. In der Luft schwebt feiner Staub. Er gibt dem Streifen über der Kimmlinie schale, graurosa bis violette Färbungen. Hier und da, sehr weit auseinander, steigen Rauchkrüselchen auf, nicht erkennbar von woher. Kein Baum, kein Strauch, so weit das Auge reicht. Nur tote Wurzelstorren sind an den Straßenrand geworfen. Das also ist die Luft, die Umgebung, in der übelwollende Truggeister ihr Wesen trieben. Unruhig irrlichternd lockten sie in gefährlichem Licht verspätete Wanderer ins Mooricht, ins Verderben.

Wie Ungetüme heben sich jetzt nach Feierabend die Torf-abbau-Maschinen von den einförmig durchrillten Flächen ab. Denn hier wird industriell abgebaut; leergekratzt, abgehobelt ist die Ebene: Elektrizitätswerke sind torfhungrig. Elf davon gibt es im Lande. Sie fressen vom Naturbrennstoff in Sekunden, was in Jahrtausenden sich gebildet hat. In hundert Jahren wächst die abgestorbene Pflanzenmasse nur rund fünfunddreißig Millimeter. Es heißt, Irlands Torf reiche noch für achtzig Jahre, denn ein Fünftel des Landes sei torfbedeckt. Achtzig Jahre zum Wegheizen. Und was wird danach sein?

Anhalten, aussteigen, Torf in die Hand nehmen! Schier endlose Barrieren von Torfstücken, die zum Trocknen aufgeschichtet sind, geben öde Perspektiven, schnurgerade Gräben besorgen die Sümpfung. Trotz Trockenlegung gibt es aber noch immer große feuchte Stellen, auch gleich neben dem Straßenband. Ehe man ein Stück Torf »begreifen« kann, bekommt man nasse Füße. Topasfarbenes Wasser läuft in die Schuhe. Niemand aus dem Bus will das Gefühl des Einsinkens ausprobieren. Wie tief ist das Moor hier eigentlich? Bis zu zehn Metern, hört man vom Fahrer. Schnell nachrechnen. Da hat es also rund dreißig lange Jahrtausende gebraucht, bis diese enorme Mächtigkeit erreicht war.

Die Torfstücke sind fest und überraschend schwer, im Gefüge fast wie die heimische Braunkohle. Ein uralter Stoff, ein konservierender Stoff. Was im Moor versinkt, bleibt erhalten, gibt nach langen Zeitbahnen Geheimnisse, Geschichten, Nachrichten preis. So hat das Moor auch verraten, daß schon vor neuntausend Jahren Menschen an seiner Glut sich wärmten. Zahlreiche Funde ermöglichten diese Deutung.

Es mag überraschen, aber der unermüdliche Pückler war mal hier in der Gegend. Er ist von Dublin aus eines Tages weit hinaus in Moorgebiete geritten:

„Nach ohngefähr zwölf Meilen kam ich in eine ganz kahle Gegend wellenliniger Tormoore ohne Ende, die sich nach allen Richtungen ausdehnten. Man hätte sich hundert Meilen von einer Hauptstabt entfernt geglaubt. Der Einbruck war nicht wild, nicht ganz so öde wie Sandflächen, aber schauerlich leer, einsam und monoton."

Merkwürdig, im Bus will hernach niemand mehr singen. Lieder sind vergessen, elegische Stimmung ist aufgekommen. Abgeschlagenheit. Letzter Rundturm des Tages wird bei Timahoe passiert. Aber Fahrer und Gefahrene sind jetzt müde. Man denkt an Dublin und will hin.

♣
SCHLÖSSER RUND UM DUBLIN

Die Schlösser im ehemaligen »pale« liegen so nahe bei Dublin, daß man sie ganz ohne Schwierigkeiten mit Linienbussen erreichen kann. Gegenüber Ausflugsbussen hat das einige Vorteile. Man ist nicht auf einen engen Zeitplan vergattert, kann An- und Abfahrt selbst bestimmen, die

Fahrt unterbrechen, wo man mag. Man fährt auch nicht mit Touristen, sondern mit Einheimischen. Da erlebt man, wie Frauen, besonders denen mit Kindern und Kinderwagen, allzeit willig Hilfe zuteil wird, und welch persönlicher Kontakt zwischen Fahrgästen und Fahrern oft besteht. Man lernt, daß es üblich ist, dem Fahrer beim Einsteigen einen guten Tag zu wünschen und ein Sätzchen über das Wetter zu äußern. Einvernehmlich. Beim Aussteigen sagt man Dank. Schön ist es, daß auch durch den ganzen Bus gegrüßt wird und daß die Wetterbeurteilung mit den anderen Fahrgästen ausgetauscht werden, wie Unterhaltungen von hinten nach vorn und von vorn nach hinten geführt werden; alles ganz öffentliche Veranstaltungen. Offenbar kennt jeder jeden. Aber da das bei einer Großstadt wie Dublin kaum sein kann, liegt die Vermutung nahe, daß nach der Gesprächseröffnung über das Wetter sogar mit Fremden jede beliebige Unterhaltung möglich ist. So werde auch ich angesprochen, um Meinung gefragt. Natürlich ist an meinem Akzent sofort zu merken, daß ich von fernher komme. Ich erlebe dann hilfreiche Bemutterung. Ich brauche mir keine Sorgen mehr zu machen, daß ich die rechte Stelle zum Aussteigen etwa verpasse; nein, nein, nicht bloß vom Fahrer, sondern auch von den Umsitzenden wird schon eine ganze Weile vorher angekündigt, daß wir bald an den Punkt kommen werden. Der Fahrer ist im Bedarfsfalle sogar bereit, mitten auf der Strecke zu halten, wenn da keine offizielle Haltestelle ist. Und er ist bereit, mich dort bei seiner späteren Rückfahrt wieder aufzupicken. – Zuletzt allgemeines »good bye«, »God bless you«, »have a nice day«. Lebhafte Hinweise, in

welche Richtung man zum gesuchten Ziel gehen muß, wie
weit es ist, wo der Retourbus halten wird und wann, schal-
len einem durch die offene Tür nach; dann ist man wieder
auf sich selbst gestellt. Noch etwas anderes ist bei einer
solchen Fahrt mit öffentlichen Verkehrsmitteln wahrzu-
nehmen: jedesmal, wenn der Bus eine Kirche, ein Kloster,
eine Kapelle oder einen Friedhof passiert, verstummt
einen Augenblick lang jedes Gespräch und alle bekreuzigen sich.

Auch Pückler bevorzugte gelegentlich öffentliche Verkehrsmittel. Auf der Postkutsche, incognito, das machte
ihm schon mal Spaß:

„Übrigens ist diese Art zu reisen für Jemand, der nicht blos Ortsveränderung
beabsichtigt oder sich durch größere Ehrfurcht der Gastwirthe und Kellner
geschmeichelt fühlt, gewiß die, welche der gewöhnlichen Art, die große
Tour zu machen, vorzuziehen wäre, da die verminderte Bequemlichkeit durch
so viel Lehrreiches und Angenehmes aufgewogen wird, daß man bei dem
Tausche hundertfach gewinnen muß."

Man sollte annehmen, unser gelegentlich durchaus
snobistischer Weltmann habe die im damaligen Gesell-
schaftssystem hochstehenden Herrschaften in ihren schönen Anwesen so nahe bei Dublin besucht. Aber sein Text
schweigt sich darüber weitgehend aus. Er ist, abgesehen
von den bereits erwähnten Häusern Powerscourt De-
mesne, Howth Castle und Kilruddery House anscheinend
nur noch zum Westonpark House und nach Malahide geritten. Ersteres liegt gleich oberhalb des Lachssprungs
von Leixlip:

„Die Villa meines Freundes, den ich Nachmittags besuchte, um bei ihm zu
speisen, bot das Ziel für eine sehr anmuthige Promenade. Sie fing mit

---

dem Phönixpark an und folgte dann dem Laufe des Liffey, desselben Flusses, der durch Dublin fließt, wo er mit seinen schönen Quai's, steinernen und eisernen Brücken so viel zur Verschönerung der Stadt beiträgt. Hier dagegen erscheint er ländlich romantisch, mit den fußbreiten Blättern der Tussilago behangen, von sanften Hügeln und frischem Laubholz eingefaßt. Einen bettelnden Invaliden, den ich antraf, frug ich, wie weit ich noch nach W. habe und ob der Weg so schön bliebe. ,Oh', rief er mit irländischer Vaterlandsliebe, ,langes Leben, Euer Ehren! Nur getrost vorwärts, nichts Schönres habt Ihr noch in dieser Welt gesehen!'

Der Eingang zu W. Park ist auch, ohngefähr eine Viertelstunde Wegs weit, wirklich das Reizendste, was man in dieser Art sehen kann. Eine an sich sehr schöne Natur ist durch die Kunst zum höchsten Grade ihrer Empfänglichkeit benutzt und hat, ohne ihren freien Charakter zu verwischen, eine Mannichfaltigkeit und Reichtum der Vegetation hervorgebracht, die das Auge bezaubern. Buntes Gebüsch und wilde Blumen, der saftigste Rasen und Riesenbäume, mit Schlingpflanzen bedeckt, füllen das enge Felsenthal, durch welches sich der Weg mit dem begleitenden Wildbach hinzieht. Fortwährend kleine Wasserfälle bildend, strömt dieser, bald sich unter dem Dickicht verbergend, bald wie geschmolzenes Silber im grünen Becken ruhend oder unter Felsenbogen hinrauschend, die die Natur als Triumphpforten für den wohlthätigen Flußgott des Thales aufgerichtet zu haben scheint. Sobald man indeß den tiefen Grund verläßt, schwindet der Zauber plötzlich. Der Rest entspricht den zu hoch gespannten Erwartungen keineswegs. Arides Gras, krüppliche Bäume, ein unbewegtes schlammiges Wasser umgeben ein kleines gothisches Schloß, das einer schlechten Theaterdecoration gleicht. In demselben findet man jedoch wieder einiges Interessante, unter andern Gemälde von Werth und den herzlichsten Wirth, den man sich wünschen kann."

Nach ein paar Zeilen über ein skurriles Landhäuschen beschloß Pückler die Beschreibung dieses Ausflugs.

Auch über Malahide Castle, das nördlich von Dublin liegt, bietet uns der noble Globetrotter nur wenig:

„Malahide ist auch noch historisch merkwürdig; denn es gehört den Talbots, und selbst des berühmten Feldherrn Rüstung mit einem Partisanen-Stoß in der Brust wird noch hier aufbewahrt. Die eine Hälfte des Schlosses ist uralt, die andere von Cromwell zerstört und nachher im Styl des alten wieder neu aufgebaut worden. In dem ersten Theile zeigte man mir 500 Jahr alte Stühle, ja sogar ein Zimmer, in dem die schwarz eichne reiche Boiserie, geschnitzte Decke und Boden 700 Jahre zählten. Der neue Schloßtheil enthält mehrere interessante Gemälde. Ein Gemälde der Herzogin von Portsmouth war so lieblich, daß ich Carl II. noch im Grabe darum beneidet haben würde, sie einst zur Herzogin erheben zu dürfen, wenn ich mich nicht noch zur rechten Zeit der Predigt des katholischen Geistlichen erinnert hätte."

Für mich ist vor die Besichtigung des Hauses erst mal ein ziemlich weiter Fußmarsch gesetzt, denn das Parkgelände ist wieder sehr groß, 109 Hektar. Aber der Weg wird nicht langweilig, denn er ist auf beiden Seiten von so vielfältigem Pflanzenwuchs begleitet, daß man sich wie in einem botanischen Garten wähnt. Schließlich weitet sich

MALAHIDE

das Gelände; angesichts der riesigen Grünflächen begreift man, daß Rasenschneiden ein »full-time job« sein kann. Ein schwerer Trecker zieht sieben Mäher gleichzeitig. Wenn er in Senken dem Blick entschwindet, verrät ihn doch die Schnittgutwolke, die hinter ihm aufstiebt.

Im Hause arbeitet ein Besucher-Informationssystem, das zufriedenstellend sein könnte, wenn es nicht Kindern überlassen bliebe, die Bedienungsknöpfe zu drücken. In jedem Raum hängt nahe der Tür ein Kästchen, an dem man ein Tonband einschaltet. Über den Lautsprecher kommt der Text. Guter Text, gute Stimme. Man hört in Ruhe zu und schaut die Dinge an, von denen die Rede ist. Nur die Kinder hören nicht so gut zu, eilen voraus, setzen im nächsten Raum das Kommentarband schon in Gang, während man im vorigen noch lauscht. Vom folgenden Text kann man, da er schon längst angelaufen ist, nur das letzte Ende aufnehmen. Sehr lästig! Aber wer wird den lieben Kleinen den Spaß verderben und die Kästchen höher hängen wollen? So ist man schließlich doch wieder darauf verwiesen, seine Augen eingehend zu gebrauchen: hier Möbel im Stil von Chippendale, dort welche in der Hepplewhite-Machart und solche in der edlen Bauart von Sheraton. Innerlich memoriere ich schnell die Stileigentümlichkeiten dieser begabten Möbelmacher.

Die vielen verschiedenen Stuhlarten, die es hier gibt! Sie dokumentieren ja nie nur vulgäre Nützlichkeit als Sitzmöbel; sie dokumentieren neben Wohlhabenheit auch den Schönheitssinn und den Geschmack derer, die sie in Auftrag gaben, die sie entwarfen und handwerkerten. Man kann nicht sagen, daß alles, was hier in den Räumen steht, auch wirklich ästhetisch schön ist. Sogar die bloße Funktionstüchtigkeit einzelner Stücke könnte man manchmal bezweifeln. Zuweilen scheinen sie nicht mehr zu sein, als in Prunk ausgelebte Eitelkeiten ihrer einstigen Besitzer. Da kommt dann der aufmüpfige Gedanke auf, Komfort und Luxus seien nachgerade erstickend. Zum Glück ist dazu nicht allzuoft Anlaß.

Mit innerer Bewegtheit sieht man die große Halle, in der im Morgengrauen des verhängnisvollen 1. Juli des Jahres 1690 vierzehn Männer der Talbot-Familie ihr Frühstück einnahmen. Nicht einer von ihnen kehrte aus der Schlacht an der Boyne lebend zurück. Ob die zurückgebliebenen Mütter, Frauen, Schwestern das schaurige Wehklagen einer »banshi« vernommen haben, die den Tod verkündete, lange bevor die entsetzliche Nachricht aus der realen Welt eintraf?

Nun nach Russborough. In ihrem nordwestlichen Grenzgebiet zur Grafschaft Kildare wird die Grafschaft Wicklow zunehmend flachwelliger. In die sanften Hügelschwünge ist Russborough eingebettet. Richard Cassels Architektur paßt sich dieser landschaftlichen Gegebenheit sensibel und perfekt an. Aus silbergrauem Wicklow-Granit errichtete er ab 1741 einen zweistöckigen Bau, der mit den niedrigeren Wirtschaftsflügeln durch symmetrisch vorschwingende Kolonnaden optisch verbunden ist. So lagern sich die Baulichkeiten mit ihren klassischen Proportionen unaufdringlich ins Terrain, fügen sich ein ins paradiesische Grün ringsumher. Wie beruhigend schön sind die weiten Rasen mit den wie Naturseen angelegten Fischteichen und die gesund sich spreitenden alten

Bäume. Vierzigtausend davon hatte der Bauherr Joseph Leeson, Sohn eines Bierbrauers, sogleich anpflanzen lassen, als das Schloß fertig war. In ihrem dämmerigen Grünschatten findet man die Annäherung ans Haus. Da ist man gegenüber Autofahrern zunächst mal im Vorteil.

Die Durchschleusung durchs Gebäude – leider kann man es kaum anders nennen – läßt sich nicht sehr erfreulich an. Schon befürchte ich, daß hier wieder eine so unangenehme Führung ertragen werden muß, wie schon andernorts, wo eine hagere, truthahnstimmige Hostess in schepperndem Eiltempo alles Mögliche geredet hatte, vom Hölzchen aufs Stöckchen gekommen war, zwischendurch unvermittelt mit albernem Lachen über die eben selbst versuchten Scherzchen losgegickelt hatte, zu jedem Möbel gesagt hatte, was es »damals« gekostet hatte und wie hoch die heutige Versicherungssumme sei, kurzum, ein ziemlich schnatteriges »gobbledygook« und »fiddle-dedee« zugleich. Gar so schlimm wird es hier aber nicht. Man wohnt zuerst, auf unbequemen Hockerchen sitzend, einer Video-Show bei, erfährt so schon allerlei über die Geschichte des Hauses und der Familien, die es nacheinander bewohnten. Danach werden die Besucher in Grüppchen eingeteilt und dann schwimmt man halt mit durch all die prächtigen Räume mit den immensen Bilderschätzen. Auch hier sind wieder die formal so phantasievollen Stuckarbeiten zu bewundern. Gemälde hängen oft eingepaßt in feine Wandstuck-Dekorationen. Erstaunlich viele Bilder sind jedoch zur Zeit abwesend, ausgeliehen für Austellungen oder in der Restaurierungswerkstatt. Daß die leeren Stellen dann mit mittelmäßigen Kopien oder sogar Druckreproduktionen gefüllt sind, ist ärgerlich. Gestandene Kunsthistoriker kann man damit nicht irreführen, aber es kommen ja nicht nur Kunsthistoriker ins Haus. Man spürt die Absicht und schlußfolgert Unerfreuliches.

Gern würde ich ein wenig länger in dem interessant stuckierten elfenbein-weißen Raum verweilen, in dem in maisgelben Nischen bronzene Kleinplastiken unter anderem von Riccio, Giambologna und Bernini ausgestellt sind. Aber die Aufsichtshostess, die die Gruppe führt, bleibt an der Tür zum Salon stehen, wartet auf mich lästigen Nachzügler, schaut streng. Da bezwingt eine wie ich lieber ihr Interesse und schließt sich folgsam der Gruppe wieder an. – Und dann schockiert ein häßlicher blauer Fayence-Hund, der zu allem Überfluß auf einem vergoldeten palmbaumgestützten Tischchen ruht. Schlimm!

Wer sich um die Gesteinsarten Irlands kümmern möchte, kann hier viele davon verarbeitet sehen. Kunstvoll ummantelte Kamine bieten petrographisch interessierten Besuchern viel Anschauungsmaterial.

Schön, sehr schön sogar, ist ein kleineres Treppenhaus. Da prangen auf hell-jadegrünen Wänden üppige, starkprofilierte, cremefarbene Rokoko-Stuckauflagen im Stil der Brüder Francini.

Betont pünktlich finde ich mich an der Landstraße wieder ein, genau da, wo ich, wie mir gesagt worden war, auf den Bus warten sollte. Aber es kommt kein Bus. Nicht jetzt, nicht bald und auch nicht in der anschließenden Stunde. So nach und nach kommen die Besucher von Russborough House zurück, die mit ihrem Auto angefah-

ren waren und die sich inzwischen sicherlich noch im Tee-
raum erfrischt und mit Andenkenkäufen die Zeit vertrie-
ben haben. Sie fahren auf der Stichstraße auf mich zu und
biegen dicht vor mir in die N 81 ein. Manche aus der
Gruppe, die mit mir geführt worden sind, erkenne ich wieder. Die Zeit wird mir lang, das Stehen ist auch nicht gerade angenehm. Ich ventiliere den Gedanken, notfalls zu
Fuß die paar Kilometer nach Blessington, meinem Um-
steigeort, zu gehen. Wieder beneide ich den vermögenden
Verschwender ein wenig. Er mußte nie auf öffentliche Verkehrsmittel warten.

   Da nähert sich ein großes, besonders edles Auto, ein
perlgrauer Bentley neuester Bauart. Ich sehe, daß darin
das Ehepaar sitzt, das mir schon beim Warten auf die Führung aufgefallen war. Man konnte die beiden einfach
nicht übersehen; die Lady war ja so unvorstellbar dick!
Eine Figur wie die der Venus von Willendorf bei einer Frau
um die Dreißig ist schon selten. Alles prall, alles plus. Die
tönnchenförmige Dame trägt ein weißes, weites, kurzes
Hängerchen mit Spaghettiträgern. Auf der Vorderseite
wabbelte bei jedem Schritt eine übergroße, applizierte
Sonnenblume. So etwas fällt ins Auge. Der Herr dagegen
war in seinem Äußeren angenehm unauffällig; auffällig
nett war er aber zu seiner Lady. Der Wagen mit diesen
Herrschaften fährt nun auf mich zu, biegt ein, entfernt
sich. Plötzlich stop! Und dann setzt er ein paar Meter bis
zu mir zurück. Da die Lady sich durchs offene Seitenfenster mir zuwendet, nehme ich an, daß sie mich vielleicht
für ortskundig hält und irgendeine Auskunft wünscht.
Um es irischer Hilfsbereitschaft gleich zu tun, frage ich

auch sofort, ob ich in irgendeiner Weise behilflich sein kann – und hoffe heimlich, daß ich dann auch wirklich zu helfen vermag. Aber nein, sie wollen nicht Hilfe in Anspruch nehmen, sie wollen mir Hilfe geben, wollen mich mitnehmen, wenn mein Ziel an ihrer Route liegt. Busse seien hier so selten und nicht so sehr zuverlässig, meint die Weißgewandete. Wie lange ich denn hier schon stehe? Mitleidsbekundung. Der unauffällige Herr steigt aus, öffnet mir die hintere Wagentür. Einsteigen. Danksagung.

So komme ich unverhofft zu einer sehr komfortablen Autofahrt, zu einem Fahrtest in einem der höchstgelobten Wagen. Sanftes Gleiten, nettes Geplauder, Rachmaninoffs c-Moll-Klänge dringen leise aus der Stereo-Anlage: traumhafter Transport. In Blessington werde ich nicht entlassen, keinesfalls. Wo ich denn in Dublin wohne? Ich nenne den Stadtteil. Na, gar kein Problem; mit einem nach ihrer Aussage kleinen Schlenker über den Außenring können sie mich direkt bis vor die Haustür bringen. Das Klavierkonzert ist noch nicht zu Ende, da ist das Ziel auch schon erreicht. Mein Dank ist innig gefühlt. Wer weiß, ob ich ohne diesen freundlichen Eingriff überhaupt ohne Schwierigkeiten und Langwierigkeiten nach Hause gekommen wäre.

Deirdre, bei der ich B & B habe, macht gerade an der Gartenpforte ein Nachbarinnenschwätzchen. Ihre Augen werden ganz großrund, als sie mich dieser phantastischen Limousine entsteigen sieht. Nochmals Dank. Winken. Eine Luxuserfahrung ist zu Ende. Die Freundlichkeit beider, der Dame mit den Stoffwechselproblemen und des unauffälligen Gentleman, wird mir im Gedächtnis bleiben.

Deirdre äußert freudige Erleichterung, daß ich pünktlich zur Stelle bin. Sie will heute abend mit mir und ihrer Freundin Birog ausgehen. Sie macht allerlei Geheimnis daraus, was sie mit uns vorhat. Ich fasse mich in Geduld; es wird sicher etwas sehr Schönes sein. Wir essen in ihrer gemütlichen Küche rasch noch, was sie aus vielerlei Meeresgetier Gutes gekocht hat. Köstlich. Um halb acht Uhr kommt Birog; und in deren Wagen geht es immer am Meer entlang in Richtung Howth. Da ahne ich, daß wir wohl »Abbey Tavern« besuchen werden. Richtig! Birog sagt, daß »The Dubliners«, diese fünf außergewöhnlichen Musiker, hier ihre Weltkarriere begonnen haben. Aber Deirdre wendet ein, das sei doch in O'Donoghue's Pub in der Merrion Row gewesen.

Wir landen in einem scheunengroßen, nur schwach ausgeleuchteten Saal. Das Meublement ist einfach, derb, rustikal. Es gibt zu trinken. Der Raum füllt sich schnell; auf den Bänken rückt man enger zusammen. Auf der Bühne sind jetzt vier Männer und eine Frau mit den traditionellen Musikinstrumenten: fiddle, tin whistle, Irish bagpipe und bodhrán. Sie machen keine langen Umstände, legen sofort los mit ungeheuer vitaler Musik. Die Frau singt. Nein, nicht nur die Frau, alle im Saal singen ganz leise, fast nur die Lippen bewegend, die Strophentexte, laut und begeistert aber den Refrain. Es nimmt mich sehr für die sangesfreudigen Iren ein, daß sie ihre Lieder so gut kennen. Auch die Texte; jene Klagen über ungerächtes Unrecht, früheres und heutiges; die Preislieder auf vergangenen Ruhm, vergessene Taten, Opfertode; auf tragische Liebe, gelebte Liebe, verschmähte Liebe. Ob Durchschnittsdeutsche wohl so viele Lieder kennten und sie durch alle Strophen mitsingen könnten?

Ich sehe mich um in der schummrigen Halle. Irgendwo muß er doch hocken, der heitere Geselle, ein shefro-Geistlein, eins, das die Freuden des Lebens so liebt, Spiel und Musik! Oder ob er bei den Musikern sitzt, oder gar in ihnen lebt? – Zu den Instrumenten ist noch etwas zu sagen. Einer hat seine tin whistle aus der Brusttasche seiner Jacke gezogen. Es sieht aus wie ein ganz einfaches, billiges Kaufhaus-Flötchen. Birog sagt, es sei ein billiges Blechdings. Wie ungeheuer flinke Tonfolgen man darauf blasen kann! Von Kindheit an lernt man das, sagt Birog, die Historikerin ist und in einem Verlag arbeitet, der sich mit irischer Kulturdarstellung befaßt. Auch für die fiddle, eigentlich eine Violine, braucht man große Fingerfertigkeit, denn viele irische Musiken sind sehr rasch. Die Finger der Spieler toben geradezu über die Saiten, der Bogenstrich ist kurz und energisch. Die Rhythmusinstrumente sind ganz ungewöhnlich: Als Ersatz für Kastagnetten werden einfach zwei Löffel auf den Knien aneinandergeschlagen. Das hatte ich schon ganz vergessen, daß wir als Kinder uns auch damit beholfen hatten. Hier allerdings ist die Handhabung meisterhaft. Erstaunlich, daß man damit so viele Klangvarianten erzeugen kann. Ein bodhrán hatte ich noch nie gesehen. Es ist eine flache Handtrommel, größer und flacher als ein Tamburin. Deirdre sagt, es sei mit Ziegenleder bespannt. Auf der Innenseite ist ein hölzernes Spannkreuz. Des Spielers linke Hand liegt unter dem Kreuz auf dem Fell. Und je nach dem, ob er die Finger gar nicht, mehr am Rand oder mehr mittenwärts auflegt, klingt es dumpfer oder heller. In rasendem Wirbel schlägt die rechte Hand den kurzen Schlegelknüppel, der wie ein Knochen aussieht. Birog bestätigt, daß früher auch wirklich immer ein Knochen genommen wurde. Einen noch ganz anderen Klang gibt es, wenn der Schlegel auf den Holzrand, statt auf das Fell schlägt. Die ganze Handhabung beansprucht sehr stark Handgelenk und Unterarm. Man kann nur staunen beim Zuschauen und Zuhören.

Auch der Mann, der die »Irish bagpipe« spielt, erntet viel Bewunderung. Ich kann Pückler wieder zu Wort kommen lassen, der seiner Frau geschildert hat, wie damit gespielt wurde und noch wird:

„Da Fitzpatrick der Piper, den ich für gestern hatte kommen lassen, noch heute in der Stadt blieb, benutzte ich dies, um ihn während des Frühstücks privatim in meiner Stube spielen zu lassen und dabei sein Instrument genauer zu betrachten. Es ist, wie Du schon weißt, Irland eigenthümlich und eine seltsame Mischung alter und neuer Jahrhunderte darin sichtbar. Der ursprüngliche einfache Dudelsack hat sich in ihm mit der Flöte, der Hoboe und einzelnen Orgel- und Bassontönen vermählt. Alles zusammen bildet ein fremdartiges, aber ziemlich vollständiges Concert. Der kleine elegante Blasebalg, der damit verbunden ist, wird vermöge eines seidenen Bandes am linken Arme befestigt und der zwischen ihm und dem Sack communicirende Windschlauch über den Leib gelegt, während die Hände auf einem mit Löchern gleich einem Flageolet versehenen aufrecht stehenden Rohre spielen, welches das Ende des Instrumentes bildet und mit fünf bis sechs andern kürzeren, die einer colossalen Papagenoflöte ähnlich sind, in Verbindung steht. Während des Spiels geht der rechte Arm unaufhörlich vom Körper ab und zu, um den Blasebalg in Athem zu erhalten. Das Oeffnen einer Klappe bringt einen tiefen summenden Ton hervor, der während dem übrigen Spiel unisono mit fortgeht und dem Forte-Zug des

Pianos ähnlich wirkt. Durch das Agitiren des ganzen Körpers sowie des vorher beschriebenen Rohres brachte Fitzpatrick Laute hervor, die kein andres Instrument besitzt. Der Anblick des Ganzen, wozu Du Dir den schönen alten Mann mit einem vollen weißen Lockenkopf hinzudenken mußt, ist wirklich sehr originell, sozusagen: tragikomisch. Seine bagpipe war übrigens besonders prächtig verziert, die Röhren aus Ebenholz, mit Silber beschlagen, das Band wie gestickt und der Sack mit feuerfarbner Seide und silbernen Franzen umgeben.

Ich ließ mir die ältesten irländischen Melodien aufspielen, wilde Compositionen, die gewöhnlich traurig und melancholisch wie die Gesänge der slavischen Völker anfangen, zuletzt aber dennoch in einem Gigg, dem irländischen Nationaltanz, oder einer kriegerischen Musik endigen. Eine dieser Melodien gab das sehr täuschende fac simile einer Fuchsjagd, und eine andere glaubte ich aus dem Jägerchor im Freischütz entlehnt; sie war aber 500 Jahr älter. …

Nach einiger Zeit hörte der Piper plötzlich auf und sagte lächelnd mit vieler Anmuth: ,Es muß Ihnen schon bekannt seyn, gnädiger Herr, daß die irländische bagpipe nüchtern keinen guten Ton hat — sie verlangt den Abend oder die Stille der Nacht, heitere Gesellschaft und den lieblichen Duft dampfenden Whiskey-Punsches. Erlauben Sie also, daß ich mich jetzt beurlaube.'

Ich belohnte den guten Alten reichlich, der mir immer als wahrer Repräsentant irischer Nationalität vorschweben wird."

Deirdre und Birog sehen, wieviel Spaß mir das Erleben irischer Musik macht. Sie versprechen mir für den kommenden Abend etwas ganz Spezielles.

Doch erst gehört der neue Tag Castletown. Es gibt zwei Schlösser mit diesem Namen, eins bei Piltown in County Kilkenny, das andere im Vorfeld von Dublin bei Celbridge in County Kildare. Beide sind, wie auch Russborough und noch manche andere in Irland, im Baustil dem neopalladianischen Klassizismus verpflichtet. Es ist dabei immer in eleganter Weise die Harmonie der Proportionen angestrebt, meist auch verwirklicht. Bei den großen Landhäusern bot sich in die Breite ausgreifende Symmetrie geradezu an, da ja der Baugrund nicht wie bei Stadtgebäuden beschränkt war. Der Mittelbau steigt bei allen drei genannten Häusern nur bis zu drei Geschossen auf. Unabhängig von der Anzahl der Fensterachsen herrscht Horizontalität vor, die durch Fensterreihung, Gesimse und Attika erreicht wird. Verstärkt wird der liegende Eindruck durch seitlich vom Haupttrakt gebaute, niedrigere Wirtschafts- und Nebengebäude, die mit dem Mittelbau zumeist durch Kolonnaden optisch verbunden sind. Die Bauten wirken bei aller Noblesse einfach, weil Fassadenzierden, reine Dekorationen, so zurückhaltend verwendet wurden, daß sie die Klarheit der Baugliederung nicht überwuchern, sondern unterstreichen. Dadurch behalten die unter diesen Prinzipien verwirklichten Bauten die ihrem römisch-klassischen Grundmuster entsprechende Würde und Eindringlichkeit. Was da in Irland, England und anderen Ländern im achtzehnten Jahrhundert, also zwei Jahrhunderte nach Palladios Wirken in Italien, gebaut wurde, war seinerzeit, genaugenommen, nicht viel mehr als epigonenhafte Mode. Aber der kultivierte Geschmack von Bauherrn und Architekten verhinderte, daß sie sich schnell überlebte. Aus der Mode wurde ein Stil, der Bedeutung und Bestand behielt und bis heute als ästhetisch schön gilt. Die vornehmen Baukörper als solche erscheinen uns als dem Nutzungszweck angemessen, und es erweist sich, daß sie handwerklich hervorragend durchgebildet sind.

Das in irischen Veröffentlichungen als »mansion«, also Herrenhaus oder Palais, bezeichnete Haus ist von den neo-palladianischen Bauten in Irland mit dreizehn Fensterachsen das größte, und unter den Großen das 1722 erstgebaute. Es wurde geradezu zum Prototyp zahlreicher ähnlicher Herrensitze. Der Architekt Alessandro Galilei war es, der diese Bauideen nach Irland brachte, die dann, neben anderen, auch von dem bereits erwähnten Richard Cassels aufgegriffen wurden.

Durch ein dreiteiliges Giebeltor kommt man am Nordende der Hauptstraße von Celbridge in die schummrig grünen Schatten der langen Lindenallee, sieht hinauf in die übersonnten Baumkronen, darinnen das Vogelvolk jubiliert. In Gehrichtung bleibt das Schloß vorerst noch durch geschickte Wegbiegungen verborgen. Um so grandioser ist der Anblick, wenn es in seinen edlen Maßverhältnissen endlich ins Blickfeld kommt.

Auf der Freitreppe bleibe ich stehen, schaue ins Gelände, möchte doch gar zu gern das wunderliche Bauwerk mit dem spaßigen Namen »Conolly's Folly« sehen. Ich suche es mit den Augen, entdecke es aber nicht; nicht hier auf der Ostseite des Hauses. Ich kenne das Folly von Fotos her: auf einem Gewirr zusammengeschachtelter Bogenbauten erhebt sich aus einem Giebeldach ein Obelisk! Derlei hatte allenfalls eine Funktion als bizarrer Blickfang in den weitläufigen Parkanlagen. Obeliske waren in diesem Zusammenhang allgemein sehr beliebt; es gibt deren einige in und um Dublin. William Conolly war der Bauherr des Schlosses. Seine Witwe ließ das Folly 1740 in der Absicht errichten, den durch magere Ernten und großen Kinderreichtum verelendeten Kleinpächtern und Tagelöhnern eine Verdienstmöglichkeit zu schaffen. Lady Conolly initiierte ganz in der Nähe eine weitere seltsame Arbeitsbeschaffungsmaßnahme: »the wonderful barn of Lucan«. Da erhebt sich ein kegelförmiger Getreidespeicher, an dem sich außen herum eine Treppe emporwendelt. Die Leute, die bei solcherlei Arbeiten beschäftigt wurden, verdanken das Überleben ihrer Familien dem kleinen Lohn – »a halfpenny per day«.

Die großen Herren, die solche Aufträge vergaben, ernteten gleich mehrfach gute Meinung: Sie galten bei den Armen als großzügige Erbarmer und bei ihresgleichen als

CONOLLY'S FOLLY

schicke Verschwender, die es sich leisten konnten, ihre Eitelkeiten auszuleben. Im Schutze dieser günstigen Lobmeinungen konnten sie, ganz nebenbei, auch noch ihrer Spleenigkeit und ihren Geschmackabsonderlichkeiten freien Lauf lassen.

Pückler kannte den Sozialaspekt von derlei Arbeiten sehr wohl. Er hat sich zu diesem Zusammenhang in »Andeutungen über Landschaftsgärtnerei« geäußert. Er gab darin Gründe an, warum er einen so großen und teuren Park in Muskau anlegen ließ: »Hier aber kam noch eine wichtige Rücksicht hinzu. Die Kriegsnot war für die hiesigen armen Landbauer geradezu unerträglich, die Lasten und Staatsabgaben unerschwinglich geworden. Ohne eine außerordentliche Gelegenheit, Geld zu verdienen, kann ich wohl mit Zustimmung der ganzen hiesigen Bevölkerung sagen, wäre ein Teil der hiesigen Einwohner verhungert oder zur hülflosesten Auswanderung gezwungen worden. Gegen zweihundert Leute, die ich teils in meinen Fabriken, (die auch für mich damals die einzige Einnahme lieferten) teils bei den erwähnten Anlagen, viele Jahre lang fast täglich beschäftigte, danken denselben allein ihre Erhaltung, und es war daher gewiß ein ausgezeichnetes Glück für mich zu nennen, daß ich auf eine so leichte Art meine Pflicht mit meinem Vergnügen in Übereinstimmung bringen durfte. Wie selten wird dies den armen Menschenkindern geboten!«

Auch für Verschrobenheiten hatte Pückler viel Sinn. Er scheint eine Art Folly gesehen zu haben. Wiedermal war er bei Mondschein unterwegs:

„Näher an Dublin fand ich auf einer isolierten Bergspitze eine eigne Spielerei ausgeführt, nämlich ein Haus, das in Gestalt eines nachgemachten Felsens gebaut war, so täuschend in der That, daß man es für einen wirklichen ansah, bis man vor dem Eingang stand."

Noch immer stehe ich auf der Freitreppe von Castletown House. Trotz des goldenen Tagesscheins, trotz des schönen Blickes über die weiten Grasteppiche mit ihrem der Seele so zuträglich grünen Grün, trotz des Augenschweifens hinab ins sanfte Tal der Liffey, trotz der herrlich frei wachsenden, ungestutzten Baumwesen wende ich all der Naturpracht nun den Rücken, will hinein ins Haus.

Die Treppenhauswände sind auch hier wieder mit kostbaren Francini-Stuccos dekoriert. Die Gemälde in der angenehm schlichten Eingangshalle mit dem Schachbrettfußboden, im Grünen Salon und in der »Großen Galerie« sind aller Aufmerksamkeit wert. Vom gesprungenen Spiegel im Eßraum steht in dem Heftchen, das ich zusammen mit dem Eintrittsbon gekauft habe, eine nette Geschichte: Es hatte Squire Conolly eines Tages einen Fremden zum Abendessen mit ins Haus gebracht. Der benahm sich reichlich unüblich, streifte zum Beispiel ungeniert seine Stiefel von den Füßen und schleuderte sie in den Raum. Da sah der Gastgeber den verräterischen Teufelshuf! Beherzt forderte er den unheimlichen Gast auf, das Haus sofort zu verlassen. Aber der Teufel beharrte darauf, die Nacht in Castletown House zu verbringen. In aller Eile wurde zur Unterstützung des Hausherrn ein Priester geholt. Der sollte den Bösen hinausbannen. Angesichts dessen Hartnäckigkeit verlor der Gottesmann aber die Selbstbeherrschung und warf ihm sein Meßbuch an den

Kopf. Es prallte in Richtung Spiegel ab. In einer Qualm-
wolke entschwand daraufhin der Höllenfürst. Der Sprung
im Spiegel blieb seither.

Im Roten Salon wird das Auge durch den Bodenbelag
erschreckt. Ich frage mich, was der anspruchsvolle Pückler wohl zu dem angeblich in Aubusson gefertigten Teppich gesagt haben würde. Ich bin sicher, er wäre der
Meinung gewesen, er gereiche weder dem Hersteller
noch dem Käufer zur Ehre. Noch schlimmer steht es
um die neueren Bezugsstoffe auf den guten alten Sitz-
möbeln. Ich denke auch, daß ihm die vielgepriesenen
Murano-Kronleuchter nicht gefallen hätten. Schon Lady
Louisa, die hier dreiundsechzig Jahre residiert hatte,
bedauerte, daß die Farben des Glases nicht wie gewünscht
ausgefallen waren und also nicht zum fertigen Übrigen
paßten. – Auch ist durchaus fraglich, wie mein Reisefürst es wohl aufgenommen hätte, daß in einem Sanitär-
raum zwei von den wertvollen Staffordshire-Porzellan-
hunden vom Fensterbrett herabglotzen. Hätte sich
auch hier seine unorthodoxe Freimütigkeit durchge-
setzt, und hätte er die Häßlichen auch wirklich häßlich
genannt? Mut zu unpopulären Wahrheiten hatte er ja
allemal.

Während ich noch an den Fürsten denke, der sich in seinem Buch oft so unverblümt kritisch geäußert hatte, geschieht das Unerwartete: Im Bild habe ich ihn plötzlich
vor mir! Ich erkenne ihn sofort; der kecke Blick, die unver-
kennbare Haartolle, die im Kniegelenk leicht nach außen
gebogenen Reiterbeine. Schade, das kleine Konterfei
hängt ein bißchen zu weit oben. So kann ich die Bildunter-

schrift nicht entziffern. Rasch suche ich eine der Aufsichtsdamen, berichte ihr von meiner Entdeckung und bitte sie, wenn möglich, einen Stuhl oder ähnliches herbeizuschaffen, damit ich daraufsteigen und einigermaßen verzerrungsfrei fotografieren kann. Bis ein Stuhl gefunden ist, auf dem man auch mal stehen darf, schaue ich mir den winzig kleinen Eckraum an, in dem das Mini-Pücklerbild an der Wand hängt. Es ist der Cartoon-Room. Allerlei politische Malicen sind da einträchtig beieinander, alle einheitlich schmal gerahmt, ein wenig vergilbt schon. Viel Anzügliches, Zeitverhältnisse Aufdeckendes, Bissiges, Empörtes ist da versammelt. Und mittendrin mein exklusiver Pückler! Jetzt bringt die nette Dame nicht nur einen Stuhl, sondern auch noch einige andere Damen mit. Offenbar bin ich im Augenblick die einzige Besucherin im Hause, so haben sie Zeit, sich um die Frau zu kümmern, die etwas über eins der Exponate erzählt. Sie helfen mir auf den Stuhl hinauf. Zwei, drei Fotos. Danke vielmals! Eine jüngere Dame zieht dann den Stuhl dicht ans Bild, steigt ebenfalls hinauf, liest mir die Bildunterschrift vor, damit ich mitschreiben kann. Sie lautet übersetzt: »Unschuldig in königlichem Rang. Er wird für den König gehalten. Gott segne ihn.« Mit diesem sarkastischen Text unter dem Konterfei hat sich ein mir unbekannter Cartoonist damals darüber lustig gemacht, daß der als eitel bekannte Pückler im Verlauf seiner Reise hier und da als illegitimer Sohn Kaiser Napoleons oder als Mitglied des britischen Königshauses bejubelt worden war. Er erzählte von solchen Huldigungen, die wohl dem Wunsch nach einem »königlichen« Trinkgeld entsprangen, der lieben

Schnucke-Gattin in seinen Briefen aus Limerick und aus Athenry. Selbstgefällig, wie er war, haben ihm solche fehlgehenden Meinungen und die entsprechenden Hommagen womöglich nicht einmal mißfallen. Und das hat der Karikaturist wohl erspürt. Mißfallen hätte unserem Dandy aber sehr wohl diese Zeichnung und erst recht diese Unterschrift. Wer läßt sich schon gern bloßstellen?

Über diese satirische Zeichnung hat sich an meinem für diesmal letzten Tag in Irland doch noch mal eine Verbindung zu meinem kapriziösen Fürsten aufgebaut. Damit hatte ich schon gar nicht mehr gerechnet. – Ich beschließe bei mir selbst, am Nachmittag noch ein paar Stunden in der Nationalbibliothek zu verbringen. Es sind ja immer Notizen in meinem Heftchen, die genauer recherchiert werden sollen. Ich möchte auch gern die englische Erstausgabe von Pücklers Reisebriefen sehen, die in London 1832, sehr rasch nach der deutschen Herausgabe, erschienen war. Es ist ja immer interessant, die Genauigkeit der Übersetzung nachzuprüfen. Es gibt da manchmal etwas zum Schmunzeln.

So finde ich mich wiedermal in dem schönen runden Lesesaal (eröffnet 1890) ein, der den Restauratoren in seinem Kuppelbereich wieder und wieder so viele Schwierigkeiten macht. Es scheint nicht gelingen zu wollen, den Regen ganz auszusperren. Auf Umwegen sickert immer noch Wasser ein und macht bedenklich große Feuchtplacken. Obwohl der delikate Anstrich noch ziemlich neu aussieht, blättert er an bestürzend vielen Stellen wegen der Feuchte ab. Sie verdirbt hier und da das feine, schwebende Lichtblau des umlaufenden Puttenfrieses, zeichnet krause Schmutz-Landkarten in die warmen Karameltöne der Wandflächen. Ein Jammer.

♣

MONKSTOWN

Auf den Abend bin ich ja mit Birog und Deirdre verabredet. Wohin sie wohl mit mir gehen wollen? Es wird schon dunkel, als wir abfahren, Richtung Süden, immer an der Irischen See entlang. Aber nicht sehr weit. Wir biegen schließlich in eine unbeleuchtete Straße ein, aber an einem größeren Haus dahinter ist allerlei Licht. Autos parken ein, viele Menschen sind da. Ich möchte wissen, wo wir hier sind. Birog sagt Gälisches »Comhaltas Ceolóiri Éireann«, Deirdre übersetzt und nennt das den Hauptsitz einer irischen Kulturbewegung. Gründung 1951. Und wie heißt der Ort? Monkstown. – Nachts in ein Kulturinstitut, seltsam.

Großes Menschenknäuel vor dem seitlichen Eingang. Es geht abwärts, ins Souterrain. Jeder bezahlt ein paar Irische Pfund Eintritt, Mitglieder mit einiger Ermäßigung. Es ist alles ziemlich eng; nun ja, es sind halt Kellerräume. Zwischen all den Menschen suchen wir erst den richtigen Raum, denn es finden offenbar mehrere Veranstaltungen gleichzeitig statt. Und dann suchen wir nach ein bißchen

Platz zum Sitzen. Wir sind nun in einem saalartigen Raum; sieht aus wie eine umgebaute Turnhalle. Es ist aber auch ein Bühnenpodest da. Hier finden wir an der Wand noch ein paar Hocker.

Die Männer haben alle schon ihr dunkles Stout-Bier im Glas, das manchmal volkstümlich »parish priest« genannt wird, denn da ist ja ein »weißer Kragen und ein schwarzes Gewand«. Deirdre will es übernehmen, etwas Trinkbares herbeizuschaffen. Während sie sich durch Menschentrauben kämpft, geht ein junger Mann auf die Bühne und fiedelt fröhlich los. Allein.

Als ob das das ersehnte Signal sei, auf das alle gewartet haben, geht ein Aufjuchzer aus der Menge. Einige fangen schon an, sich zu wiegen, in den Rhythmus sich einzufühlen. Weitere Musiker gesellen sich so nach und nach zu dem Fiedler, fallen ein in seine Melodie. Immer mehr Leute stehen auf, bewegen die Füße. All das ist aber doch wohl erst eine Art Vorspiel, Einstimmung. Erst, als der Tanzlehrer erscheint, kommt das in Gang, weswegen die Vielen zu diesem céilí gekommen sind: irisches Tanzen.

Der Tanzlehrer, ein sehniger älterer Herr, weißhaarig, greift sich aus dem Publikum einen jungen Mann und demonstriert mit ihm zusammen den Bewegungsablauf des Tanzes, der da als erster eingeführt werden soll. Es sieht einfach aus. Also gehe ich mutig mit Birog aufs Parkett. Die Musik pulst bereits aufwühlend, der Tanzlehrer bewegt sich von Gruppe zu Gruppe, korrigiert, hilft aus, macht noch mal vor, schwenkt den einen oder die andere. Er ist zu allen nett, egal, ob es Kinder sind, die hier zu späterer Stunde in großer Zahl zu finden sind, ob junge

Leute, gestandene Ehepaare oder Angehörige der Großelterngeneration; Männer, Frauen, Kundige oder Ungeübte, sie alle gelten ihm gleich. Der Tanz dauert lange; es wird einem sehr warm dabei. Anstrengende Sache. Aber es macht Freude!

Nun schweigt die Musik. Die Männer auf dem Podest haben ihr Bier verdient. Aber bald wird der nächste Tanz vorgeführt, eingeübt, durchbewegt. Die Arbeit mit den Füßen wird komplizierter, aber die Arme sollen unbewegt herabhängen, alles oberhalb des Gürtels muß fest bleiben. – Ist das nicht wieder die selbe Musik wie eben? Diese schier endlosen pentatonischen Fügungen hören sich zuerst alle sehr ähnlich an; es kommt einem jedenfalls so vor. Doch nein, verfolgt man die in den mitreißenden Rhythmus eingebundenen Tonfolgen ein wenig bewußter, dann lernt man die Unterschiede herauszuhören. Die Musik, gespielt auf den Originalinstrumenten, ist denn ja doch noch von ganz anderer Qualität als die vom Tonband abgespulte, die mir bei »Meeting of the Waters« Spaß gemacht hatte. Bald sind wir Ungeübte so erhitzt, daß wir in einer Pause ein wenig frischere Luft atmen möchten. Dabei geraten wir in einen Kellerraum, in dem wir unser Frischluftbedürfnis völlig aufgeben. Vor einem andächtig lauschenden Hörerkreis erleben wir da Musikanten, die in einem Halbkreis sitzen und selbstvergessen ihre Töne produzieren. Ein Junge ist unter ihnen, der ungeheuer fingerfertig fiedelt. Ein kleiner Virtuose, der viel dankbaren Beifall von den Zuhörern und den anderen Musikern erntet. Jeder kommt innerhalb der langen Darbietungen mal zu einem Solo. Besonders fasziniert mich die Knochenwirbelei auf der Handtrommel. Bodhrán-Soli bekommen von allen ganz besonders begeisterten Beifall. Wie lange kann man dieses Instrument wohl spielen, ohne das so sehr vehement tätige rechte Handgelenk bis hin zu einer Sehnenscheidenentzündung zu ärgern?

Der Mann, der zwischendurch einiges ansagt, läßt Fremdlinge wie mich wissen, daß hier keine Berufsmusiker auftreten. Alles Amateure. Der junge Fiedler zum Beispiel kommt aus dem nordirischen Belfast, ist jetzt in den Ferien nur gerade mal bei seiner Tante in Dublin zu Besuch. Verträge für die Auftritte hier im Institut existieren nicht. Keine Gage. Es kommt, wer will; jeder, der kann, darf mitspielen. Und wer nach einer Weile keine Lust mehr hat, packt sein Instrument ein und geht ganz einfach. Auf den freiwerdenden Platz rückt gleich ein anderer oder eine andere aus dem Auditorium nach. Wer hierher kommt, hat sein Instrument eben für alle Fälle bei sich. Musik wird hier zwischen Schwermut und Heiterkeit spontan gemacht, als Selbstvergnügen. Tagtäglich.

Der kleine Raum wird jetzt noch voller. Die Aufmerksamkeit konzentriert sich ganz offensichtlich auf ein junges Mädchen, das vor mir auf dem Fußboden sitzt und die Schuhe wechselt. Sie nestelt mit langen Senkeln herum, zurrt sie durch eine Menge von Schuhösen und ist nach mannigfachen Korrekturen soweit, daß sie nur noch auf das Einsetzen einer ganz bestimmten Musik zu warten scheint. Plötzlich springt sie in den Halbkreis, tanzt einen traditionellen rinceadh mit größter Disziplin des Oberkörpers; aber ihre Füße vollführen einen unbändig raschwirbligen Steptanz. Sie bewegt sich dabei nicht vom

Fleck, braucht für ihre Füße nicht mehr Platz als sie beim Tanz auf einem Whiskey-Faß hätte. Gleich anschließend kommt ein Tanz mit verändertem Rhythmus, und dann einer, der nur bodhrán-Begleitung hat. Die Tänzerin wird mit enthusiastischem Beifall überschüttet. Böll hatte recht: »Rhythmus ist Stimulanz genug.« Neben mir sitzt ihre kleine Schwester, sechs Jahre alt, höchstens. Die jetzt vom Tanz Erschöpfte zieht sie vom Stuhl und sagt, nun sei sie dran. Und mit größter Selbstverständlichkeit hüpft die Kleine ohne spezielles Schuhwerk vor die Musiker und eifert ihrer großen Schwester nach. Gar so kunstvoll wie diese vermag sie es noch nicht, aber doch erstaunlich gut. Brausender Beifall, lobende Zurufe.

Meine Freundinnen glauben auch, daß diese Tanzdarbietungen der Höhepunkt unseres Abendvergnügens waren. Aber wir wollen, bevor wir nach Hause fahren, noch einmal zurück in den großen Saal und nachsehen, welche Stimmung dort jetzt herrscht. Es brodelt! Anders kann man das nicht nennen. Gerade geht ein Tanz zu Ende. Ermattet, doch gleichzeitig animiert, keuchend, doch gleichzeitig in Kreislaufhochform, lösen sich die Tanzfleißigen aus dem Hexenkessel, sinken auf Hocker, setzen sich auf den Boden. Kleine Atempause. Kleine Pause fürs stout, fürs lager, fürs porter. Einen Tanz, einen nur, wollen wir noch ansehen. Oder sogar mittanzen? Oh ja, bitte Deirdre, bitte Birog!

Man muß nicht lange warten, da wird »the siege of Ennis« angesagt. Allgemeiner Jubel. Die Spielleute greifen wieder zu ihren Instrumenten und wie elektrisiert springt alles auf, drängt näher zur Mitte. Die meisten brauchen den Tanzlehrer gar nicht, kennen offenbar die Choreographie; aber meine Freundinnen und ich müssen ihm ein Weilchen zuschauen. Er bewegt sich jetzt in einer Formation von vier Paaren, und auch alle anderen haben sich in Achtergruppen geordnet. In solcher Gruppe kommt jeder mal mit jedem dran, spindelt sich umeinander herum, hüpft übermütig hin und her, auf und ab, ordnet sich wieder in die Reihe. Geschlossen, miteinander verhakt, rückt die Formation vor und zurück. Soll das die Belagerungsheere andeuten, die ihre Angriffe versuchen? Ich habe jetzt überhaupt keine Zeit nachzudenken, was ein kriegerisches Unglück wie eine Belagerung mit diesem lebensvollen Tanz zu tun haben könnte. Ich muß aufpassen, mich einfügen in die Tanzfiguren. Meine ganze Reihe macht jetzt kehrt und steht damit vis-á-vis zu Vieren von der Nachbarformation. Nun rotieren wir mit dieser neuen Gruppe das ganze Bewegungsprogramm durch, kreiseln wechselnd zu Zweien, zu Vieren; trudeln nach rechts, nach links, wild umeinander; und das alles mit dem schwungvollen Hüpfschritt, der einem nun schon im Blut steckt. Einmal drillt mich einer so heftig, daß ich fast bis an die Hockerreihe geschleudert werde. Macht nichts! Gleich weiter! Mit wem man gerade den Takt absolviert, sieht man schon gar nicht mehr, zu schnell ist das Drehen, zu schnell ist man beim nächsten Tänzer, und auch das nur für einen kurzen Moment, getrieben vom unerbittlichen bodhrán. Wird das Knöcheln nicht überhaupt auch schneller?

Irgendwann ist die nächste Runde ausgetanzt. Wendung. Neue Gruppierung, neues Allegro molto vivace. Wo stecken mittlerweile Birog und Deirdre? Sie waren anfänglich mir gegenüber in der Viererreihe, müssen jetzt also durch das Wechseln in andere Fronten irgendwo weiter vorn bei der Musik angekommen sein. Im Laufe der Zeit – lieber Himmel, man merkt die Zeit gar nicht mehr! – denkt man auch nichts mehr, bewegt sich nur. Ist das etwa eine Art Trance, in die man gerät? Na, wohl nicht. Aber daß man außer Rand und Band kommt, steht außer Frage. Noch nie im Leben habe ich etwas derart Vitales, Dynamisches mitgemacht. Ich sehe kreisende Wände, leidenschaftlich erhitzte Gesichter, fliegende Haare; höre rasende Musik, stampfenden Rhythmus; spüre Arme an mich schlagen; rieche Körperdunst, fremden Atem. Der Hallenboden muß wohl beben. So wickelt man sich von Tanzreihe zu Tanzreihe durch den ganzen Saal. Erst, wenn man durch alle Achterformationen durch ist – und es sind viele! –, wenn man bei seinen Freunden, mit denen man dieses Abenteuer begonnen hat, wieder anlangt, ist diese lange Belagerung von Ennis zu Ende. Mit einem Schrillton bricht die Musik ab. Ein Aufschrei löst sich aus allen Kehlen. Aber sagen kann man kein Wort. Der irischste aller meiner Abende in Irland ist zu Ende. Morgen reise ich ab für diesmal. Danke, schönes Irland, lebendiges Irland! Danke!

ZEITTAFEL
ZU PÜCKLERS LEBEN

1816/1817	Freiheitskriege
1817 bis 1819	Kontakt mit Schinkel wegen Umbau von Schloß Muskau
1817	Heirat mit Lucie, Reichsgräfin von Pappenheim, geb. Gräfin Hardenberg
1822	Verleihung des Fürstentitels Kurbad Muskau (Hermannsbad) projektiert Arbeiten am Park Quilitz/Neu-Hardenberg
1826	Scheidung
1826 bis 1829	Reisen in Großbritannien und Irland
1830 bis 1832	Herausgabe der »Briefe eines Verstorbenen«
1831	Kronprinz Friedrich Wilhelm (später König Friedrich Wilhelm IV.) und sein Bruder Prinz Carl besuchen Muskau.
1834	»Andeutungen über Landschaftsgärtnerei« und »Tutti Frutti« erscheinen.
1835	Reisen in Frankreich und Algerien »Semilassos vorletzter Weltgang« erscheint.
1836	König Otto von Griechenland schenkt Pückler die Besitzung Kyparissia bei Sparta. »Semilasso in Afrika« erscheint.
1837	Vorderasien-Reise Pückler kauft auf dem Sklavenmarkt von Gontar die zehnjährige Abessinierin Ajameh Machbuba.
1840	»Südöstlicher Bildersaal« erscheint. Machbuba stirbt in Muskau an einer Lungenkrankheit.
1844	»Aus Mehmed Alis Reich« erscheint.
1845	Zusammentreffen mit Königin Victoria von Großbritannien und Prinzgemahl Albert in Gotha

	Arbeit an den Parkanlagen Ettersberg und Belvedere (Weimar)
	Verkauf des Besitzes Muskau
	Parkprojekt Altenstein
1848	Pückler erlebt die März-Revolution in Berlin, zieht sich dann nach Branitz zurück. Eine Wahl in die Paulskirchen-Nationalversammlung lehnt er ab.
1849	Projektierung des Parks Tiefurt
1850	Tod der Mutter Clementine, Reichsgräfin von Pückler, geb. Reichsgräfin von Callenberg
1853	Aufenthalt in Baden-Baden
1854	Tod von Lucie Fürstin Pückler Paris-Reise
1860	Badekur in Wildbad Anlage des Winterhalterschen Gartens in Baden-Baden Briefwechsel mit der zwanzigjährigen Ada von Treskow beginnt
1862	Paris-Aufenthalt
1870	Pückler meldet sich zur Teilnahme am aktiven Kriegsdienst, wird aber abgelehnt.
1871 4. Februar	Pückler stirbt in Branitz

ZEITTAFEL
ZUR GESCHICHTE IRLANDS

Nach 10 000 v. Chr. (Nacheiszeit)	Beginn der Besiedlung der irischen Insel durch Sippen von Jägern, Fischern und Sammlern
Um 3500	Nachweis neolithischer Siedlungen im Osten Irlands
Um 1800	Beginn der Bronzezeit
Um 900	Hochblüte in der Metallverarbeitung
Um 500	Einwanderung keltischer Stämme vom europäischen Festland
Um 400	La-Tène-Kultur
Um 200	Eisenzeit beginnt
431 n. Chr.	Papst Coelestinus ernennt Palladius zum Bischof der Iren.
432	St. Patrick beginnt Missionstätigkeit.
450–490	Friedliche Christianisierung der Iren
500–800	Klosterleben/Eremitentum und Kunsthandwerk in Blüte
795	Erster belegter Wikinger-Überfall
800–1000	Dänische und norwegische Normannen (Wikinger) plündern häufig Klöster und Sied-

lungen, gründen an Flußmündungen städtische Niederlassungen und See-Reiche.

1002	Hochkönig von Irland wird Brian Boru; ihm gelingt eine kurzfristige staatliche Einigung.
1014	Brian Boru besiegt die Normannen bei Clontarf (ein Vorort von Dublin).
1101	Synode von Cashel
1142	Zisterzienser kommen nach Irland, Gründung des Klosters Mellifont.
1152	Synode von Kells
1130–1200	Irisch-normannischer Baustil in Blüte
1155	Papst Hadrian erläßt Bulle »Laudabiliter«, die dem englischen König Henry II. in Irland freie Hand gibt.
1169	Leinster-König Dermot ruft die Anglo-Normannen ins Land.
1170	Graf von Pembroke (»Strongbow«) landet in Irland mit einer Streitmacht, heiratet Dermots Tochter und wird nach Dermots Tod König von Irland.
1171	Henry II. landet mit 4000 Gefolgsleuten in Irland. Die anglo-normannischen Ritter leisten den Lehnseid.
1175	Henry II. wird im Vertrag von Windsor als Herr über Irland anerkannt.
1200–1300	Anglo-Normannen bemächtigen sich des irischen Grundbesitzes; Burgenbau, zahlreiche Klostergründungen.
1315	Invasion des Schottenkönigs Edward Bruce
1318	Bruce wird bei Dundalk besiegt und fällt
1348/49	Pest in Irland
1366	Die »Statuten von Kilkenny« sollen den anglo-

normannischen Adel zwingen, nicht mit den
Iren zu fraternisieren.

1465   Verpflichtung der im »Pale« lebenden Iren, sich
englisch zu kleiden und ihre Namen zu angli-
sieren (The Pale: mit Palisaden eingegrenzter
Bereich um Dublin mit englischer Gerichtsbarkeit)

1536/37   Ausdehnung der anglikanischen Reformation
auf Irland; König Henry VIII. wird Oberhaupt
der »Church of Ireland«.

1541–1543   Unterdrückung der Klöster; Enteignungs- und
Neubelehnungspolitik (englische Adlige
erhalten Ländereien der Klöster, katholisch-
irischer Gutsbesitzer und Clangrundbesitz)

1542   Henry VIII. König von Irland

1570–1603   Spanien unterstützt als Gegner Englands
mehrere nationale Erhebungen der Iren,
besonders die von Hugh O'Neill geführte
Rebellion in Ulster (1594–1603).

1641   Ulster-Unruhen verbreiten sich über ganz
Irland.

1642   Provisorische Aufständigen-Regierung in
Kilkenny

1642–1652   Bürgerkrieg

1649   Cromwells Landung; Strafexpedition beginnt in
Drogheda.

1653   Cromwell unterwirft Irland; irische Grundbesitzer werden umgesiedelt; Landenteignun-
gen und Neuvergabe an Protestanten.

1690   William III. landet in Carrickfergus; Schlacht
am Boyne-Fluß; Niederlage des aus England

	vertriebenen Jacob II.; erneute Enteignungen und Repressalien.
1691	Belagerung und Unterwerfung von Limerick; Vertrag von Limerick; irische Jakobiten flüchten auf den Kontinent ins Exil, ihre Güter werden konfisziert.
1698	Vertreibung aller Ordensgeistlichen; römisch-katholische Priester müssen Irland verlassen.
1702	Penal Laws (Strafgesetze) werden verkündet.
1720	Palladianische Herrenhäuser kommen in Mode; rege Bautätigkeit in Dublin.
1739/40	Hungersnot
1782	Abschaffung der 1494 verhängten Kontrolle des irischen Parlaments; Erfolg der irischen Nationalbewegung, die vor allem im Zusammenhang mit dem nordamerikanischen Unabhängigkeitskrieg (1775–1783) einen Aufschwung nahm.
1791	Gründung der republikanischen Gesellschaft »United Irishmen« (Vereinigte Iren), einer überkonfessionellen Vereinigung unter Wolfe Tone.
1795	Gründung des Orange Order
1798	Volksaufstand unter Lord E. Fitzgerald. Die britische Regierung nahm den Aufstand zum Anlaß für ein Vereinigungsgesetz (Act of Union, 31. Dezember 1800). Pitt d. J. tritt in Westminster für die Katholiken ein.
1801	Inkrafttreten des Act of Union (1. Januar)
1810–1823	Bau vieler protestantischer Kirchen in Irland
ab 1820	Entstehung gewerkschaftsartiger Vereinigungen
1829	O'Connell erreicht mit Hilfe der seit 1823 aktiven Irischen Katholischen Assoziation (um

1811 gegründet) die Aufhebung der Katholikengesetze (Testakte), das heißt die Gleichstellung bzw. die politische Emanzipation der Katholiken.

1840	Die Repeal-Bewegung (seit 1832) versucht vergeblich, die Union mit Großbritannien wieder zu lösen.
1845–1848	Durch die Einführung des Freihandels (1846) verliert Irland seine Bedeutung als Getreidelieferant für England, Umstellung auf Viehzucht, Vertreibung vieler Pächter, wachsende Verelendung; Kartoffelfäule mit katastrophalen Auswirkungen (Hungersnöte, Massenauswanderung).
1858	Gründung der Fenier-Bruderschaft, eines nach Finn, dem legendären Helden altirischer Epen benannten Geheimbundes.
1867	Fenier-Aufstand
1869	Landreform durch Gladstone angestrebt (Gladstone ab 1868 englischer Premierminister)
1870	I. Butt formuliert die Forderungen nach Homerule (Selbstverwaltung) für Irland.
1872	Gründung der Homerule-Liga (ab 1877 Irische Nationalpartei)
1879	Gründung der Irischen Landliga unter M. Davitt und C. Parnell, eine Organisation armer Landpächter.
1893	Gründung der Gälischen Liga (Gaelic League) unter D. Hyde, u. a. zur Erhaltung und Pflege der gälisch-irischen Sprache und Kultur.
1905	Gründung der Partei »Sinn Fein« (»Wir selbst«)
1912	Gründung der Irischen Labour Party

1914	Annahme des Autonomie-Gesetzes, das eine beschränkte Selbstverwaltung für Irland vorsieht, wird aber bei Ausbruch des ersten Weltkrieges zunächst ausgesetzt.
1916	Dubliner Aufstand (Osteraufstand, 24. bis 30. April); 15 Anführer hingerichtet; Sinn Fein verboten.
1918–1921	Bürgerkrieg
1918	Generalstreik im April verhindert die Ausdehnung der britischen Wehrpflicht auf Irland.
1919	Zusammenschluß der Freiwilligenverbände zur Irischen Republikanischen Armee (Irish Republican Army; IRA)
1919	Wahlen zum britischen Unterhaus: von den 105 gewählten irischen Abgeordneten treten die 73 Sinn-Fein-Mitglieder in Dublin zur irischen Nationalversammlung (Dáil Éireann) zusammen und verkünden die Unabhängigkeit Irlands. Bildung einer Provisorischen Republikanischen Regierung. Referendum in Ulster: sechs Grafschaften entscheiden sich für Verbleib bei Großbritannien.
1922	Anglo-irischer Vertrag (Dominionvertrag), der dem Freistaat Irland (Saorstát Éireann) den Dominionstatus unter Verzicht auf Nordirland einräumt, wird ratifiziert (7. Januar); Verfassung (seit 6. Dezember in Kraft) erklärt gälisch-irische Sprache zur gleichberechtigten Amtssprache neben Englisch.
1922/23	Der linke Flügel von Sinn Fein kämpft unter De Valera gegen den Ulster-Kompromiß (Bürgerkrieg).

1926	Aus dem linken Flügel von Sinn Fein geht die Partei »Fianna Fáil« (»Schicksalsgefährten«) hervor; mehrmals Regierungspartei.
1932/33	Aus dem rechten Flügel von Sinn Fein formiert sich die Partei »Fine Gael« (»Schar der Gälen«, »Gälische Einheit«), mehrfach Partner in Regierungskoalitionen.
1937	Proklamierung der Republik Irland (29. Dezember), wird erst 1945 von Großbritannien anerkannt; neue Verfassung; Staatsoberhaupt ist ein Präsident.
1949	Irland tritt aus dem Commonwealth of Nations aus und konstituiert sich am 18. April zur unabhängigen Republik (Poblacht na h'Éireann); eigenes Parlament (Stormont) in Nordirland und Vertretung in Westminster.
1955	Aufnahme Irlands in die Vereinten Nationen (14. Dezember)
1967	Gründung der Bürgerrechtsbewegung von Nordirland
1968/69	Eskalation der Gewalt in Nordirland, Entsendung britischer Truppen
1970	Spaltung der IRA in »Officials« und »Provisionals«
1972	Gewalt-Eskalation; Auflösung des nordirischen Parlaments, Nordirland wird Westminster direkt unterstellt.
1973	Irland wird Mitglied der EG (1. Januar).
1977	Erweiterung der Anti-Terror-Gesetze
1980	Nordirland-Konferenz in Belfast (Januar)

ANMERKUNGEN
UND QUELLEN

Seite 7

affreus: ein veraltetes Wort aus dem Französischen: abscheulich.

aguerriren: sich (an den Krieg) gewöhnen, abhärten.

Seite 8

...und Polen: die Staatsgrenze teilt seinen Park. Von 570 Hektar Gesamtfläche liegen 370 Hektar in Polen.

...Gattin Lucie: Tochter des preußischen Staatsministers Hardenberg.

Seite 9

... soeben aus England: es ist dies seine zweite Englandreise. Er hatte sich vor vierzehn Jahren dort bereits um Landschaftsgärtnerei gekümmert.

Seite 10

... seit 1871: Ludwig Heinrich Hermann Fürst Pückler-Muskau (30. Oktober 1785 − 4. Februar 1871).

... von Ense: Karl August Varnhagen von Ense (1785–1858) hat Pücklers Briefe druckfertig bearbeitet.

...vorerst gerettet: Schloß Muskau mußte 1845 aber doch verkauft werden, weil Pückler die umfangreichen Arbeiten am Park so anordnete, als würden sie weiterhin, wie vor 1815, als Fronarbeiten, das heißt ohne Lohnzahlung, erbracht. Muskau war aber durch Vereinbarungen auf dem Wiener Kongreß bei der Teilung der Lausitz an Preußen gefallen. Und dort war die Leibeigenschaft bereits 1807 aufgehoben worden. Neben ererbten Schulden, sorglos verschwenderischer Lebensführung und hohen Kosten für die Anlagen brachte die Unfähigkeit zu realistischer Kostenplanung den Ruin. Das Ehepaar nahm hinfort Wohnsitz im Erbschloß Branitz. Auch dort legte Pückler einen Park an.

Seite 11
Bed and Breakfast (B & B): Bett (Übernachtung) und Frühstück.

Seite 11
»**Would you, please, be so kind …**«: Würden Sie bitte so freundlich sein ….

Seite 12
… Morton: Henry Morton: In Search of Ireland, London 1930. Es gibt das Buch auch in deutscher Übersetzung: Wanderungen in Irland
… Böll: Heinrich Böll: Irisches Tagebuch, Köln/Berlin 1957. Irland und seine Kinder, Köln 1961.

Seite 15/16
»**Entmutigend … verwehrten**«: Rolling down the Lea, London 1982. Übersetzung zitiert aus: Dublin, Hrsg. Elsemarie Maletzke, Frankfurt am Main 1985.
»**You will be … by you**«: Dublin und seine Bewohner werden Sie bereichern – und Sie die Dubliner.

Seite 17
Lord Mayor: Oberbürgermeister

…**selber noch Protestant:** Pückler konvertierte 1839 in Budapest zur katholischen Konfession.

Seite 18
… **durch Joyce literarisch verewigt:** James Joyce: Anna Livia Plurabelle, 1939.
… **Pearce:** Geburtsjahr um 1699, geadelt 1732, 1733 in Stillorgan bei Dublin gestorben; er war nicht mal vierzig Jahre alt.

Seite 19
… **in finanziellen Schwierigkeiten:** Pückler war daheim mit 1,7 Millionen Talern verschuldet.

Seite 20
…**diable boiteux:** Pückler spielt hier auf den Roman von A. Lesage an: Der hinkende Teufel (1707 in französischer Sprache, deutsch zuletzt 1987).
Ariadnes Faden: Ariadne – Tochter des Königs Minos von Kreta. Sie gab dem Helden Theseus ein Garnknäuel, damit er am abgewickelten Faden entlang den Ausweg aus dem Labyrinth wiederfinden konnte.
… **Gerechtigkeit und Freiheit:** Edward Smythe (1749–1812) schuf auch die Statuen für Custom House und für das Gerichtsgebäude.
…**Chambers' Entwurf:** William Chambers (1723–1796) war ein englischer Hofarchitekt und Fachschriftsteller.

Seite 21
Giant's Causeway: »Straße des Riesen«, eine Basaltformation an der Küste von Antrim; siehe auch S. 77–78.
…**Bücher hier angesammelt hatten:** Copyright Library seit 1801; jedes in Irland und in Großbritannien verlegte Buch muß hier eingereicht werden.

Scheemakers: Peter Scheemakers II (1691–1781) war ein in London tätiger Bildhauer.

Banks: Thomas Banks (1735–1805) war ein englischer Bildhauer und Mitglied der Königlichen Akademie (Royal Academy).

Swift: Jonathan Swift (1667–1745) war Geistlicher, Schriftsteller, Satiriker.

Roubiliac: Francois Roubiliac (1705–1762) war ein Bildhauer französischer Herkunft, wirkte in London.

Burke: Edmund Burke (1729–1797) war Staatssekretär und Whigführer im englischen Parlament.

Seite 23

»Gullivers Reisen«: das Buch »Gulliver's Travels« erschien 1726.

Macpherson: James Macpherson (1736–1796) veröffentlichte 1760 bis 1763 »The Works of Ossian«; es waren eigene Dichtungen, die er als Übertragungen alter gälischer Dichtungen ausgab. Goethe hat das, wie viele der Zeitgenossen, nicht durchschaut. Nur dem scharfsinnigen Kritiker Samuel Johnson (1709–1784) war in dieser Sache nichts weiszumachen. Er war der erste, der die Ossian-Gesänge als zeitgenössische Dichtungen erkannte. – Die Ossian-Schwärmerei hat auch vielen Malern erstaunliche Anregungen gegeben, so zum Beispiel Ingres, Blake, Füßli und vielen anderen.

Seite 24

Buch von Kells: Book of Kells – Evangeliar aus dem 8. Jahrhundert.

Seite 25

...Grad erlangen konnten: den Iren wurde der Zugang zum TCD durch König William III. verschlossen. Geboren 1650, regierte er ab 1689 zusammen mit Königin Mary und nach ihrem Tode (1694) allein. Er starb 1702.

Priorei: Priory of All Hallows (Augustiner).

Elizabeth I.: geboren 1533, war sie ab 1558 Königin bis zu ihrem Tode (1603).

... das neue Irische Parlament: Dáil Éireann; das Gebäude war im 18. Jahrhundert ein Adelshaus.

Seite 26

...wie die Gräfin Ida Hahn-Hahn meinte: Meine Reise in England – 1846, Mainz 1981.

Queen-Anne-Style: der Stil, der zu Beginn des 18. Jahrhunderts in Mode war. Anne, geboren 1665, war englische Königin von 1702 bis 1714.

Seite 27

George IV.: (1762–1830) Prinzregent seit 1810, König seit 1820.

Paget: William Paget (1764–1858), Lord Lieutenant 1828/ 1829; focht mit bei Waterloo, wurde schwer verwundet, verlor ein Bein.

Seite 30

... Ulster-Wunde schwärt: sechs Grafschaften der Provinz Ulster haben 1920 nicht für die Loslösung von England votiert und gehören weiterhin zu Großbritannien. Und auch in allen seitherigen Volksabstimmungen war die deutliche Mehrheit immer für einen Verbleib. Die katholische Minderheit (35 Prozent) opponiert.

Seite 31

Johann: König Johann (King John) wurde 1166 in Oxford geboren, regierte von 1199 bis zu seinem Tode (1216) in der Burg von Newark.

... gotisch ausssehende Kapelle: Church of the Holy Trinity, früher Chapel Royal.

in such a horrid place: an solch einem gräßlichen Ort.

Seite 33

Henry VIII.: König Heinrich VIII., 1491 in Greenwich geboren, regierte von 1509 bis 1547.

St. Mary's in der Marlborough Street: gebaut 1816 bis 1823, Architekt: John Sweetman oder (nach neuerer Vermutung unter Historikern) Louis Hippolyte le Bas.

Hautrelief: (haut ist das französische Wort für hoch), ein stark aus der Fläche hervortretendes Relief.

Seite 35

... gegen die Art der Neubebauung: am 30. September 1978 protestierten rund 17 000 Demonstranten gegen die Bebauung des wikingischen Wood Quai – vergeblich.

Seite 39

Henry II.: Heinrich II., geboren 1133, war von 1154 bis 1189 englischer König.

Hadrian IV.: 170. Papst, von 1154 bis 1159, verhandelte mit König Henry II.

Maclise: Daniel Maclise (1806–1870), geboren in Cork, ist bekanntgeworden durch seine Historienbilder im Londoner Parlamentsgebäude.

... viel zum Anschauen und zum Denken: ein berühmter Folksong bezieht sich auf Leinster-König Dermot und Aoifes Mutter Dervorgilla, die ihrem Gatten O'Rourke, dem Hochkönig von All-Ireland, Dermots wegen entlaufen war. Dieser bekriegte zusammen mit den anderen irischen Königen Dermot, der König Henry II. um Hilfe bat. (»And the old triangle, went jingle jangle, made all the tangle for seven-hundred years.«)

Seite 41

River Poddle: das Flüßchen Poddle ergießt sein Wasser bei der Capel Street Bridge in die Liffey; tausend Jahre zuvor war hier

– an dieser Mündungsstelle – der Wikingerhafen Dubh-Linn (Dubh = schwarz, Linn = Tümpel, Pfuhl), dem die Stadt Dublin ihren Namen verdankt.

Seite 42

... »im Alter von 78 Jahren«: auf einer Tafel daneben findet man den Latein-Text ungenau ins Englische übersetzt. Diese Fassung trifft jedoch den Sinn der Aussage mit allem Charme philologischer Sorglosigkeit.

Seite 44

... mißgestaltet ist Roß und Reiter: das Reiterstandbild war von dem in Rotterdam geborenen Bildhauer Grinling Gibbons (1648–1721). Er wirkte ab 1667 in London. Besonders bekannt und geschätzt war er als Holzschnitzer, der sehr kunstvolle Raumdekorationen, Türummantelungen zum Beispiel, schuf. – Das besagte Reiterstandbild arbeitete er um 1700 in Kupfer; Kosten: 200 Pfund Sterling. – Ein sehr ähnliches Reiterstandbild des gleichen Königs in fast gleicher Kleidung und Haltung steht in Hull in England; es ist von Gibbons Bildhauerkollegen Peter Scheemakers (1691–1781) geschaffen worden.

... eine Colossale Statue Nelsons: Horatio Nelson (1758 bis 1805), britischer Admiral; kurz nach seinem Tode wurde mitten auf der Hauptstraße die Nelson-Säule (1808) errichtet. Der Bildhauer Thomas Kerk (1781–1845) hatte den ausgeschriebenen Wettbewerb gewonnen. Übrigens ist die bekannte Nelson-Säule auf dem Trafalgar Square in London erst viel später, nämlich nach 1840, errichtet worden.

Seite 45

Clements: Nathaniel Clements (1805–1777) hatte Phoenix Park Lodge für sich selbst erbaut. 1789 gehörte es dem Duke of Portland, der das Amt des Lord Lieutenant innehatte.

Seite 47

Dickens »Pickwick Papers«: Charles Dickens (1812–1870), englischer Erzähler und Romancier. Die »Pickwick Papers« erschienen 1836/37.

»Prince Pickle«: pickle ist im Englischen Essiggurke, saure Gurke, bedeutet aber auch »Verlegenheit«, »Patsche«, »schöne Bescherung«.

Arthur Wellesley: geboren 1769 in Dublin, mit Blücher zusammen Sieg über Napoleon 1815 bei Waterloo; gestorben 1852.

Sheriff: oberster Verwalter einer Grafschaft.

Grand Jury: entspricht hier etwa einem Staatsanwalt.

Seite 48

Salute Battery: hier standen die Kanonen zum Salutschießen.

Seite 49

Richard Wellesley: geboren 1760, Lord Lieutenant von 1821 bis 1827.

Basrelief: Flachrelief (frz.: bas = flach).

... jährlich 50000 Pfund Sterling: in damaliger Währung betrug der Gegenwert mehr als eineinhalb Millionen Taler! Und jeder Taler hatte etwas über 23 Gramm Silbergehalt.

Seite 50

craftsmen: Handwerker, Kunsthandwerker, Künstler.

Kingstown: diesen Namen hatte die Stadt bekommen, weil König George IV. 1821 hier gelandet war.

Seite 51

»Paddy«: ein Spitzname, den sich die Iren selbst wegen des bei ihnen so häufigen Vornamens Patrick/Pádraic gegeben haben.

Seite 52

breathtaking: atemberaubend.

absolutely fabulous: absolut fabelhaft.
tremendous: aufregend, gewaltig.
marvellous: wunderbar.
beautiful: eindrucksvoll, herrlich.

Seite 53
… lebt ein Drittel: 1,5 Millionen Menschen leben in Städten. Es
  gibt nur zwei Telefonbücher in der Republik: eins für Dublin,
  das andere für alle anderen Grafschaften.
Fatigue: Anstrengung, Strapaze.

Seite 54
Absentée: Abwesender.

Seite 55
Sugarloaf: es gibt in Irland noch einige Berge mehr, die ebenfalls Sugar Loaf (Zuckerhut) heißen. So mancher einigermaßen spitzgipfelige Berg trägt diesen Namen.

Seite 56
»… gießt er voll der Marmorschale Rund«: »Der Römische
  Brunnen« heißt das Gedicht des schweizerischen Dichters
  Conrad Ferdinand Meyer (1825–1898).
… wie Pückler derlei ausdrückte: Pückler veröffentlichte
  1834 das Büchlein »Andeutungen über Landschaftsgärtnerei«,
  Stuttgart.

Seite 57
dried fish: Dörrfisch.

Seite 58
gaelic football: irische Form von Rugby.
hurling: irische Form von Hockey.
greyhound racing: Windhundrennen.

Seite 62
il faut le dire: man muß es sagen.
Foule: Menge, Gedränge.
agacirten: neckten.
Égards: Rücksichten.
deployirte: entfaltete.
Chevalereskes: Ritterliches.

Seite 63
Potheen (auch Poteen): in Irland heimlich gebrannter Whiskey.
illicit: unerlaubt, heimlich, »schwarz«.

Seite 64
Everybody looks like a bomb-layer: jeder sieht wie ein
  Bombenleger aus.

Seite 66
»warten auf nichts Bestimmbares«: Heinrich Böll: Irland und
  seine Kinder, Fernsehdrehbuch, Köln 1961.

Seite 68
Queen Victoria: Victoria, geboren 1819, war von 1837 bis 1901
  Königin.
bowling-green: Rasenplatz für das Bowling-Spiel.

Seite 69
fast food: Schnell-Imbiß.

Seite 70
seaside resort: Seebad, Ferienort am Meer.

Seite 71
cereals, eggs, bacon, toast, butter, marmalade und tea:
  Getreideflocken, Eier, Schinkenspeck, Toast, Butter, bittere
  Orangenkonfitüre und Tee.

Seite 72

Thomas Garnett: Professor der Physik und Chemie zu London, Autor des Buches: Reise durch die schottischen Hochlande und einen Theil der Hebriden, Lübeck und Leipzig 1802.

Seite 74

Columbcille: St. Columbcille, »die Taube der Kirche«, war königlichen Geblüts, geboren 521, gestorben auf der schottischen Insel Iona 597; als Zweiundvierzigjähriger ging er ins Exil. »Diese Laute werden mich bis zu meinem Tod begleiten«, sagte er, als er seine irische Heimat verließ.

Seite 75

seanchai(s): Geschichtenerzähler.

Seite 77

Thackeray: William Makepiece Thackeray (1811–1863), englischer Erzähler, schrieb u. a. »The Irish Sketchbook« (Irisches Skizzenbuch), dem das nachstehende Zitat entnommen ist.

»Mon Dieu ... to see that?«: »Mein Gott, und ich bin 150 Meilen gereist, um das zu sehen?«

»Worth seeing? Yes, but not worth going to see!«: »Sehenswert? – Ja. Aber eigens hinzugehen, lohnt nicht!«

... acht Kilometer: die gesamte Küstenlinie Irlands soll 5500 Kilometer lang sein.

Seite 79

... schlummert dann jahrelang: fünf Jahre sind gesetzlich als Mindestlagerzeit vorgeschrieben.

sales promoter: Werbeleiter, Verkaufsleiter, Verkaufsförderer.

teetotaller: Abstinenzler.

Seite 80

Dunluce (Castle): irisch Dun Lios.

Seite 84

James I.: Jakob I., geboren 1566, ab 1603 bis zu seinem Tode (1625) König von England.

James II.: Jakob II., geboren 1633, Enkel von James I., König seit 1685, 1688 entthront; versuchte mit Frankreichs Hilfe, Irland sich untertan zu machen und so die britische Krone zurückzugewinnen. Es mißlang. Er starb 1701 in Frankreich im Exil.

Seite 85

Lough: irisch See, aber auch tief ins Land greifende Meeresbucht (Meeresarm).

Seite 86

... von einer Stadtmauer umgeben: die Stadtmauer steht seit 1789.

... mit gemeißelten Häuptern: die Flußgötter Foyle und Boyne sind dargestellt.

Edward Smythe: siehe auch Anmerkung zu Seite 20; auch die »Anna Livia« an der O'Connell Bridge in Dublin ist von Smythe.

Seite 88

... junges Volk ist auf den Straßen: in den »six counties«, wie der britische Teil Irlands in der Republik Irland vorzugsweise genannt wird, beläuft sich die Arbeitslosenquote auf 20 Prozent.

Seite 89

Orange-Day: der 12. Juli; es ist der Jahrestag der Schlacht am Fluß Boyne (1690), bei der die Truppen des Britenkönigs William III. (Wilhelm von Oranien) obsiegten. Nach dem in Irland noch bis 1752 gültigen Julianischen Kalender war das damals der 1. Juli.

Yeats: William Butler Yeats, geboren 1865 in Dublin, Nobelpreis 1923, 1939 in Frankreich gestorben, 1948 in Drumcliffe bei Sligo bestattet.

...nur einen kühlen Blick für Leben und Tod zu haben: »Cast a cold eye on life, on death – horseman pass by« lautet die von Yeats selbst verfaßte Grabinschrift.

... immer drei Renntage: Dienstag, Mittwoch, Donnerstag vor dem ersten Montag im August.

...einen »bescheidenen Vorschlag«: Swifts »Modest Proposal« erschien 1729.

»Geh zur Hölle und Connaught«: dieser Ausspruch wird Cromwell zugeschrieben.

...was das Ungewöhnliche betrifft«: auf der Karte des Hydrographen Francis Beaufort (1774–1857) gab es 1825 in Connemara (Westteil von Connaught) nicht eine einzige Straße.

Lynch-Familie: die Lynch-Familie stellte im Laufe der Jahrhunderte über achtzig Bürgermeister, nicht nur den aufrechten Richter von 1493. Der Name Lynch füllt im Telefonbuch von Galway Seiten.

pork and kidney pie: Fleischpastete aus Schweinefleisch mit Nieren.

master of hounds: Ehrenrang des Meute-Besitzers und -züchters.

Seite 105
Paruren: (von frz. parure) Schmuckstücke.
Haidekorn: Heidekorn – Buchweizen.

Seite 114
Karren: Auslaugungsrillen und -risse an der Oberfläche von Kalkgestein.

Seite 114/115
»**Wahrscheinlich nur ... immer unsichtbar**«: Sophie Podewils: Schattengang, München 1982, S. 84/85.
buctogai, púca, bóchdan: Küstenkobold, Tiergeist/Traumalp, Poltergeist.
Burren: verkarstetes Kalkplateau mit Höhlensystem, 170 Quadratkilometer groß.
Lisdoonvarna: Schwefel-, Magnesium-, Eisenquellen, die als radioaktiv und zudem noch als jodhaltig gelten.

Seite 120
...all die Amerikaner: rund dreißig Millionen Amerikaner, darunter die ehemaligen Präsidenten Kennedy und Reagan, haben irische Vorfahren; sehr viele Iren (rund eine Million) arbeiten in Großbritannien.

Seite 121
Claude: gemeint ist Claude Gelée, genannt Lorrain, (1600 bis 1682), ein französischer Landschaftsmaler, dessen Malweise vielen Künstlern zum Vorbild wurde.

Seite 123
Donna del Lago: Herrin des Sees.
Meg Merrilis: Gestalt aus Walter Scotts frühem Versepos »The Lady of the Lake«, 1810; in deutscher Sprache 1822.

Seite 126
Plaine: (frz.) Ebene, Fläche.

362

Seite 127

... Ross Errily Abbey: ich halte die beschriebene Ruine für Ross Errily Abbey, weil sie unmittelbar an Pücklers Heimkehrroute zum De Bermingham House liegt (allerdings nicht so nah am See, wie er angibt), wegen des nahe gelegenen Moyne Castle und wegen des schönen Fenster-Maßwerks.

Seite 128

point d'Alençon: Nadelspitze aus der nordfranzösischen Stadt Alençon.

Seite 129

decontenancirt ihn nicht: bringt ihn nicht aus der Fassung.

... so stark ist der Wind: nachträglich erfuhr ich, daß das am 25. August 1986 der Hurrikan »Charly« war. Zeitungsbilder offenbaren zerstörte Häuser in Dublin und Bray, vernichtete Ernte in den östlichen Grafschaften. Tote hatte es sogar gegeben, Schiffe waren gesunken. Über tausend Obdachlose mußten versorgt werden. – Die jährliche Regenmenge ist in Irlands Südwesten hoch: 140 Zentimeter; im Osten 70 Zentimeter.

Seite 131

... die dritte Stadt in Irland: auch heute ist Limerick die drittgrößte Stadt der Republik Irland.

»Noch hatte ... überflutete alles«: Heinrich Böll: Irisches Tagebuch, Köln/Berlin 1957, S. 61.

Seite 133

Sarsfield: Patrick Sarsfield war Oberbefehlshaber der nach der Schlacht am Fluß Boyne gesammelten Truppen, bekämpfte die britische Streitmacht; Verteidiger der Stadt Limerick (1690).

Seite 136

»**Slainte!**«: Wir sagen »Prosit!«

keep: Wohnturm einer Burg, Turmhaus.

Seite 137

»**abendlichstes der Abendländer**«: Heinrich Böll: Irland und
  seine Kinder, Köln 1961.

crofter: Kleinbauer.

rancune: Ranküne, Groll.

Seite 138

thatcher: Dachdecker, der Stroh, Binsen und anderes Schnitt-
  material verwendet.

Seite 139

...überaus schmückenden Fürstentitel: viertausend Taler
  waren ihm dafür in Rechnung gestellt worden.

Seite 140

»**Tidiest Town in Ireland**«: sauberste (netteste, hübscheste,
  ordentlichste) Stadt in Irland.

publican: Barmann, Gastwirt.

Seite 141

manor-house: Herrenhaus, kleines Landschloß.

Pugin: A. W. N. Pugin (1812–1852), unter anderem Mitarbeit
  am Londoner Parlamentsgebäude.

Macgillycuddy's Reeks: höchster Gipfel – Carrantuohill,
  1041 Meter; abends leuchtet ein Kreuz ins Tal hinab; ein
  Windrad liefert den Strom dafür.

»**Cascadami**«: Wortverbindung mit ami (frz. Freund).

Seite 146

... von Booten aus erlegt wurden: auch Thackerey berichtete
  davon in seinem »Irish Sketchbook« 1843.

Seite 148

... Eibe war schon alt: eine Eibe kann über 1000 Jahre alt werden; sie gilt als Symbol für ewiges Leben.

Seite 150

Villa der Lady Kenmare: Lady Kenmares Haus, »Knockreer Estate«, liegt am Nordostufer von Lough Leane in einem weitläufigen Parkareal.

... fuhren wir langsam zurück: zurück vom Upper Lake nach Killarney.

bugleman: Hornbläser.

Seite 153

Irish Stew: ursprünglich war Irish Stew ein Arme-Leute-Eintopf, zu welchem hauptsächlich Kartoffeln gehörten, und wenn man hatte, einige Zwiebeln und Hammelfleisch. Und Wasser natürlich reichlich. Der Anteil an Fleisch hat sich mit zunehmend besseren Lebensverhältnissen immer mehr erhöht. Man rechnet zu je einem Drittel Kartoffeln, Zwiebeln und Fleisch und kocht das Ganze als Eintopf. Außer Pfeffer und Salz und Wasser gehört nichts weiter dazu. Alle weiteren Zutaten würden aus einem Irish Stew nur ein Stew machen.

hobgoblin: Kobold.

Seite 154

... ein scone, ein muffin: scones und muffins sind kleine, flache, runde Teeplätzchen, von denen die muffins oft heiß gegessen werden.

Seite 157

cotoyirten: (von frz. »cotoyer«) zur Seite haben.

Seite 158

omnia mea: (lat.) meine ganze Habe, alles Meinige.

Seite 159

»Kein Land ... zu brechen!«: diesen Satz hat Pückler fast
wörtlich zitiert aus »Fairy Legends and Traditions of the South
of Ireland« von Thomas Crofton Croker (1790–1854),
London 1825. Die deutsche Übersetzung besorgten die
Brüder Grimm und brachten 1826 »Irische Elfenmärchen«
heraus. Spuren dieser Texte finden sich auch anderswo in
Pücklers Briefen.

Seite 162

...Promoter der irisch-katholischen Sache: 1802 Gründung der Catholic Association, 1825 deren Auflösung; Neu-
gründung durch O'Connell, Neuzulassung 1829.

Seite 164

Arbutussträucher: arbutus unedo – Erdbeerstrauch, ein
immergrüner Strauch aus der Familie der Heidekraut-
gewächse.

Seite 165

Beara-Halbinsel: in einigen Reisebüchern wird die Beara-
Halbinsel auch Caha-Halbinsel genannt.

Seite 173

Golden Vein: Goldene Ader.

Birdies und Bogeys: Schläge im Golfspiel, die um eins unter
bzw. über Par (Platzstandard, erwartete Schlagziffer) liegen.

Seite 175

King John: König Johann ohne Land, geboren 1167, ab 1199
bis zu seinem Tode (1216) König von England.

König Edward III.: König Eduard III., geboren 1312, ab 1327
bis zu seinem Tode (1377) König von England.

cottage ornée: Pückler meint ein kleines, elegantes Garten-
haus.

Pleasureground: (pleasure ground) gärtnerisch gestaltetes Areal in Hausnähe; heutigentags wird mit pleasure ground ein Fest-, Spiel- und Sportplatz bezeichnet.

John Nash: (1752-1835) Architekt und Stadtplaner in London.

Excalibur: das Schwert des Königs Artus, das er, einer Sage nach, von der Fee Nymue empfangen hatte.

lions: hier im Sinne von Sehenswürdigkeiten.

Walter Scott: (1771–1832) schottischer Romanschriftsteller.

M. C'Omack: irrtümliche Schreibweise, gemeint ist der König-Bischof von Munster, Cormac MacCarthy, der die Kapelle 1134 hat bauen lassen.

... so sah Böll Irland: Heinrich Böll: Irland und seine Kinder, Köln 1961.

acquiriren: (akquirieren) erwerben.

greyhounds: die für Wettrennen abgerichteten Windhunde.

... sechzehn Fuß Höhe und drei bis vier Morgen: ein Fuß hat rund 30 Zentimeter; ein Morgen entsprach in Preußen damals etwas mehr als 2500 Quadratmetern.

... so überaus gesunde, vitale Grün: James Plunkett (geboren 1920) schreibt in »The Trout«: »Er hatte nicht gewußt, daß es so verschiedenartiges Grün gab. Auch das war etwas, woran man sein ganzes Leben wenden konnte, die Farbe Grün zu klassifizieren.«

Earl of Landaff: Francis James Matthew, Earl of Landaff, hatte das Haus 1803 übernommen und dann »modern« umgebaut. Er starb 1833. Das Haus verfiel ab 1872 zur Ruine, ist heute ganz efeuüberwachsen.

Hunters: hier Jagdpferde.

Seite 188

...mit blau-weißem Willowmuster: dieses blau-weiße Weidenbaum-Muster war im 19. Jahrhundert in England allgemein sehr populär, weil Königin Victoria es belobigt hatte. Auf dem Geschirr ist immer die aus China stammende Geschichte der schönen Koong-Shee dargestellt, die wegen ihrer Liebe zu dem jungen Schreiber Chang zu Tode gepeitscht werden sollte. Aber die Götter verwandelten sie und Chang in ein Taubenpärchen.

Seite 190

Lawrence Sterne: (1713–1768) Pfarrer und Schriftsteller.

Seite 191

Slán leat!: auf Wiedersehen! (gesprochen: slonhatt).

... auf das Fährschiff: Jahr für Jahr reisen über zwei Millionen Besucher nach Irland, Darunter über hunderttausend Deutsche.

Seite 192

higgledy-piggledy: Durcheinander, Drunter-und-Drüber.

Seite 194

Mary I.: Maria Tudor (die Katholische), geboren 1516, war von 1553 bis zu ihrem Tode (1558) Königin.

Seite 203

Blackwater River: es gibt in Irland mehrere Flüsse mit dem Namen Blackwater.

strictly private: streng privat.

Seite 207
Garinish Island: »Nahe Insel«.

Seite 209
Harold Peto: 1854–1933.
Casita Lawn: casita (von ital. casetta) = Häuschen; lawn = Rasen.
Clock Tower: Uhrenturm.
Walled Garden: ummauerter Garten.

Seite 210
jungle: Dschungel, Dickicht.
Happy Valley: Glückstal.
... Pücklers langjähriger Gartenmeister: Jakob Heinrich Rehder (1790–1852), in Muskau tätig ab 1817.
Humphry Repton: (1752–1818) Gartenarchitekt und Fachschriftsteller.
Ida Gräfin Hahn-Hahn: (1805–1880) holsteinische Gräfin, bereiste Irland und England 1846/1847. Ihre Aufzeichnungen wurden seinerzeit nicht verlegt. Erste Ausgabe 1981 in Mainz; Herausgeber: B. Goldmann.

Seite 211
Sugarloaf: dieser Sugar Loaf ist 596 Meter hoch.
... vom Dunkelblau in's Rosa: ich sah das in umgekehrter Reihenfolge – erst rosa, dann nachtblau.
... Spielen der Fischottern: ob Pückler wirklich Otter gesehen hat, bezweifeln die Leute in Glengariff. Sie sagen, es sei kein Lebensraum für Otter. Also doch Seehunde?
... 1000 Fuß: rund 305 Meter.

Seite 212
lookout: Aussichtspunkt.
tallyho: auf der Fuchsjagd Ruf beim Erblicken des Fuchses.

Seite 213

Hungry Hill: Daphne du Mauriers Roman »Hungry Hill« spielt hier im Umfeld.

Seite 215

... sollte den irländischen Grundbesitzern: Pückler differenziert hier nicht zwischen irischen und englischen Grundbesitzern. In der Mehrheit entstammten die Besitzenden dem englischen Adel.

... in italienischem Stile: Vorbild waren die Boboli-Gärten in Florenz.

Seite 217

... im Besitz von Mitgliedern der Familie White: gegenwärtige Eigentümer sind Mr. und Mrs. Egerton Shelswell-White. Er ist ein international bekannter Jazz-Trompeter, der freundlich und geduldig genug ist, meine Fragen zu beantworten.

Seite 218

Frans Snyders: (1579–1657) Stillebenmaler in Antwerpen.

George III.: geboren 1738, König von 1760 bis 1820, die letzten zehn Jahre unter Vormundschaft.

Seite 220

dinner: Abendessen mit mehreren Gängen.

... zu den aufregendsten im ganzen Land gehört: Thackeray schreibt dazu in seinem »Irish Sketchbook« (1843): »Die Fahrt von Glengariff nach Kenmare ist unglaublich schön.«

Seite 221

... nach dem verlornen Paradies: Pückler ließ hier durchblicken, daß er von Miltons Versepos »Paradise Lost« (Das verlorene Paradies) wenigstens den Titel kannte. John Milton (1608–1674) gab es 1671 in Druck.

... eine ummauerte Gebetsstätte: Finbar's Oratory (Finbars Betkapelle).

... tagtäglich gesprochen wird: in Publikationen werden sehr voneinander abweichende Zahlen genannt, wieviele Iren das Irische noch als Muttersprache tagtäglich sprechen: weniger als ein bis fünf Prozent. Bis zum Ende des 17. Jahrhunderts war Irisch die allgemeine Umgangssprache.

Imperiale: Kutschenverdeck mit Außensitzen.

mephitisch: verpestet, stinkend.

... zur Deportation nach Botany Bay: die Deportationen nach Botany Bay, in die Sträflingskolonie Port Jackson südlich von Sidney, hatten 1787 begonnen. Das waren die Anfänge der europäischen Besiedlung Australiens. 25 000 Deportierte lebten bereits dort. Das Elend endete erst 1853, nachdem fast 140 000 Männer und Kinder aus Großbritannien verschifft worden waren.

bob: in der englischen Umgangssprache eine Shilling-Münze, jetzt ein 10-Pence-Stück.

greyhound track: Anlage für Windhundrennen.

whippets: Windhunde mit besonderen, angezüchteten Eigenschaften.

yard: englisches Längenmaß, entspricht 91,44 Zentimeter, die Strecke ist also rund 480 Meter lang.

... daß wir den Engländern: in Pücklers Reisezeit waren es zumeist Engländer, die in Irland architekturschaffenden Reichtum besaßen.

Seite 231

…Pflicht des Berichterstatters zur Wahrhaftigkeit: dabei hatte er einer Schriftsteller-Kollegin angekreidet: »…die Satire der letzteren ist aber ebenso beißend und gewandt als ihre Feder und auch ebensowenig gewissenhaft, was die strenge Wahrheit betrifft.«

Seite 232

Passage: der Ort heißt heute Passage West; bei Waterford liegt Passage East.

Insel Arboulen: mit Arboulen ist Haulbowline Island gemeint; Pückler hatte sich verhört.

…auf der ein Fort: aus Pücklers Perspektive war nicht erkennbar, daß es sich in Wirklichkeit um mehrere Inseln handelt. Das Fort, später als Zuchthaus in Nutzung, liegt auf Spike Island.

Storehäuser: (von engl. storehouses) Lagerhäuser, Speicher.

…Fregatten der königlichen Flotte nebst einem zweiten Deportirtenschiff: die irische Marine liegt heute noch an Haulbowline- und Spike-Island. – Die zur Deportation verurteilten Iren wurden vor Cobh nach Australien eingeschifft. Pückler scheute sich nicht, Deportation als nachahmenswerte Erziehungsmaßnahme ausdrücklich zu empfehlen.

Seite 233

Regency-Stil: englische Stilrichtung zwischen 1810 und 1820, als der nachmalige König George IV. die Regentschaft wegen seines Vaters Krankheit (Porphyrie und Blindheit) ausübte.

Arboretum: Sammelpflanzung verschiedener Baumarten.

Seite 234

...aber es betraf nicht Irland: wie mir der Baedecker-Verlag freundlicherweise mitteilte, kam erst 1889 ein Reiseführer heraus, der »Großbritannien und Irland« behandelte.

Seite 236

Mail: hier Postkutsche.

Seite 238

Holycross-Abtei: die Abtei hat ihren Namen wegen einer Kreuzesreliquie, die der Papst im Jahre 1100 dem König von Munster übersandte. Sie ist heute in der Obhut des Ursuliner-klosters bei Cork.

Seite 239

Papstbesuch in Irland: Papst Johannes Paul II.

Seite 243

Irlands Rundtürme: in Zeiten, als man der altirischen Denk-welt noch näher stand, schrieb man die Erbauung von Rund-türmen und Kathedralen Goban Saor zu. Man sah ihn als eine Version von Goibniu an, einer Handwerker-Gottheit.

Seite 248

ex officio: (lat.) von Amts wegen.

Seite 250

...zur Pearse-Station in Dublin: die Trasse wurde gerade angelegt, als Pückler mit der Kutsche daran entlangfuhr. Der erste Eisenbahnzug fuhr dann 1834.

Seite 251

...Hirschjagd in England: Pückler betrachtete Irland als einen Teil Englands, das es nach dem Parlamentsbeschluß vom 31. Dezember 1800 damals de iure war.

Seite 252
Agrément: (frz.) Vergnügen.

Seite 253
Ireland's Eye: Irlands Auge.

Seite 254
...verließen Iren ihr Land: zu Pücklers Zeiten gab es im
  Lande noch acht Millionen Iren.

Seite 257
German Prince: deutscher Fürst.
»Good bye, good bye, and please write soon«: auf Wiedersehen, auf Wiedersehen, und bitte schreiben Sie bald.
...vorbei an deutschen Firmenniederlassungen: 1989 gab
  es in Irland 930 ausländische Firmen, die mit Investitionen
  beschäftigt waren, darunter 130 deutsche. Sie bieten
  9850 Arbeitsplätze. Die BRD ist der zweitgrößte Investor in
  Irland. Seit 1973 ist Irland EG-Mitglied.

Seite 259
William I.: Wilhelm der Eroberer, 1027 in Falaise (Normandie)
  geboren; seit 1035 Herzog der Normandie; König von
  England ab 1066 bis zu seinem Tode (1087).
Great Warrior: Großer Krieger.
Crystal Palace: der Kristall-Palast war 1851 nach Entwürfen
  von Joseph Paxton (1801–1865) im Hyde Park zu London
  erbaut worden.
Statue Gallery: Galerie für Statuen und Büsten; hier als ein
  Wintergarten ausgeführt.

Seite 260
George IV.: er war 1821 in Irland.
...nebeneinander hinlaufenden Eisenbahnen: was Pückler

»Eisenbahn« nannte, war ein Lastentransportmittel auf Schienen, das mit Zugpferden und Ketten arbeitete; es hatte mit den späteren Eisenbahnen für Personen nichts zu tun.

Seite 261

mesquin: armselig.

Mauvaisplaisant: Witzbold.

... im Hinblick auf den Monarchen: George IV. war fettleibig.

»... wo George IV. Irland verließ«: Zitat stammt aus dem »Irish Sketchbook« von Thackeray.

Seite 263

Blüse: norddeutsch für Leuchtturm.

Seite 264

... die Berge von Wales: die Küste von Wales ist etwas über hundert Kilometer entfernt; bei klarer Luft sieht man den höchsten Berg von Wales, den Snowdon.

... das Brausen des Stroms: Vartry River.

... in der Tiefe wühlend verschwindet: Devil's Punch Bowl – des Teufels Bowlegefäß.

Kühleborn: Wassergeist in dem Märchen »Undine« von Friedrich de la Motte Fouqués.

Seite 266

... hatte gut geschlafen: das Nachtquartier war in Avoka. Wer jetzt dort entlangkommt, sieht entlaubte Bäume. Eine Düngemittelfabrik qualmt Verderbliches in die Umwelt.

fatiguirt: ermüdet.

... ein Fünfzehntel eines Äquatorgrades: genauer – 7421,59 Meter.

Seite 267

... die irische Meile war 2048 Meter lang: etwas weniger mogeln muß man beim sogenannten Pariser Fuß, denn er maß just 0,325 Meter, und auch der preußische Fuß kommt mit 0,314 Metern, multipliziert mit 5000, der Meile näher als das zierliche englische Füßchen.

Thomas Moore: (1779–1852) irischer Dichter.

Seite 268
Meeting of the Waters: außer bei Avoka gibt es, wenige Kilometer westlich, noch ein weiteres Meeting of the Waters: Avoka, Aughrim und Gold Mine River fließen zusammen.

reel: Drehtanz, der nach geradem Takt im Viererset getanzt wird.

Seite 269
jig: meistens in sehr schnellem Sechsachtel-Takt getanzt.

Seite 272
sic fabula docet: so lehrt die Fabel.

Seite 276
…nur einige einsame Irrlichter: das Volk glaubte an jack-o'-lantern und will-o'-the-wisp, die ins Verderben lockenden Irrlicht-Geister.

á mon aise: (frz.) zu meiner Freude.

encombrirt: (aus dem Französischen abgeleitet) behindert.

Seite 278
…auf dem Meath-Ufer: ursprünglich waren das zwei Städte, eine in County Meath, die andere in County Louth. Aber jetzt gehört das gesamte Stadtgebiet zu County Louth.

Seite 279
…einschließen und verbrennen: Cromwells Truppen ließen nach seiner Strafexpedition 600 000 tote Iren hinter sich. Vieles im Lande war zerschlagen, zerstampft, zerstört. Gediehen war nur der Haß.

Seite 280

Carl Schurz: (1829–1906) deutscher Freiheitskämpfer, Demokrat; ab 1852 in den USA: Freund Lincolns, General, Gesandter, Politiker, Senator, Minister.

»Ideals are … course by them«: »Ideale sind wie die Sterne: Wir erreichen sie nie, aber wir richten unseren Kurs nach ihnen.« (Übersetzung aus: »Carl Schurz – ganz kurz« von Sabine Boebé, Erftstadt 1984).

Seite 281

… aufgegeben worden war: Monasterboice ist schon 1122 aufgegeben worden.

Seite 282

Carlingford-Halbinsel: auch Cooley Peninsula genannt.
cockles, mussels: Herzmuscheln, Miesmuscheln.

Seite 284

… auch Castles genannt werden: die Stadt hatte einst zweiunddreißig dieser wehrhaften Wohnturm-Burgen. Der englische König Henry VI. versprach in seinem Krönungsjahr (1429) allen im Norden Irlands siedelnden Engländern 10 Pfund Sterling, wenn sie ein burgartig festes Haus errichteten, das mindestens sechs Meter lang, fünf Meter breit und zwölf Meter hoch war. Zehn Pfund, das war viel Geld, war ein mächtiger Anreiz.

René Descartes: (1596–1650) französischer Philosoph.

Seite 287

feis: fo-aid bedeutet »schlafen mit«.
Druide: Priester.
Vates: Seher, Wahrsager.
Barde: Sänger, Dichter.
Filid: Hof- und Preislied-Dichter.

Seite 288

Hugh de Lacy: Gefolgs- und Lehnsmann von König Henry II.

... allen altirischen Königreichen: die fünf altirischen Königreiche, die »Fünftel« (coiced) und ihre symbolische Bedeutung
waren: Meath (Königtum), Ulster (Schlacht), Leinster (Erfolg), Connaught (Lernen), Munster (Musik).

Seite 290

Motte: (von lat. mutta – Erdaushub) Turmhügelburg, ältester
Ringburgtyp.

... setzte es als Osterfeuer: Irlands Katholiken feiern diesen
Tag am 17. März als St. Patrick's Day.

»Et perexit ... et perexit«: »Und Patrick wanderte und taufte
und wanderte.«

Seite 291

... große Tumulus: Grabhügel; Durchmesser 90 Meter, Höhe
in der Mitte etwa 12 Meter.

Seite 292

Menhir: Hünenstein.

»Mind your head«: etwa »Bitte Kopf einziehen!«

Seite 293

... das Ganggrab von Dowth: in Irland sind den Wissen-
schaftlern rund 300 Ganggräber bekannt.

Wilhelm von Oranien: William III., 1650 geboren, König von
1689 bis zu seinem Tode (1702).

General Schomberg: Friedrich Graf, 1615 in Heidelberg geboren, begleitete König William III. auf dem irischen Feldzug.

underdog: Benachteiligter, Verlierer, Unterlegener.

Seite 294

Lavabo: Waschplatz.

Anachoret: Einsiedler, Alleinlebender.

Seite 296

…schon von Wikingerzeiten her: Wikinger in Dublin von 840 bis 1169.

…seit fast zweihundert Jahren: das heißt seit 1795.

Seite 297

Geraldus Cambrensis: eigentlich Gerald de Barry (1146–1222), war 1183 und 1185 in Irland. Aus seiner Hand gibt es Bücher über Irland.

Seite 298

…Stelle markieren soll: der tatsächliche geographische Mittelpunkt Irlands ist nur drei Kilometer weiter südwestlich: Knockcosgrey Hill. Irland erstreckt sich in Nord-Süd-Richtung über 480 Kilometer, in Ost-West-Richtung über 300 Kilometer.

Seite 303

Ogmios: irisch Ogma, galt aber auch als Gott der Beredsamkeit und als Psychopompos, als Seelenführer.

Seite 305

…Geschichte der irischen Mission in Europa: irische Kloster-gründungen waren Iona und Lindisfarne, Bangor, Melrose, St. Gallen, Erfurt, Nürnberg, Kelheim, Konstanz, Regensburg, Wilparting, Wien, Würzburg, Memmingen, Tarent, Bobbio und Nivelles. – Bischöfe, überall in Europa, waren oft Iren. Gelehrte irische Mönche erfüllten durch das ganze Mittelalter wichtige Aufgaben an den Höfen. Sie wirkten als Lehrer und als Skriptoren; zum Beispiel Johannes Duns Scotus Eriugena (810–877; Johannes Duns, Schotte und Irlandsproß), der in Paris, Oxford und Köln lehrte.

Seite 306

…etwas benebelt: die produzierende Whiskey-Kocherei stellt mit der Namensgebung für ihre Erzeugnisse selbst die Wortverbindung zu Benebelung her, denn »mist« bedeutet Nebel, Dunst, Schleier vor den Augen, Trübung; und »dew« heißt Befeuchtung, Tau.

Seite 308

...sind torfhungrig: Irlands Strom wird zu 33 Prozent aus Torf, zu 36 Prozent aus Wasserkraft gewonnen.

pale: eigentlich das Umpfählte (The Pale); Dublin und sein Hinterland waren seit König Henry II. fest in englischer Hand. In diesem Gebiet siedelten Engländer. Es herrschten englische Rechtsverhältnisse; siehe auch Zeittafel zur Geschichte Irlands unter 1465.

Seite 310

...allzeit willig Hilfe zuteil wird: das macht sich gut. Dennoch: die irische Verfassung gibt Frauen keine Rechte. Ein Beispiel nur: Scheidung ist gesetzlich verboten. – Auch Kinder sind nicht besser gestellt. Sie unterstehen striktem Elternrecht. Auch das hört sich gut an, bedeutet aber im Einzelfall, daß sie gegen Willkür und Mißbrauch durch einen Elternteil nicht geschützt sind.

good bye, God bless you, have a nice day: auf Wiedersehen, Gott segne Sie, einen schönen Tag noch.

Seite 312

Tussilago: Huflattich.

arid: trocken, dürr.

Seite 313

...gehört den Talbots: die Talbot-Familie lebte im Hause von 1185 bis 1976, mit einer kurzen Unterbrechung zur Zeit Cromwells.

Boiserie: Holztäfelung.

…in einem botanischen Garten: ein acht Hektar großer Botanischer Garten ist außerdem da.

Seite 314
full-time job: Vollzeit-, Ganztagsbeschäftigung.
Chippendale: nach Thomas Chippendale (1718–1779).
Hepplewhite-Machart: nach George Hepplewhite, Geburtsjahr unbekannt, lebte bis 1786.
Bauart von Sheraton: nach Thomas Sheraton (1751–1806).

Seite 315
banshi: Fee, weiße Frau, die den Tod verkündet. Man glaubte sie an bestimmte Familien und Familiensitze gebunden.
Richard Cassels: (1690?–1751) deutschbürtiger Architekt, ließ sich um 1728 in Irland nieder und schuf dort vorbildhafte Bauten im palladianischen Stil: Powerscourt 1731, Westport 1731, Carton House 1739, Russborough 1741, Leinster House 1745.

Seite 316
gobbledygook, fiddle-dedee: man verzeihe mir die Verwendung dieser so ulkig lautmalenden Wörter an dieser Stelle; gobbledygook ahmt die Laute des Truthahns nach, meint im übertragenen Sinne aber auch pompös-professionelles Kauderwelsch; fiddle-dedee bedeutet schlichtweg Unsinn.

Seite 317
Riccio: eigentlich Andrea Briosco (1470–1532), Bildhauer aus Padua.
Giambologna: eigentlich Giovanni da Bologna (1524–1608).
Bernini: eigentlich Giovanni Lorenzo (1598–1680), bedeutender Barockmeister im Dienste römischer Päpste.
Brüder Francini: Paul und Philipp. Ihre Lebensdaten sind nicht bekannt. Sie arbeiteten in England und um 1740 und

1760 auch in Irland. Manchmal sind sie als »Lafrancini Brothers« benannt.

Seite 318
Venus von Willendorf: eine 1908 in Niederösterreich gefundene altsteinzeitliche Figur aus Kalkstein, die nur zehn Zentimeter hoch ist, aber mehr als zehn Zentimeter Leibesumfang hat.

Seite 320
Deirdre: sie hat ihren Namen nach einer überaus schönen, von der Dichterin Levarchan erzogenen Tochter des sagenhaften Felimid, die viel Verfolgung, Leid und letztlich Tod für ihre Liebe erdulden mußte.

Birog: sie ist nach einer zauberkräftigen Druidin benannt, die Leben beschützte und rettete,

Seite 322
piper: Dudelsack-Bläser, auch Bläser anderer Blasinstrumente.

Seite 323
Gigg: Pückler meint Gigue, englisch jig, lebhafter Tanz, meist im Sechsachteltakt.

Seite 324
(neo)palladianisch: nach Andrea Palladio (1508–1580), stilbildender italienischer Architekt; veröffentlichte 1570 ein wichtiges vierbändiges Architekturwerk. Seinen Maximen wurde in der englischsprechenden Welt vielfach entsprochen.

Attika: eine das Dach verdeckende, niedrige Wandzone oberhalb des Hauptgesimses, die durch Balluster gegliedert und mit Statuen oder Steinvasen besetzt sein kann.

Seite 325
Alessandro Galilei: (1691–1736) entwarf Castleton House. Die Bauaufsicht leisteten John Rothery aus Celbridge und

später Sir Edward Lovett Pearce, der auch die Seitenflügel entwarf.

... **Ostseite des Hauses:** das Folly steht weitab, nordwestlich des Hauses.

folly: Torheit, Narrheit; verrücktes Zierbauwerk.

... **einige in und um Dublin:** Follies gibt es auch in Stillorgan und bei Dun Laoghaire.

Seite 327

»...**den armen Menschenkindern geboten«:** sowohl in Preußen als auch in Irland wurden als öffentliche Maßnahmen Straßen-, Kanal- und Eisenbahnbau betrieben. In Irland hatte es auch 1845 bis 1847 Hungerjahre gegeben. Sie waren verursacht durch Kartoffelfäule. 1,6 Millionen Iren verhungerten, 1,3 Millionen wanderten aus. Hungertote mußten in Massengräbern bestattet werden. Die Bevölkerungszahl sank bis 1849 von ursprünglich 8 Millionen auch danach noch weiter ab, halbierte sich auf 4 Millionen Menschen.

Seite 330

Cartoon-Room: Raum für eine Karikaturensammlung.

Seite 332

... **Veranstaltungen gleichzeitig statt:** ein Abendunterhaltungsprogramm mit irischen Tänzen und Liedern ist ein Ceilidhthe (Ceili).

Seite 333

parish priest: Gemeindepfarrer.

Seite 336

»**Rhythmus ist Stimulanz genug«:** aus Heinrich Bölls »Irland und seine Kinder«, Köln 1961.

stout: dunkles bitteres Starkbier.

---

lager: helles bitteres Bier.

porter: braunes bitteres Bier.

the siege of Ennis: dieser Name wurde dem Tanz um 1890 von der Gaelic League gegeben. Aber das erfuhr ich nicht an jenem Abend; auch nicht, daß diese Namensgebung keinen bestimmten historischen Bezug hat (eigentlich »die Belagerung von Ennis«).

Seite 337

Allegro molto vivace: (ital.) schnelles, sehr lebhaftes Musikstück.

DANKSAGUNG

Viele freundliche Menschen haben mir mit kleinen Auskünften
oder bei Korrekturen geholfen. Willige Unterstützung fand
ich bei irischen Institutionen wie The Irish Architectural
Society/Archive, Bank of Ireland, Irish Georgian Society,
Embassy of Ireland (Bonn), Irische Fremdenverkehrszentrale
und National Library. Aber auch Freunde, Bekannte und ganz
Fremde waren bereit, meine Fragen zu beantworten und hilf-
reich die Arbeit zu unterstützen. Ihnen allen sei von Herzen
gedankt: Birog und Deirdre, Michael Boebé, Lady Cusack-Smith,
Gisela Droege, Dieter Esser, Walter Fitzgerald, Mechthild und
Manfred Görlach, Christa Hammerschmidt, Gerard Kennedy,
Ursula Marmé, Bernhard Meyer, Brendan O'Cathaoir, Micheál
O'Flaithearta, Melitta Orlich, Christa Reuschlein, Hedwig
Schell, Mrs. und Mr. Egerton Shelswell-White und Dietmar
Wilhelm.

Sabine Boebé

INHALT